JISHU ZHICHI DE
TANJIU XUEXI:
LILUN YU SHIJIAN

技术支持的探究学习：
理论与实践

刘　峰◎著

教育科学出版社
·北　京·

出 版 人　李　东
责任编辑　郑　莉
版式设计　宗沅书装　杨玲玲
责任校对　张　珍　金　霞
责任印制　叶小峰

图书在版编目（CIP）数据

技术支持的探究学习：理论与实践／刘峰著. —
北京：教育科学出版社，2016.8
ISBN 978-7-5191-0791-8

Ⅰ.①技… Ⅱ.①刘… Ⅲ.①中小学—教学研究
Ⅳ.①G632.0

中国版本图书馆 CIP 数据核字（2016）第 190271 号

技术支持的探究学习：理论与实践
JISHU ZHICHI DE TANJIU XUEXI：LILUN YU SHIJIAN

出版发行	教育科学出版社		
社　　址	北京·朝阳区安慧北里安园甲 9 号	市场部电话	010-64989009
邮　　编	100101	编辑部电话	010-64981357
传　　真	010-64891796	网　　址	http://www.esph.com.cn
经　　销	各地新华书店		
制　　作	北京金奥都图文制作中心		
印　　刷	保定市中画美凯印刷有限公司		
开　　本	169 毫米×239 毫米　16 开	版　　次	2016 年 8 月第 1 版
印　　张	19.5	印　　次	2016 年 8 月第 1 次印刷
字　　数	274 千	定　　价	45.00 元

作者简介

刘峰　副研究员，中央电化教育馆培训中心副主任，主要从事教师培训与教师信息化管理研究。在《电化教育研究》等杂志上发表论文 15 余篇，其中在 CSSCI（中文社会科学引文索引）检索来源期刊、教育类核心期刊上发表 8 篇。参与课题研究 7 项，其中"利用信息技术实现西部边远农村与民族地区教育跨越式发展的理论与实践研究"是全国教育科学"十五"规划教育部重点课题，此课题主要围绕教师学习资源中心建设、运行及发展开展研究工作。作为课题负责人，承担有全国教育信息技术研究"十二五"规划重点课题"应用型课题研究促进英特尔 ® 未来教育基础课程理念向教师教学能力迁移研究"。已出版专著《教师培训项目评估的理论与实践》，该书在培训中广受教师欢迎。同时参与编写《中国教育信息化发展报告》(2013、2014)，参与编写教学光盘 4 套。

目录

第一部分

探究学习概述

我国的教育改革提倡以学生发展为本，把学生的发展作为教育发展的终极目标。教育在传授知识、技能的同时，更加注重学生个性的养成、智力的发展、能力的培养、潜能的开发和学习方式的变革，使学生具有独立获取知识、驾驭知识的能力。而探究是这些能力形成的主要途径之一，学生可以在一系列的探究过程中获得发展。在新一轮基础教育课程改革中，探究学习作为一种学习方式被写入各门具体学科的课程标准之中。

　　如今，技术环境正发生着显著变化。Web 技术正向支持社会计算、社群演化及关注人类自身的方向发展；数据中心、数据仓库、云计算等支持软件设施基础架构正迅猛发展；以移动技术、嵌入式技术所驱动的移动学习和普适学习正日益成为创建新型学习环境的驱动力量。其中的虚拟现实技术、移动技术、云计算技术等在解决教育问题和促进教育改革方面已经得到广泛应用。在这些技术支持下所构建的智慧教室、1:1 数字学习环境、虚拟实验室、远程交互平台等可提供反映真实、丰富多彩、隐含问题、跨越时空的情境，这不仅带来了多种媒体形式的变化，也带来了交互方式的变化、学习内容的变化，这些自然也带来了学习方式的变化。用这样的情境诱发和支持实践、协作中的探究学习活动，将会促进学生 21 世纪技能（包括学习与创新技能、数字素养技能和职业及生活技能)[①] 的发展。

---

① 特里林，菲德尔.21世纪技能［M］.洪友，译.天津：天津社会科学院出版社，2011.

第一节 探究学习的定义及特征

一、探究及探究学习的定义

1. 什么是探究

就其本义而言，所谓"探"就是探测、寻求，"究"是彻底推求，"探究"就是深入探讨，反复研究。① 我国《新华汉语词典》中的探究是指"探索研究"，即努力寻找答案、解决问题。探究有广义和狭义之分，广义的探究泛指一切独立解决问题的活动；狭义的探究专指科学探究或科学研究。按照《牛津英语辞典》的解释，探究是指求索知识或信息，特别是求真的活动；是搜寻、研究、调查、检验的活动；是提问和质疑的活动。《美国国家科学教育标准》（National Science Education Standards，NSES）对探究的定义是："探究是多层面的活动，包括观察、提出问题；通过浏览图书和其他信息资源发现什么是已经知道的结论，制订调查研究计划；根据实验证据对已有的结论做出评价；用工具收集、分析、解释数据，提出解答，解释和预测以及交流结果。探究要求确定假设，进行批判和逻辑的思考，并且考虑其他可以替代的解释。"

2. 什么是探究学习

从以上关于探究的界定可以看出，探究本身是一种非常复杂的活动，因此对于探究学习的界定有多种不同的角度，各不相同。

定义一：探究学习是学生通过自主参与获得知识的过程，掌握研究自然所必需的探究能力；同时，形成认识自然的基础——科学概念，进而培养探索未知世界的积极态度。②

定义二：探究学习就是从学科领域或现实社会生活中选择和确定研究主

---

① 夏征农 . 辞海［M］. 上海：上海辞书出版社，1999：267.
② 徐学福 . 探究学习的内涵辨析［J］. 教育科学，2002（3）：33-36.

题，在教学中创设一种类似于学术（或科学）研究的情景，通过学生自主、独立地发现问题、实验、操作、调查、信息收集与处理、表达与交流等探索活动，获得知识、技能、情感与态度的发展，特别是探索精神和创新能力发展的学习方式和学习过程。[①]

定义三：探究学习是指学生在教师的指导下，通过自主地参与发现问题、分析问题和解决问题等一系列的探索活动（其中包括思维、情感和动作等方面的活动），来获得知识、技能、情感与态度的发展，尤其是创新精神和实践能力的发展的一种学习方式。[②]

三个定义都分别从不同的维度对探究学习进行了阐释。定义一和定义三都关注过程和结果，定义二则关注探究的选题和过程。其实从探究学习的本质来讲，探究必须包括探究情境、活动参与和自主知识建构与能力发展等要素。可见，这三个定义都没能很全面地揭示探究的本质。因此，本书认为探究学习是指学生从问题或任务出发，在主动参与的前提下，根据自己的猜想或假设，运用科学的方法进行研究，在研究过程中获得创新实践能力、思维发展，自主构建知识体系的一种学习方式。

二、探究学习的特征

探究学习是一种要求教师和学生双方都积极参与的学习方式，具有如下特征。

（1）探究学习是对学生学习方式的根本改变。学生由过去主要听教师讲授，从学科的概念、规律开始学习的方式，变为通过各种事实来发现概念和规律的方式；强调学生的直接经验和间接经验的交融，多种教学策略支持多种学习风格，为学生提供大胆创新、实现自我超越的学习环境。

（2）学生是探究学习的主体，是学习过程的中心。他们通过探究活动生成知识，通过亲身体验发现答案，最后通过讨论和交流，进一步澄清事实、发现新的问题，对问题进行更深入的研究。学生在积极主动地参与教学活动过程中以自己的经验和知识为基础，经过积极的探索与发现、亲身的体验与

---

① 肖川. 论学习方式的变革 [J]. 教育理论与实践，2002（3）：41-44.
② 郭莲花. 探究学习及其基本要素的研究 [J]. 课程与教学论坛，2004（1）：8-12, 34.

实践，以自己的方式将知识纳入认知结构，并尝试用学过的知识解决新问题。

（3）教师是探究学习的设计者、指导者和学生的学习伙伴。探究学习是以学生为中心的学习方式，在探究活动中的问题确定、方案制订、活动实施、成果生成等都应由学生自己完成，但学生还需要教师给予适时的指导，帮助学生搭建支架。教师需要设置探究的问题情境，形成以问题为中心的教学，使学生真正思考并理解知识的产生、形成和发展过程，鼓励学生发现问题、进行推理分析和创造性地解决问题，评价探究的成果。

（4）探究学习以学生周围世界和生活实际为参照对象，聚焦与课程标准一致的学习目标，从学科领域或现实社会生活中选择和确定的问题或任务出发，以激起学生的认知心理冲突，增强学生的学习动机。当学生面临各种让他们困惑的问题时，就要做出各种猜测，寻找问题的答案；在解决问题时，要对问题进行推理分析，找出解决问题的方向；然后通过观察、实验来收集事实，也可以通过其他方式（如查阅文献资料、检索等）得到第二手的资料；最后对获得的资料进行归纳、比较、统计分析，形成对问题的解释。

（5）探究学习强调科学、规范的过程。要创设一种类似于学术研究或科学研究的情境，为学生提供充分自由表达、质疑、探究、讨论问题的机会；通过让学生模仿科学家的探究过程，潜移默化地引导学生学会科学的方法和技能、科学的思维方式，形成科学观点和科学精神，理解科学的本质。但探究学习作为一种学习方式，又不同于科学家的探究活动。它与科学家开展探究的主要区别在于，探究学习必须满足学生在短时期内学到学科的基本知识和学科的结构，因此这个过程在许多情况下都要被简化，但让学生体验科学家的探究过程是非常必要的。

（6）通过探究学习，学生不仅能获得知识，更重要的是还能培养 21 世纪技能，提升思维品质，形成思维技能。

三、探究学习的类型

根据探究学习内容、探究学习目的、探究学习资源获取渠道、探究学习环境、探究学习途径等不同，探究学习可分为以下类型。

（一）理论探究与实验探究

根据探究内容的不同，探究学习可分为理论探究与实验探究。

理论探究是从低级的概念发展到高级的概念，从已知的理论发展到未知的理论，是通过观察"观念性客体"（思考一个问题或思想）的特征，再经过思维加工而获得新的认识。精心设计特例是成功的关键。所谓特例就是体现"观念性客体"的典型事例，或者说是隐含着客观事物新的本质特征的典型事例。这就要求教师认真研究新旧知识的内在联系，帮助学生在自己的认知结构上，为新知识找准适当的固定点。

实验探究就是在教师指导下，让学生亲自通过实验观测，在丰富的感性材料基础上，归纳出新的要领或规律。

理论探究和实验探究相辅相成。实验探究有理论思辨的成分和理论探究的要素，也有实验操作的成分和实验探究的要素，因此不能将二者割裂开来。

例如，对初中生物的教学内容"叶绿素形成与光照的关系"，教学时可以设计成一个实验探究活动。即首先要求学生观察实物"黄豆芽与绿豆芽、韭菜与韭黄的叶"，比较它们颜色的差异；再通过观察，提出问题——"绿色植物细胞内叶绿素的形成受什么影响"；然后进行假设——"光照对叶绿素的形成有或没有影响"；接着通过两种光照条件的控制设计实验，并设置对照组，进行观察、记录；最后全班交流，得出实验结论，并将结论进一步引申到农业生产上——"如何培育韭黄、黄豆芽"。再如，数学教学中常见的先让学生观察图形、数字或多项式的排列，猜想其排列规律，再从理论上去证明，最后回到习题中去验证、总结的学习方式，就属于理论探究。

（二）接受式探究和发现式探究

根据探究学习资源获取渠道的不同，探究学习可分为接受式探究和发现式探究。

接受式探究是学生通过各种途径收集已有的信息资料，通过整理获得问题的答案。其中的信息资料是由学生主动从现有资料或资源（如图书馆、互联网、科技场馆等）中直接收集或向有关人士直接询问。这样所收集到的信息是二手的，只需略加整理即可。

发现式探究是学生在探究问题答案的过程中，不能直接获得已有的信息资料，需要通过观察、分析、调查、研讨等活动得到第一手的相关资料和数据，经过科学处理和加工，从而获得问题的答案。

探究学习可以是发现式的，也可以是接受式的，它们都是主动的学习行为。例如，在中学地理讲完"世界的气候和自然景观"、"世界的自然资源"、"世界的居民"后，可以给学生布置这样一个探究作业："如果你打算利用假期去"新马泰"旅游，为了旅游前的准备（如准备届时穿的衣物、机票、资金），你需要获取哪些信息（如这些国家的气候特点及近期天气预报、来往中国与这些国家之间的交通方式及路线、人民币与这些国家货币之间的汇率等）？如果你打算给家人和朋友带回些特产或小礼品，你需要了解哪些有关信息（如这些国家的经济文化特色等）？你打算从哪些渠道了解这些信息（如《地理》杂志、旅游手册、旅游公司、电视、报纸、互联网、广告等）？写一篇短文，汇报你获得的信息，注意注明这些信息的确切来源。"由于这个作业是让学生从现有资源中主动进行收集，因此它是接受式的探究学习。

而"观察月相的变化并寻找出规律"、"设计一个一秒钟摆动一次的摆"、"探究摆的频率与什么因素有关"等都是发现式的探究学习。

（三）部分探究和全部探究

根据探究活动中探究成分所占比例不同，探究学习可分为部分探究和全部探究。

探究学习的基本特征可以从问题、证据、解释、评价和交流等方面归纳体现。如果学生的探究活动在这几个方面都是他们独立自主地完成的，那就是全部探究；如果他们只是参与了其中某一部分或某几部分，那就是部分探究。例如，当教师没有使学生投入问题的思考中，而是给了学生一个特定的问题，那么探究学习的问题特征就缺失了，这种探究就是部分探究。同样，如果教师选择演示某些物质在化学反应中的作用，而不是让学生探究它的作用以及形成他们自己的解释，那么就缺少了探究学习的解释特征，也是部分探究。只有具备了探究学习的所有基本特征的才能被称为全部探究。当然，全部探究是探究学习的最高要求，学生只有经过多次循序渐进的部分探究才有可能达到全部探究的水平。

（四）课堂中的探究和开放环境下的探究

根据探究活动的开展环境，探究学习可分为课堂中的探究和开放环境下的探究。

课堂中的探究学习是在课堂环境中，教师或学生提出问题，通过实验（包括开展虚拟实验）、上网搜索或讨论等方法，让学生积极主动地去研究、分析、解决问题，在获得知识的同时发展能力的过程。具体来说，它是指教师以现行教材为基本内容，以学生周围世界和生活实际为参照对象，选择综合而典型的材料，创设特定的情境，努力真实、全面地反映或模拟现实，引导学生应用所学知识，自主探究事物的整体结构、功能、作用，分析理解事物的变化发展过程。例如让学生扮演不同角色，利用网络收集资料，从历史、政治、地理、宗教等角度分析"巴以冲突何时了"。

开放环境下的探究学习是在课堂之外，学生带着问题或任务通过访谈、实地调查、实验等方式积极主动地去研究、分析、解决问题。例如设计"小鸡孵出来了"的探究任务，让学生通过走访农户、实地观察、制作人工孵化箱等活动亲历小鸡孵化的过程，感受生命的意义。

四、技术支持的探究学习

基于对探究学习的认识，本书认为技术支持的探究学习，就是通过将信息技术作为情境创设工具、思维建模工具、评价工具、反思工具等有效融入，实现既能发挥教师主导作用，又能充分体现学生主体地位，培养学生发现问题、分析问题和解决问题等能力的一系列探索活动的过程（如图1-1所示）。

可以说，将信息技术融合于探究学习使得学生超越了传统探究学习中的一些条件限制。例如，教师可以利用信息技术创设问题情境，学生可以从模拟情境、虚拟情境中发现问题；学生也可以从网络上获得大量数据，避免去图书馆、阅览室查找等烦琐的事务性工作；学生还可以十分方便地利用信息技术处理数据，制作图表，撰写文章，通过电子邮件、网上论坛来交流自己的探究成果，从而大大增强了学习兴趣和成就感。

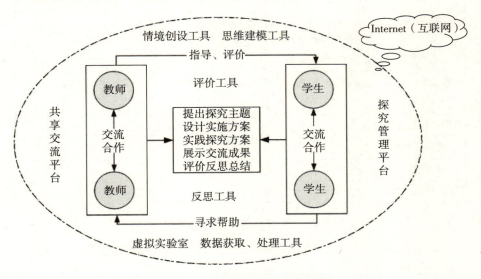

图 1-1 技术支持的探究学习模型

信息技术在探究学习中的形成假设、开展研究、成果展现和评价等诸阶段起着重要的作用。在信息技术所创设的探究情境中，学生可完成查找与处理信息、分析与解释资料、创建在线日志、模拟数据、展示与交流成果等活动。而教师在信息技术环境里，可实时引导学生探究、与学生进行在线交流、为学生提供多种信息资源以及评价学生在探究活动过程中的种种表现等。常见的技术支持的探究学习工具如表 1-1 所示。

表 1-1 信息技术对探究学习可能的支持

功　能	工具名称
创设探究情境	几何画板、Google Earth（谷歌地球，GE）、百度地图
进行思维建模	思维导图、概念图、易思
开展协作共享	Dropbox（网络文件同步工具）、QQ（即时通信软件）、微信、书签工具、EndNote Web（文献管理软件）、网盘、好看簿、百度文库、新浪爱问
进行沟通交流	Skype（语音沟通软件）、QQ、微信、YY 语音、WebEx（视频软件）、大家论坛、天涯社区

续表

功　　能	工具名称
虚拟现实实验	东软化学虚拟实验室、ChemLab（交互式化学实验模拟软件）、Modellus（生物虚拟实验室）、MATLAB（交互实验室软件）、NetLogo（可编程建模软件）、EJS（物理建模软件）
收集资源、数据	问卷星、谷歌表单
	拾音器、摄像机、录音笔、照相机、PDA（掌上电脑）
	百度等搜索引擎
处理与分析数据	Excel（电子表格）、音视频编辑软件、图像处理软件
展示成果	VCT 模板、数字故事、电子书
评价反思	电子档案袋、博客
管理探究过程	百会维基、"特酷"虚拟学习社区、日历、日程提醒、任务和事件追踪

以上各类技术支持工具的作用主要体现在以下方面。

（1）创设探究情境。信息技术集声音、文字、图像、动画等为一体的多媒体性能够为学生营造一个情景交融、虚拟现实的场景，提供多种感官的综合刺激，使学生闻其声、观其形、临其境，并且将需要学生完成的任务镶嵌在情境中。这种富有趣味性的环境可以有效地唤起学生原有的知识、经验或表象并产生认知冲突，启发学生提出问题并进入问题解决状态、激发探究兴趣。例如，在天文学探究中，教师可以先通过信息技术展示天文学界业已研究的成果，诸如公转、自转等过程（如图1-2所示），让学生对所要研究的问题获取感性认识。在历史教学中，可以通过播放巴以战争的新闻片段让学生了解巴以冲突始终是中东的核心问题，引发学生探究巴以冲突产生原因的兴趣（如图1-3所示）。

图1-2　在天文学探究中创设情境

巴以冲突双方继续打击对方目标

图1-3　巴以冲突新闻视频捕图

（2）进行思维建模。学生在开展探究学习的过程中会出现横向、纵向、分合、质疑的思维跳跃，强大的思维建模工具（如 MindManager、因果图、电子表格等）能帮助学生梳理，使学生对探究所涉及的相关概念、问题假设的判断以及对问题结果的推理等一系列的逻辑关系有较全面的认识，使探究学习的内容不仅仅停留于感性认识阶段。由此，学生的发散思维也逐渐从流畅性、变通性过渡到独特性，为创造性思维的形成提供了前提条件。例如，学生在探究大脑的奥秘时，可以利用 MindManager 将获得的相关资料进行梳理，形成一个完整的认识（如图1-4所示）。在探究圆锥曲线性质的过程中，可以利用几何画板创建曲线模型（如图1-5所示）。

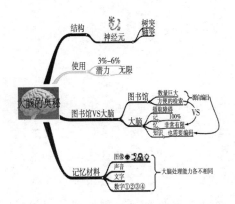

图1-4 "大脑奥秘探究"的思维建模片段

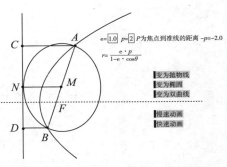

图1-5 用几何画板创建的曲线模型

（3）开展协作共享。学生在协作学习环境中可通过论坛或聊天室，分享从各种不同网址中收集的资料，或与他人分享自己的研究项目、心得体会、经验及教训等。当然，在基于信息技术的探究学习情境中，也可以与其他同学协作，共同完成任务。例如，应用百度网盘共享探究文档、资料（如图1-6所示），利用有道云进行共同创作等。

图1-6 百度云网盘共享

（4）进行沟通交流。学生在探究过程中通过 QQ、Skype、WebEx、E-mail 等方式清楚地表达自己的想法，互相了解对方的观点；也可将已经获得的宝贵的经验或在探究学习中出现的失误等，通过同步或异步交流平台向其他同学及老师进行展示并听取意见、建议（如图 1-7、图 1-8 所示）。

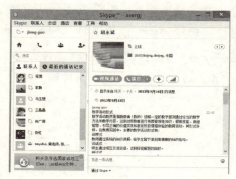 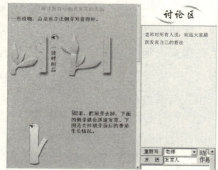

图 1-7　利用 Skype 进行沟通交流　　　　图 1-8　讨论区

（5）虚拟现实实验。通过信息技术呈现虚拟环境，学生可以根据自己的兴趣、爱好去主动发现问题，真正在体验和感悟中完成对问题全方位的透视。通过这种方式，学生可以在头脑中对问题形成清晰的认识与理解。信息技术支持下的多媒体模拟策略，还可以将物体由小变大或由大变小，可以将事件的展现由快变慢、由动变静，对问题进行全息式地透视，使学生在形象、直观、整体把握问题事实的基础上拨开迷雾，找到有效的线索，形成合理的假设。在这种环境中开展的探究学习活动不仅能够提高学习兴趣，更能调动学生视、听、触等多种感官，使学生全身心地投入学习活动中，充分发展其高级思维。在虚拟现实环境中，学生可以"化身"为各种角色，承担各种特定身份的义务与职责，切实地体验社会，在社会交往中学习。例如，可以使用虚拟青蛙解剖实验室让学生对青蛙的内部结构进行探究（如图 1-9 所示），利用力学虚拟实验室让学生探究有关力的性质（如图 1-10 所示）。

图 1-9 青蛙解剖虚拟实验

图 1-10 力学虚拟实验

（6）收集资源、数据。学生可以使用搜索引擎对大量信息进行快速提取、重整、加工和再应用，培养信息加工、信息分析能力和思维的流畅表达能力。也可以通过从主题知识库以及互联网中查找、评价、收集有关信息；或利用网络通信工具与世界各地的专家和同行以及其他能提供帮助的人进行交流，得到任何其感兴趣的热点论题的信息图片或操作画面及解释说明等；还可以通过问卷调查、访谈、实地考察等方式收集数据。这些数据都是按照符合人类联想思维的超文本结构组织起来的，能够为学生发散思维、创造思维的发展和创新能力的孕育提供条件。例如，学生可以利用问卷星开展网络调研（如图 1-11 所示），利用 Google Earth 获得探究数据（如图 1-12 所示）。

图 1-11 利用问卷星进行网络调研

图 1-12 利用 Google Earth 获得数据

（7）处理与分析数据。通过计算机提供的各种软件，学生可以对收集的数据进行分析、整理。多媒体软件的使用缩短了对证据进行分析与论证的时间，使烦琐的证据处理过程变得简洁高效、富有条理，这样学生有更多的时间去体会探究的方法，享受探究和思考的乐趣。例如，在天文学探究中，学生通过图形处理软件对各种用天文望远镜拍摄的图片进行数据处理，从而得出数据并进行分析（如图1-13所示）。学生也可以利用Excel对通过问卷调查等获得的数据进行处理、分析，绘制统计图表（如图1-14所示）。

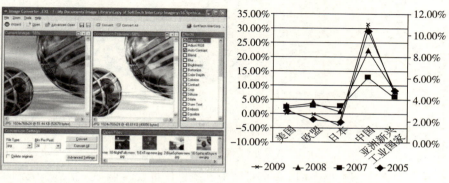

图1-13　天文图片处理　　　　　　　　图1-14　Excel统计图

（8）评价反思。学生可以建立电子档案袋，记录整个探究过程中的所有资料，包括学习计划、实施过程等，教师可以通过浏览档案袋中的内容对学生的探究过程进行评价。学生也可以通过在线日志将自己的学习成果、心得体会实时上传到网上与同伴们分享。另外，教师也可以依据学生的日志建立学生的电子学档，掌握学生学习的进度，针对学生在探究过程中的表现实施形成性评价。例如，张宁建立了自己的电子档案袋，记录探究学习计划、实施等（如图1-15所示）；悠然则在参与《生活中的电磁辐射》探究学习的过程中，利用博客写下了自己的探究心得（如图1-16所示）。

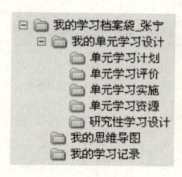

图1-15　电子档案袋

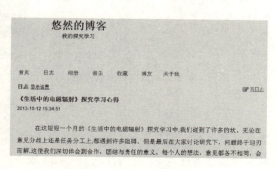

图1-16　博客中的学习心得

（9）展示成果。学生完成探究任务后可将自己所在团队的研究成果向老师以及其他同学进行展示，形式可以是电子演示文稿、VCT 模板、数字故事、网页及专题学习网站等（如图 1-17、图 1-18 所示）。

图 1-17　WebQuest 模板

图 1-18　专题学习网站

（10）管理探究过程。探究过程管理工具可以帮助学生协调并遵循项目截止日期、布置任务、监控个人和小组进步，同时教师和小组可以有效地组织和管理所有的信息，如使用链接、安排层次、重新整理页面、为页面建立标签等。通过任务管理、时间管理、项目跟踪、文档管理等功能，快速、方便地进行项目管理。在线探究过程管理工具主要包括日历和日程提醒、任务和事件追踪等工具（如图 1-19、图 1-20 所示）。

图 1-19　360 桌面日历

图 1-20　百会维基支持的探究过程管理

第二节　探究学习的理论基础

　　探究学习的思想可以追溯到 18 世纪，法国教育家卢梭提出人生来就有探究的欲望的观点，为探究学习的研究奠定了思想基础。19 世纪末 20 世纪初，美国教育家杜威最早提出了在学校科学教育中要用探究的方法，提出"做中学"，并创立了"问题学习法"。杜威的理论使探究学习从观念层面向实践层面推进了一大步。20 世纪 50 年代末 60 年代初，伴随着美国教育现代化运动的开展，美国教育心理学家布鲁纳在专门研究改革中小学理科教育的伍兹霍尔会议上倡导"发现法"。与此同时，芝加哥大学施瓦布教授在 1961 年哈佛大学的演讲中提出了与"发现法"相似，但更具有操作性的教学方法——探究学习法。20 世纪 80 年代以来，随着西方建构主义学习理论等的发展，美国加州大学伯克利分校的让·莱夫（Jean Lave）提出的"情境学习理论"、犹他州大学的戴维·梅里尔（David Merrill）提出的"首要教学原理"等，使探究学习在实践层面有了操作依据和方法指导。

一、体验学习理论

　　体验学习（Experiential Learning，也译作经验学习）是人本主义教育思想的一个重要研究取向。从广义上来说，大多数人本主义性质的教育都是按照经验学习的模式来进行的，而很少采用传统的说教模式。从其定义来看，经验学习是指通过亲身体验或实际操作而进行的学习，它最早起源于 20 世纪 30 年代的美国杜威等人倡导的"进步教育"思想的影响①。

　　杜威倡导用"做中学"（leaning by doing）的进步教育取代传统教育。他认为教育即生活。青少年在学校的学习，应该包括社会的活动，而不应把学校当作"象牙塔"，与社会活动完全脱节。学校的学习要以活动为主，学校必须呈现出生机勃勃的现代生活，教学必须符合社会生活的要求。因此，学习

---

　　① 杨韶刚. 经验学习及其教育思想的实践 [J]. 常州工学院学报（社科版），2005（1）：37-41.

应该通过经验来获得，经验就是知识。真实的知识不是消极、无所作为的东西，而是解决问题的工具。教师应该把学生置于经验的中心，培养学生的兴趣，让学生积极地去"做"。"所有的教学方法都应建构在对学生有意义的、直接的、具体的经验之上"①。

杜威除了强调"做中学"，还非常关注反思（reflective thinking）能力的培养，他认为反思是经验学习的关键，并且主要通过经验学习的过程来培养。在《民主主义与教育》一文中，杜威深入探讨了从经验到反思获得知识的五个阶段："第一，学生要有一个获得真实经验的情境；第二，在这个情境内部产生一个真实的问题，作为思维的刺激物；第三，要占有知识资料，从事必要的观察，对付这个问题；第四，必须负责一步一步地解决问题；第五，要有机会通过应用来检验他的想法，使这些想法意义明确，并且自己去发现它们是否有效"②。

1984年，美国组织行为学教授库伯（David Kolb）出版了《体验学习——体验是学习和发展的来源》一书，正式提出了体验学习理论。他认为体验学习是由四个基本阶段构成的完整的学习系统（如图1-21所示），即具体体验（Concrete Experience）、反思观察（Reflective Observation）、抽象概念（Abstract Conceptualization）、主动实践（Active Experimentation）③。

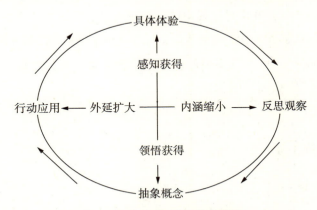

图1-21 体验学习的四阶段模型

① 佛罗斯特．西方教育的历史和哲学基础 [M]．吴元训，译．北京：华夏出版社，1987：579.
② 杜威．杜威教育论著选 [M]．赵祥麟，王承绪，编译．上海：华东师范大学出版社，1981：158.
③ 库伯．体验学习：让体验成为学习和发展的源泉 [M]．王灿明，朱水萍，等，译．上海：华东师范大学出版社，2008：37.

具体来说：①具体体验阶段——学习起始于学生在真实情境中的实践活动，学生既可以通过亲身经历获取直接体验，也可以借由他人体验进行再体验，如角色扮演等间接体验形式。②反思观察阶段——这一阶段要求学生回顾自己的体验活动，并对自己的体验进行分析、反思，观察自己行为的效果，明确自己在体验过程中学到了什么、发现了什么问题、情境对自己产生了哪些影响等，从而形成新的见解。③抽象概念阶段——学生基于对自己体验的回顾和反思，试图把观察的结果同化到由演绎推理产生的新认识或理论中去，形成一个新观点或新认识。④行动应用阶段——这一阶段的主要任务是对自己的理论假设进行检验。如果自己的理论通过检验，那就代表假设是合理的、可靠的观察与反思，可以把新观点迁移到其他情境问题的解决中，反之，则需要导向下一个具体体验，开始一个新的学习循环。

综上所述，体验学习是一种以学生为中心，通过学生的亲身实践和反思来实现知识、技能和态度多维整合发展的学习方式。关注学习结果，更重视学习的过程，特别强调体验之后，能够通过反思得出的结论，并以此调节后续行为。教师除了组织情境引发体验，还要帮助学生提取体验的意义并整合到日常生活中。在体验学习的过程中，实践与反思是紧密联系在一起的，学习是贯穿在整个实践和反思过程中的，旨在于促进学生从经验中学习。例如在案例1-1《大洋和大洲》探究教学设计（详细案例见第四部分第六节）中，教师利用 Google Earth 形成虚拟的地球，让学生画一画七大洲、四大洋的位置，在体验中了解它们的位置。

 案例 1-1

基于 Google Earth 的《大洋和大洲》探究教学设计中，老师利用奥运五环图引出世界上的五大洲，进而引入本节课主题，并在对知识点讲解的基础上布置任务：让学生利用 Google Earth 去探究海陆分布的特点以及七大洲、四大洋的位置和分布。在传统教学中，学生只能通过观看地球仪来认识大洲和大洋，在实际生活中也不能很直接地去体验和感受大洲、大洋，但利用 Google Earth，学生可以搜索大洲、大洋的位置，还可以动手来画一画它们的轮廓。通过这种体验方式，学生能更好地掌握本节课的知识点，而且能激发出学生学习地理的兴趣。在这个过程中，感兴趣的学生也可以利用网络查找一些关于大洲、大洋的知识，如它们名字的由来、它们的面积，等等。

二、情境学习理论

自 20 世纪 80 年代以来，西方学习理论的发展呈现出从行为主义的"刺激—反应"学习理论与认知心理学的"信息加工"学习理论到建构主义学习理论的转向，主张弥补正规学校教育与真实生活情境之间的差距，能提供有意义学习并促进知识向真实生活情境转化的情境学习便是其中重要的学习理论之一。

可以说情境学习理论是继行为主义、认知主义之后西方重要的学习理论之一，情境学习理论的基本观点可概括如下：首先，情境学习理论强调知识与情境之间交互作用的过程，视知识为一种基于情境的活动，是个体在与环境交互过程中建构的，学生在情境中通过活动获得了知识。同时，学习是情境性活动，学习被理解为整体的、不可分的社会实践，是现实世界创造性社会实践活动中完整的一部分。其次，情境学习还融入了社会建构主义与人类学观点，从参与的视角考虑学习，认为学生应是完整的人。这不仅表明了它与特定活动的关系，还暗示着与社会共同体的关系，即意味着要变成一个充分的参与者、一个成员、一种类型的人。因此，学习实质上是一个文化适应与获得特定的实践共同体成员身份的过程。最后，情境理论认为，个体通过合法的边缘性参与获得实践共同体成员的身份。"合法"是指随着时间的推移与学生经验的增加，学生合法使用共同体资源的程度；"边缘性"是指学生在实践共同体中对有价值活动的参与程度与成为核心成员距离的大小。因此，合法的边缘性参与意味着，学习不仅仅是新手获得成员资格的途径，而且学习本身就是成员资格逐渐形成的过程。

对于知识的理解，情境学习理论的核心观点是：知识是具有情境性的，知识是活动、背景和文化产品的一部分，知识正是在活动中、在其丰富的情境中、在文化中，不断被运用和发展着①。这一观点深刻揭示出知识的两个本质特点：①知识的情境性，即知识的存在和意义都具有情境性。因为"任何的知识都是存在于一定的时间、空间、理论范式、价值体系、语言符号等文化因素之中的；任何知识的意义也不仅是由其本身的陈述来表达的，而且更是由其所位于的整个意义系统来表达的；离开了这种特定的境域，既不存在任何的知识，也不存在任何的认识主体和认识行为"②。②知识的工具性。在情境学习理论看来，知识就是工具，二者共享着若干重要的特征：它们都只有通过运用才能得到充分的理解，通过运用不仅改变了使用者对世界的看法，同时又适应了其所处群体的特有的文化信念体系，因此知识既是情境性的，又是通过活动和运用不断发展的。③

情境学习理论看来，知识意义的形成是通过建构生成的，并且意义建构的根本途径是个体参与实践活动，学习的目标也不再停留于认知能力的发展上，而是以实践能力的发展为核心，并且学习更多的是发生在社会环境中的一种活动。"学习是情境性的活动，学习被理解为是整体的、不可分割的社会实践，是现实世界创造性社会实践活动中完整的一部分。"④

当前根据学生能力发展要求，尽量将学习内容的选取贴近现实的问题情境，使学生通过模拟的真实情境来积极主动地学习和探索，通过合法的边缘性参与，获得观察、模仿和参与的机会。这是新手获得成员资格的重要途径，更是从新手成长为专家学习过程的关键所在。因此，情境学习理论对于教学具有重要的参考价值，从中可以得到以下启示。⑤

（1）提供真实与逼真的情境以反映知识在真实生活中的应用方式，并给予基于真实情境的学习机会。

这种情境关注的是能够为学生提供足以影响他们进行意义建构的环境创设，使学生在解决结构不良的、真实的问题的过程中有机会生成问题、提出相关假设，进而解决问题，使学生积极参与学习活动，获得不同的体验。例

---

① 姚梅林. 从认知到情境：学习范式的变革 [J]. 教育研究，2003（2）：60-64.

② 石中英. 知识转型与教育改革 [M]. 北京：教育科学出版社，2001：151.

③ Brown, Collins, Duguid. Situated cognition and the culture of learning [J]. Educational Researcher, 1989（1）：32-42.

④⑤ 莱夫，温格. 情景学习：合法的边缘性参与 [M]. 王文静，译. 上海：华东师范大学出版社，2002：16.

如，案例 1-2 中教师应用"小猫小狗照镜子"的真实情境引出平面镜成像的
学习。

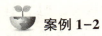 **案例 1-2**

> 在利用几何画板探究《平面镜成像》的教学案例中，教师首先
> 播放"小猫小狗照镜子"的视频，引出平面镜成像的现象，又从我
> 们自身每天都照镜子这个实际的例子，引出本节课的探究主题。

（2）促进对学习过程与结果的反思以便从中汲取经验，扩大默会知识。

学生的学习过程中会存在大量的默会知识，这些难以进行明确教学的隐
性知识，仅隐含于知识与人、情境产生互动的共同体的实践之中，因此，要
特别关注设计支持隐性知识发展的情境，使学生通过"合法的边缘性参与"，
让隐含在人的行为模式和处理事件的情感中的隐性知识内化为自身活动的能
力。在情境学习中，一定要让学生"动"起来——不仅要动手去做，关键是
要通过"活动"把隐性知识内化为自身的能力并外显于行动，因为"做"不
是目的，只是实现学生扩充学习的手段而已。在学生主体性活动的进程中，
教师要在学生处于最近发展区的最佳时机提供必要的指导和支撑，以促进学
生从新手到专家的转变。例如，案例 1-3 中，教师让学生通过角色扮演的方
式参与辛亥革命庆典活动，在真实的参与体验中学会如何收集资料、如何撰
写并呈现报告（详细案例见第四部分第七节）

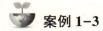 **案例 1-3**

> 某历史老师在《辛亥革命》WebQuest 学习中，给学生创设了这
> 样一个情境：你被"纪念辛亥革命庆典"活动选中，为全国青少年
> 做一个《辛亥革命：成也？败也？》的报告，你要从哪些方面准备你
> 的报告？就这样通过该情境引出探究主题，展开探究活动。

（3）构建学习共同体和实践共同体支撑知识的社会协作性建构，促进学生从合法的边缘性参与进入实践的核心。

情境学习理论认为，个体通过参与共同体的实践活动，取得具有真实意义的身份，逐步从合法的边缘性参与过渡到实践共同体中的核心成员，这个过程是动态的、协商的、社会的，是共同体成员之间通过各种互动与联结，传递学习共同体的经验、价值观与社会规范，使个体不断建构实践能力的过程。

三、活动理论

活动理论起源于康德与黑格尔的古典哲学，形成于马克思辩证唯物主义，被维果斯基提出，是社会文化活动与社会历史的研究成果。活动理论关注的是实践过程而非知识本身，是人们在发展过程中使用工具的本质、不同的环境作用、社会关系、活动目的与意义，最终达到对主体或客体进行改变的过程和结果。活动系统包含三个核心成分（主体、客体和共同体）和三个次要成分（工具、规则和劳动分工）。次要成分又构成了核心成分之间的联系。

活动理论具体到指导教学层面，在教学设计领域，乔纳森（H. Jonassen）描述了以活动理论为分析框架设计建构主义学习环境的方法，即明确活动系统的意图、分析活动系统的核心要素、分析活动的结构、分析中介工具、分析活动所处的环境和分析活动的发展性等六大步骤[①]；科利斯（Collis）采用乔纳森的分析步骤，应用活动理论分析并设计了工作情境中的计算机支持协作学习环境。[②]

北京师范大学的杨开城教授认为，教学设计的理论研究存在两种不同的研究取向：基于教学策略要素/教学模式的教学设计和基于学习活动的教学设计。[③] 基于学习活动的教学设计的研究取向认为，达到学习目标的基本方法性要素主要有：学习活动、学习环境和知识传递（如图 1-22 所示）。学习活动

---

① Jonassen, Wilson. Activity theory as a framework for designing constructivist learning environments [J]. Educational Technology Research and Development, 1999, 47（1）: 61-79.

② Collis, Margaryan. Applying activity theory to computer-supported collaborative learning and work-based activities in corporate settings [J]. Educational Technology Research and Development, 2004, 52（4）: 38-52.

③ 杨开城. 论教学设计理论研究的一种范式和两种取向 [J]. 中国电化教育, 2004（3）: 15-19.

是达到学习目标的最核心的方法性要素，也是教学设计的基本单位。在学习活动内部，学习任务是核心，活动过程、操作方法和组织形式都围绕学习任务而展开。

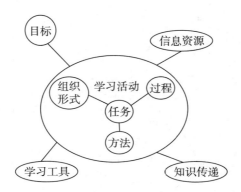

图1-22 基于学习活动的教学设计理念①

杨开城将活动理论的分析框架用于对学习活动的分析，建立起以学习活动为中心的教学设计框架②③，他用"学习活动"替代了传统的"教学系统"这一概念，认为应该从活动的角度来考察教学系统，教学系统是一种具有特定目的的人类活动。从活动的角度来看，教学系统是一个学生活动的序列，是一个师生之间有组织的活动序列。学习活动在这里被定义为达到特定学习目标则进行的师生操作的总和。活动既是学习的外部形式，也是心理机能发展的基础。构成学习活动的主要成分包括④：①旨在达到的学习目标；②活动任务或主题，即为了达到既定的教学目标需要完成的训练内容；③活动基本流程和步骤，包括子活动或操作及其顺序、活动中师生间的分工、协作小组的任务分工及进度安排、子活动或操作成果的成果形式；④活动监管规则，包括规定各阶段的活动成果形式、规定教师向学生提供的学习支架的内容和类型、规定干预和反馈的时机、规定时间进度的安排、规定调整活动目标和任务的时机、规定应奖励和惩罚的行为；⑤活动评价规则，即对学生完成学

① 杨开城. 以活动为中心的教学设计理论 [M]. 北京：电子工业出版社，2005：38-39.
② 杨开城. 以学习活动为中心的教学设计理论：教学设计理论新探索 [M]. 北京：电子工业出版社，2005：38-39.
③ 李开城，李文光. 教学设计理论的新框架 [J]. 中国电化教育，2001（6）：5-8.
④ 杨开城. 学生模型与学习活动的设计 [J]. 中国电化教育，2002（12）：16-20.

习活动情况的评价，包括规定评价主体、评价对象、评价的参照和计分方法。

依据活动系统的构成要素与结构和实践性教学自身的特点，可以推导出探究学习活动系统的基本要素（如图1-23所示）。

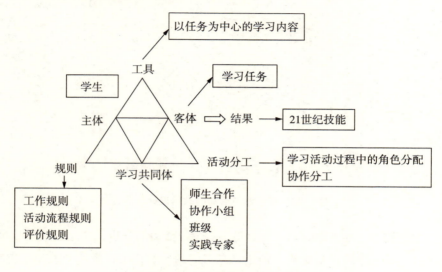

图1-23 探究学习活动系统

（1）结果：探究学习的目标是使学生获得学科知识、21世纪技能。

（2）主体：学生是学习活动的主体。对于教学设计而言，要充分了解学生的特征。学生特征包括认知的、情感的、社会的多个方面的特征。在本研究中，对学生特征的分析重点在于理解学生探究学习行为的特点，以在设计学习活动时有针对性地选择策略。

（3）客体：探究任务是探究学习的客体，是与达到教学目标密切相关的。活动系统正是通过主体学会完成探究任务而达到目标的。在一个学习活动中可能有多个探究任务。

（4）工具：工具是学生在完成探究任务过程中所需要的软硬件环境、参考资料等。

（5）学习共同体：教师、学生、协作小组，可能还包括领域专家，共同构成学习共同体。

（6）活动分工：在探究学习过程中，教师、学生、协作小组所承担的责任不同，在教学设计中需要界定学习共同体中不同成员在学习活动各阶段各自的活动是什么。

（7）学习活动流程规则：学习活动的流程和步骤是对学习活动的宏观控制，它指明了活动包含的子活动或操作及顺序、活动过程中师生的分工、活动的组织形式是小组还是个人。

（8）评价规则：评价规则是规定活动评价的方法和标准，是对学生完成学习活动的情况的评价。它体现了活动目标的达成。

利用虚拟实验室探究《质量守恒定律》（详细案例见第四部分第四节）的片段案例 1-4，较好地体现了探究活动的全过程。

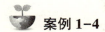 **案例 1-4**

> 在利用虚拟实验室探究《质量守恒定律》的教学案例中，某化学老师对其教学过程进行如下设计：先从宏观、微观两个角度复习化学反应产生了怎样的变化，在此基础上引出问题"反应物与生成物的质量之间有什么关系？"，让学生进行思考、猜想；然后让学生在他们猜想的基础上，设计实验方案，利用虚拟实验室验证猜想，得出结论；最后教师对学生的探究结果进行总结，并引导学生反思。

四、首要教学原理

梅里尔是第二代教学设计（ID2）的代表人物。在对 ID2 进行多年研究的基础上，他指出，虽然当前各种各样的教学设计理论与模式发展迅速，但是它们之间绝不是仅仅体现了设计方式上的差异，而是有其共性的。为此，他依据考察不同的教学设计理论与模式，提出一组相互关联的首要教学原理。所谓"首要教学原理"（First Principles of Instruction），是指各种教学设计理论和模式都大体赞同的一种处方性教学设计原理[1]。

---

① 盛群力，马兰. "首要教学原理"新认识［J］. 远程教育杂志，2005（4）：19-26.

通过分析，梅里尔认为当前许多教学模式都强调有效的学习是以问题为中心的，并在学习中使学生参与到四阶段的学习过程中①，即：①聚焦解决问题（problem-centered）；②激活先前经验（activation）；③展示论证新知（demonstration or show me）；④尝试应用（application or let me）；⑤融会贯通（integration）。在"聚焦解决问题"的教学宗旨下，梅里尔认为教学应该由不断重复的四阶段循环圈——"激活原有知识"、"展示论证新知"、"尝试应用练习"和"融会贯通掌握"（如图 1-24 所示）构成，具体的教学任务（事实、概念、程序或原理等）应被置于循序渐进的实际问题情境中来完成，即先向学生呈现问题，然后针对各项具体任务展开教学，接着再展示如何将学到的具体知识运用到解决问题或完成整体任务中去。只有达到了这样的要求，才是符合学生心理发展要求的优质高效的教学。

图 1-24　有效教学的阶段

梅里尔提出的首要教学原理包括 5 个要素和 15 个次要素（也可被称为教学处方），如表 1-2 所示②。这也是教学活动必须经历的阶段或环节，体现了教学原理与教学过程阶段的统一性，既有利于实际操作应用，也有利于突出原理对教学实践的指导作用。

---

①② Merrill. 首要教学原理 [J]. 盛群力，马兰，译. 远程教育杂志，2003（4）：21-27.

表1-2　首要教学原理

首要教学原理	教学处方
原理1——以问题为中心（problem-centered）：当学生介入解决生活实际问题时，学习才能够得到促进	◆ 交代任务（show task）：当向学生交代在完成某一学习活动后能够做什么或学会解决一些什么问题时，学习才能够得到促进。 ◆ 任务水准（task level）：当学生介入问题或者承担任务，而不是仅仅停留在操作或活动水平时，学习才能够得到促进。 ◆ 问题序列（problem progression）：当学生解决了一系列经过比较、澄清的问题时，才能够促进学习。
原理2——激活旧知（activation）：当相关的旧经验被激活时，学习才能够得到促进	◆ 原有经验（previous experience）：当引导学生依据相关的原有经验，回忆、联系、描述或应用知识并将其作为新知识的基础时，学习才能够得到促进。 ◆ 提供经验（new experience）：当向学生提供作为新知识基础的相关经验时，学习才能够得到促进。 ◆ 内容结构（structure）：当引导或鼓励学生回忆用来组织新知识的结构时，学习才能够得到促进。
原理3——充分展示（demonstration）：当教学展示论证了要学习的东西而不是仅仅告知相关的信息，学习才能够得到促进	◆ 匹配一致（match consistency）：当教学展示论证与学习目标相一致时，学习才能够得到促进。具体包括：①提供概念的正例和反例；②展示程序的递进逻辑；③尽量直观形象地提示出"过程"；④示范行为样式。 ◆ 提供指导（learner guidance）：当向学生提供适当的学习指导时，学习才能够得到促进。具体包括：①引导正确方向；②采用多种呈现表征的手段；③对不同的展示论证过程给予明确比较。 ◆ 善用媒体（relevant media）：当媒体起到一种恰当的教学角色并且没有使学生眼花缭乱、受到干扰分心时，学习才能够得到促进。
原理4——尝试应用（application）：当要求学生运用知识或技能解决问题时，才能够促进学习	◆ 一致练习（practice consistency）：当应用（练习）及后测与已经陈述或隐含的目标相一致时，学习才能够得到促进。 ◆ 渐减指导（diminishing coaching）：当学生在解决问题时得到恰当的反馈和指导，包括错误核查与纠正并逐渐减少指导时，学习才能够得到促进。 ◆ 变式问题（varied problems）：当要求学生解决一组不同的变式问题时，学习才能够得到促进。

续表

首要教学原理	教学处方
原理5——融会贯通（integration）：当学生受到鼓励将新知识技能融会贯通（迁移）到日常生活中去的时候，学习才能够得到促进	◆ 实际表现（watch me）：当学生有机会实际展示表现其知识技能时，学习才能够得到促进。 ◆ 反思完善（reflection）：当学生对学到的新知识技能进行反思、质疑和辨析时，学习才能够得到促进。 ◆ 创造革新（creation）：当学生能够创造、发明、探索新事物和有个性特色地运用新知识技能时，学习才能够得到促进。

首要教学原理是梅里尔在对诸多教学理论和模式进行分析比较、提炼综合后归纳创造出来的，这其中有赫尔巴特"传统"的教学，也有建构主义创新的教学模式，可以说首要教学原理是兼收并蓄、博采众长的。按照他的说法："首要教学原理几乎可以在各种教学理论与流派中或多或少见到踪影"，"随着教学设计理论的发展，首要教学原理能够成为构建未来教学设计理论与模式的基础"。① 基于首要教学原理，教学可以包括五个阶段：了解任务、激活旧知、同化新知、应用和整合。

（1）了解任务。

了解任务是指学生了解要完成的学习任务和产生的学习成果。了解任务有以下几种方式：①了解目标描述；②了解概要性问题的内容结构；③了解任务描述；④了解问题情境；⑤尝试问题解决；⑥了解作品样例。

（2）激活旧知。

激活旧知是指学生激活已有的认知结构或相关经验，包括两种方式：①回忆原有知识；②回忆原有经验。

（3）同化新知。

同化新知是指在原有认知结构的基础上，通过阅读材料、听教师讲授、体验、探究等方式在新旧知识之间建立起联系，建构新的意义。根据是否由学生主动发现知识，学习方式可以包括探究学习和接受学习。在接受学习中，根据学生获得的是直接经验还是间接经验以及获得间接经验的方式，又可分

---

① 盛群力，马兰."首要教学原理"新认识 [J]. 远程教育杂志，2005（4）：19-26.

为体验、听讲和阅读。因此，同化新知的方式包括：①听讲；②阅读；③体验；④探究。

（4）应用。

知识的应用可以包括多种类型：①回答概要性问题；②案例分析；③完成过程；④创造作品。

（5）整合。

将梅里尔所提的"整合"应用到实践性教学，主要包括学生之间共享、反思和完善学习过程和学习成果，以促进协同知识建构。

例如案例1-5和案例1-6就较好地体现了首要教学原理的五个阶段。

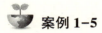
案例 1-5

> 某数学老师在利用几何画板开展《二次函数的性质与图像》的探究学习中，先利用几何画板帮助学生回顾旧知，激活他们的原有知识；然后布置任务，学生开展小组探究，在探究的基础上进行知识的迁移应用；最后学生进行成果展示，分享各组的探究结果，教师给予整合、总结。

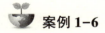
案例 1-6

> 在利用 Google Earth 探究《日本》的教学案例中，教师首先用一个谜语、Google Earth 引出本节课题"日本"；然后引导学生回顾上一章是从哪些方面来学习"亚洲"的，在回顾旧知的基础上，引导学生要从哪几方面探究日本的自然地理；接下来让学生利用 Google Earth 自己动手操作，开展探究学习；最后学生进行成果分享，教师在此基础上做出总结。

第二部分

技术支持的探究学习
设计与实施

不同类型、不同环境中的探究学习的活动类型和组织方式存在差异，但无论是哪种类型的探究学习，学生都需要亲历探究问题的生成与确定、探究方案的策划与设计、探究方案的实施以及探究结论的交流等环节。为了保证探究学习各环节的顺利实施，教师需要进行详细设计，主要包括探究学习分析、探究任务设计、探究过程设计、探究资源设计及探究评价设计等。探究学习分析主要是对课程标准、学习者特征、学习目标、学习环境等进行分析，在此基础上确定学习需求并进行环境、技术准备。探究学习任务的设计是探究学习的核心，探究任务要能够引发学生主动探究的积极性和兴趣，并将需要学生掌握的知识和技能以任务为中心进行整合。探究过程设计的核心是引导学生学会探究，掌握探究的基本方法与流程，能够像研究者一样思维，从问题出发，进行资料的收集、探究方案的设计、实施、总结与评价等一系列活动。这其中要充分考虑如何利用技术支持工具支持过程的顺利进行，增加学生间的协作和交流以及对探究过程的每个环节进行有效的组织和管理。为了避免学生迷失于信息海洋，帮助他们快速定位所要查找的资源等，教师需要在教学设计的过程中查找大量相关资料并进行挑选，防止学生迷航，难以聚焦需要解决的问题。评价是探究学习的导向，是对探究学习目标达成度的考核，评价的设计体现了教师在探究学习组织中对学生学习过程、学习结果的期望。

第一节　技术支持的探究学习设计流程

基于技术支持的探究学习设计要素分析和体验学习理论、情境学习理论、活动理论、首要教学原理等理论依据和指导，本书认为技术支持下的探究学习设计应该经过探究学习分析、探究学习设计、探究学习实施和探究学习评价与反思四个阶段，针对每个阶段又有更细化的分析与设计过程（如图 2-1 所示）。经过前期分析、设计阶段后，初步形成探究学习设计方案；经过实施与评价反思阶段后，再对整个设计方案进行修改和优化。通过分析、设计、实施和评价反思这样循环不断的修改优化，教师不但能够获得更高质量的设计方案，也能更有效地帮助学生开展技术支持下的探究学习活动，还能提高该设计方案的重复使用率。

一、探究学习分析阶段

任何学习活动的开展都是建立在对学生、学习内容等充分分析的基础上进行设计的，探究学习也不例外。在对学习内容、学习目标、学生和学习环境、技术支持工具等分析后设计的学习活动才能完全适应学生。没有前期分析而进行的学习活动设计会很容易脱离现实，也不符合探究学习的理念。技术支持的探究学习活动分析阶段主要包括对教材内容、学习者特征、学习目标、资源与环境、教师角色和技术工具等方面的分析。

1. 教材内容的分析

教材内容是进行探究学习活动设计的一个重要前提，是为实现教学目标，要求学生学习的知识、技能、思想和行为的总和。在分析教材内容时，应以课程标准为依据。由于教学大纲、教学内容等方面的限制，实际上教材中有很多内容都不能够充分地展开和延伸，而这些内容就是进行探究学习的好选题。但是需要注意的是，选定探究内容要以教学目标和学习目标为根本出发点，不可能也没有必要将所有的内容都设计成探究性的，最值得选择的内容应该是具有核心和基础地位的概念、规律性知识——学生在真正理解这些知识以后，就等于掌握了知识的主干，具有了扩充和扩展自己知识结构的能力，能够使后续探究更具针对性。

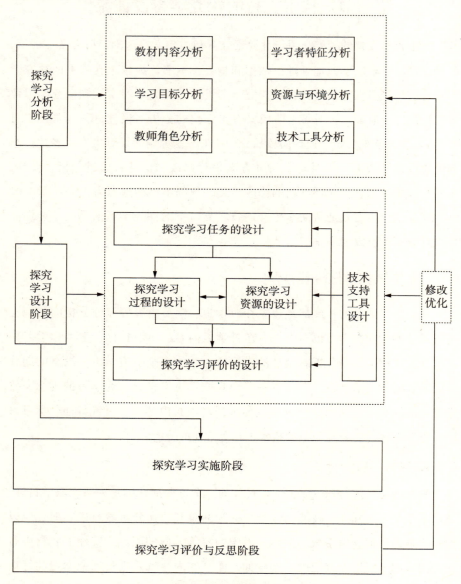

图 2-1 技术支持的探究学习设计流程

　　在选定适合探究学习的教学内容后，对其进行分析，再次划分知识点并对知识点进行分类。通过绘制知识图的方式明确各个知识点之间的关系，由此来确定更加清晰明了的学习目标（活动目标）。如选定《荒漠化防治》一课作为探究学习（详见第四部分第六节）的教学内容，然后通过分析发现主要知识点有西北地区概况、荒漠化和荒漠化防治的对策及措施，在此基础上，对知识点细化并将其绘制成知识图（如图 2-2 所示），利用知识图，明确知识点之间的关系。这也为学习目标的分析和探究活动的具体设计提供了一定的依据。

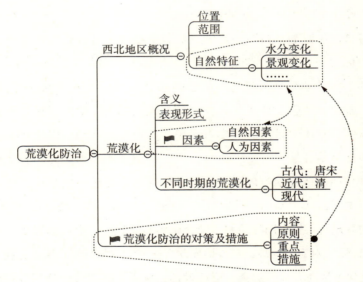

图 2-2　《荒漠化防治》知识图

2. 学习者特征的分析

　　学习者特征分析是任何学习活动都要考虑的重要因素。在技术支持下的探究学习中，学生是活动的主要参与者，探究学习活动主要是以学生为中心进行设计的，因此对学生在活动中所受的影响因素分析直接影响活动结束时学生是否能够达到学习目标的要求，这些影响因素是在进行活动设计时要加以考虑和解决的。对学习者特征的分析主要包括学习者一般特征、认知发展水平、先前知识结构以及兴趣、情感、学习风格等多方面的分析。

3. 学习目标的分析

探究学习活动促使学生朝着目标所规定的方向产生变化，获得知识与能力的提升，因此在探究学习分析阶段，学习目标是否明确、具体规范，直接影响着学习活动是否能沿着正确的方向进行。在学习目标分析和设计中，应充分考虑到学生在探究学习活动中的主体性、创造性和积极性，明确希望学生利用技术支持工具能够综合应用的知识点或知识框架、新知识的发现、新技能的发展、21 世纪技能等，以及通过技术支持的探究活动所获得的态度和情感体验。分析知识技能、方法策略、情感态度目标和 21 世纪技能目标，为探究学习设计实施提供了一个明确的方向。

学习目标主要是对预期学习结果的一种描述，是设计探究学习活动时的理想目标和努力方向。这里主要是结合教学内容来明确探究学习活动，用具体的学习活动结果来描述学生通过探究学习活动在达到学习目标后，其认知、技能、情感、21 世纪技能上的变化。在进行学习目标分析和设计时，必须结合具体学科内容和学习对象，明确探究活动，以便在探究学习设计阶段能够结合具体探究活动的设计形成完整的、细化的、有针对性的学习活动目标。结合学习内容、学习目标和学生分析，最终形成技术支持下的探究学习活动"知识—目标"结构分析。例如，前面已经对《荒漠化防治》的内容进行了知识图的绘制，结合课标和知识图，形成如表 2-1 所示的"知识—目标"对应结构表，初步形成此次探究学习的目标。这也为技术支持下的探究学习活动方式的选择、资源设计、技术支持工具的使用等提供了明确的方向。

表 2-1 《荒漠化防治》"知识—目标"结构分析

一级知识点	二级知识点	学习目标
西北地区概况	位置	了解西北地区的位置、范围、自然特征及其成因
	范围	
	自然特征（水分、景观变化……）	

续表

一级知识点	二级知识点	学习目标
荒漠化	含义	知道荒漠化含义及其表现形式； 能说明荒漠化形成的因素； 理解人为因素对荒漠化的发生、发展所产生的影响
	表现形式（土地沙漠化、石质荒漠化、次生盐渍化……）	
	因素（自然因素、人为因素）	
	不同时期的荒漠化（古代、近代、现代）	
荒漠化防治的对策及措施	防治内容	了解我国荒漠化治理对策和措施； 树立正确的环境观和可持续发展观
	防治原则	
	防治重点	
	防治措施	

4. 资源与环境的分析

资源和环境是支持学生顺利进行探究学习活动的必要条件，也是学习活动中的重要因素。在技术支持下的探究学习活动中，可用的资源主要包括预设的学习资源、相关的学习资源和泛在的资源，这些资源既可以通过网络和多媒体计算机获得，也可以通过技术工具（如摄像机、照相机、Flash 等）自行制作开发，还可以通过传统媒体（如教科书、模型、实物等）得到。技术支持的探究学习活动主要是基于网络、虚拟实验室或学科教学软件等环境下，利用各类平台（如共享交流平台、探究管理平台等）而展开的，其功能、便利性、即时性等因素都会对探究学习活动的设计和开展产生很大影响。在前期设计阶段，可根据环境和资源的特点、用途等，结合教材内容、学生特征和学习目标等对其进行详细分析。

5. 教师角色的分析

教师是技术支持下的探究学习活动的设计者，但也同样是活动的参与者、组织者和管理者，此外教师还具有多个其他的角色，如探究材料的呈现者、学生学习动机的激发者和维持者、探究活动规则的制定者、技术支持工具的提供者和指导者以及探究学习活动的评价者。在活动过程中，教师应该以何种角色参与，其任务和职责又是什么……都需要在前期分析阶段进行充分的考虑和分析，以便教师在技术支持下的探究学习活动设计和实施阶段中能够对自己的行为活动更加清晰明了。

6. 技术工具的分析

技术支持工具能够优化整个探究学习过程，在技术支持下的探究学习活动设计中起着重要的作用。学生借助技术支持工具理解任务、创设情境、提供支架、获取资源和进行评价反思，教师借助技术支持工具呈现探究学习材料、制定规则、组织和管理学习活动。探究学习中的技术支持工具主要有情境创设工具、思维建模工具、虚拟实验室、数据获取和处理工具以及评价反思工具。在探究学习的过程中，这些工具的使用方式和作用、特点均不相同，应充分考虑并分析不同技术支持工具在不同探究任务或同一探究活动的不同环节中所体现出的作用及特点，以便在具体的活动设计和评价反思阶段能够清晰地知道技术工具如何给予支持。

例如，在《荒漠化防治》探究学习中主要利用 Google Earth 来支持学生的探究学习。GE 是一种虚拟地球仪软件，它主要是把卫星照片、航空照相和地理信息系统（Geographic Information System, GIS）放置在一个地球的三维模型上，从而可以很快地观察、发现世界上任何地方、任何时期的城郊扩建、冰盖消融等地理历史变化。在对 GE 的特点及功能进行分析以后，结合知识图和"知识—目标"结构表，基本确定本节探究学习活动的目标——从知识与技能，过程与方法，以及情感、态度和价值观方面分别如下。

1. 知识与技能

（1）知道荒漠化的含义及其表现形式；

（2）了解西北地区的位置、范围、自然特征及其成因，能说明荒漠化发生的自然因素和人为因素；

（3）了解我国荒漠化治理的对策和措施。

2. 过程与方法

（1）通过 GE 的计算方法，学会基本的地理测量方法；

（2）应用 GE 提供的卫星地图，学会读图、析图的方法，学会思考各种自然和人文景观之间的整体性联系；

（3）通过对荒漠化防治的总体思路、具体措施的论证，学会对信息进行综合与分析，并能利用实证的方法解决具体的地理问题；

（4）能使用 GE 来看地球任一地区地形坡面图。

3. 情感、态度和价值观

（1）认识到人类的生存与发展同环境有密切关系，通过对西北地区荒漠化成因进行分析，能认识到不合理的人类活动是荒漠化形成的决定性因素，若要实现区域的可持续发展，人地协调是关键，从而树立正确的人地协调观；

（2）树立正确的环境观和可持续发展观，明白可持续发展的重要性，愿意为更美好环境做出适当的行动。

4. 21 世纪技能

（1）在探究过程中逐渐形成小组协作能力；

（2）在对西北地区荒漠化成因分析的过程中形成批判性思维。

二、探究学习设计阶段

技术支持的探究学习活动是设计的核心阶段，前期对各种因素的分析是为了给活动的具体设计指明方向。在进行活动设计时，应充分考虑前期对内容、目标等的分析以及不同技术支持工具的特点分析，根据分析后形成的教学目标，考虑如何设计探究学习活动，帮助学生最终实现目标的达成。该阶段的设计主要包括探究学习任务的设计、探究学习过程的设计、探究学习资源的设计和探究学习评价的设计等环节。

1. 探究学习任务的设计

探究学习任务不是活动的目标，是为了让学生达到预定的学习目标需要完成的相关学习内容、操作流程以及学习结果等。任务与传统教学的特点和意义不同，它与学习目标紧密联系，具有学科性、开放性、延伸性的特点，能够引发学生主动探究的积极性和兴趣。探究学习任务是技术支持的探究学习的关键要素，其设计的好坏直接影响探究学习活动的效果。

一般来说，探究学习任务的基本类型有资料分析类任务、问题解决类任务、作品创作类任务、实验探究类任务等。例如，《荒漠化防治》中的任务要求是通过探究活动解决问题，《辛亥革命》中的任务要求是通过探究最终形成用于宣讲的研究报告，而《平面镜成像》则要求学生通过自主实验探究发现和归纳平面镜成像的原理。但是无论是哪种类型的任务，整个学习活动的设计和实施都要围绕这个任务来展开，任务的设计对于技术支持的探究学习活动有着至关重要的作用，而围绕不同类型的任务所进行的情境创设则是探究学习任务设计的核心内容。

能够引发探究的任务应该具有真实性、具体性和解决的可能性的特点，是学生真正感到困惑的，存在于特定、具体情境中的，根据现有知识经验和能力水平不能独立解决，但可以在他人或技术的帮助下获得解决的。在此基础上所创设的情境应该也是真实的，与学生生活实际尽可能相关的，能够让学生充分体验和感受，从而引出具有整体性的任务并引发学生的兴趣。

2. 探究学习过程的设计

探究学习过程是学生通过探究进行主动知识建构的过程。在这一过程中，学生会以自己已有的知识经验、心理结构和信念为基础来选择信息，并从中得到推论，甚至根据这些推论来建构自己对世界的认知。探究学习过程的设计包括总体框架（指从宏观上对整个探究学习过程进行设计规划）、活动框架（活动的组织、探究活动方法、活动过程管理和活动成果发布）等几个方面的设计。

技术支持的探究学习过程中，学生向教师寻求帮助，教师对学生进行指导和评价，学生与教师之间利用技术支持工具构建学习共同体，整个过程的设计都具有一定的自主性和开放性。探究主要包括明确问题或分析任务、制订探究方案、收集和获取信息资源、得出结论等过程，学生通过彼此之间的交流与合作，使自己的见解更加深刻与完善。在探究学习过程中，学习共同体的构建更加强调培养的是学生间积极的合作、交流与对话能力。如在《辛亥革命》中，教师通过分组及角色分工后，提出一些问题让学生进行体验和探究，学生通过整理分析材料，得出结论并进行自我评价，最终完成任务。在此过程中，教师为学生提供资源、工具等帮助以及进行总结和点评。

在技术支持的探究学习的过程设计中，针对不同类型的探究任务所进行的过程设计有一定的区别，此外还应充分考虑如何利用技术支持工具支持过程的顺利进行，增加学生间的协作和交流以及对探究过程的每个环节进行有效的组织和管理。

3. 探究学习资源的设计

在探究学习中，资源是学生能够顺利开展探究学习活动的重要因素之一。技术支持下的探究学习资源设计主要是在前期资源与环境分析的基础上，结合具体的活动进行有针对性的设计。这里的资源来源可以是讲授性课程材料、文献等资料的呈现，也可以是案例库、数据库、作品集等的建设，还可以是收集的资料、获取的数据、积累的成果、上传和共享的反思日记等。

探究学习中的资源主要有预设的学习资源（教师根据探究主题或要求预先制作或设定的资源）、相关的学习资源（围绕探究主题可确定搜索范围的资源）和泛在的学习资源（网络甚至整个社会、自然界所拥有的广泛存在的学习资源）三种类型。这三类资源并没有明显的界限，通常需要同时使用三类资源来完成一项探究任务，但是不同类型资源的应用有一定的侧重点，而在课堂探究学习中主要用到的是预设资源和相关资源，且一般都由教师提前提供或设计，这些都需要在设计时有所考虑。

此外，在技术支持下的探究学习设计的各环节中，技术支持工具的设计需要重点关注，在前期对技术支持工具特点及作用分析的基础上，需要根据具体的设计内容、活动和环境特点来选择为学生提供技术支持工具。例如，在探究任务情境的设计中，可以借助情境创设工具来使情境具体化、形象化、可视化；或者在探究学习评价设计中，可以借助评价反思工具来帮助师生对整个探究过程进行评价。但是，技术支持工具一定要与前期分析结果和具体的活动设计紧密结合，具有合理性、可操作性，绝不可滥用技术支持工具，否则会为整个探究活动的实施带来负面影响。

4. 探究学习评价的设计

基于技术支持的探究学习评价是探究学习设计中的一个重要环节，它侧重于对学生学习过程和学习绩效的评价。探究学习评价的设计重点是关注学生运用知识解决问题的能力，一般在活动的最开始就要明确评价方式，可以告知学生评价方式或评价内容，使其明确活动的预期结果和努力的方向。在技术支持下的探究评价设计中，主要考虑如何利用技术支持工具（如量规、电子学档）来了解面对真实的问题或任务的探究过程中，学生的理解、合作、交流、创造等能力的状态变化。通过评价使学生的各种能力获得提升、思维获得发展并能够自主构建知识体系，其作为一个激励机制，是探究学习设计中不可忽视的。

例如，在《探究单摆的周期与哪些因素有关》的教学设计（详细案例见第四部分第五节）中，为了有效地对学生的探究能力在课堂中的表现予以评价，让学生进行自我矫正，采用了课堂学习评价量表的方式来进行评价。量表主要从软件运用能力、观察能力、实验设计能力、数据分析能力和归纳总结能力五个方面对学生的探究学习进行评价，并分为起步、发展中、完成、典范四个等级，来让学生明确需要达到的能力目标，督促学生为此而努力。

三、探究学习实施阶段

活动实施阶段主要检验探究学习活动设计中形成的具体的活动方案是否可行及效果如何。前期分析阶段已经对内容、目标、资源、环境、教师和技术工具进行了详细分析，在此基础上对探究任务、过程、资源及评价反思也都进行了相应设计，最终形成完整的、具体的技术支持的探究学习活动方案，并通过教师组织、管理学生在活动设计方案的指导下开展探究学习活动。而在具体实施过程中，需要关注设计方案在实施过程中存在的问题、不足之处和在分析、设计阶段没有考虑到的地方，教师可根据实际情况随时调整活动的进行。

1. 探究过程中的活动组织

在探究环境中，学生、技术支持工具、教师所组成的探究学习共同体，通过明确的分工和共同的努力来实现最终的学习目标。然而在具体实施阶段，探究过程中的活动组织是最容易出现问题的。例如，学习共同体的创建没有合理性和科学性，共同体中的成员沟通交流存在障碍，探究过程中没有合理地选择技术支持工具，不能够进行及时有效的评价等，都需要采取恰当的策略来解决。

2. 探究过程中的时间管理

在探究学习实施阶段，有效的时间管理决定了探究学习的效率和效果，如何正确地把握时间尤为重要，而这又与整个探究学习设计方案具体的内容设计及环节安排有关。因此需要尽可能考虑所有可能出现的问题和技术支持下的探究学习中能够预想到的突发事件，采用相应的解决策略并考虑是否可以借助技术支持工具来进行解决。

3. 探究过程中的资源管理

探究过程中的资源管理主要包括技术管理和文件管理。其中技术管理主要指教师对整个探究学习中所用到的技术工具和资源的管理，文件管理主要是指对学生探究学习活动过程中的过程性资料以及活动成果的管理，需要关注技术帮助师生进行技术和文件的管理策略。

四、探究学习评价与反思阶段

探究学习的评价与反思主要是在活动实施的基础上进行的，这里的评价与反思不仅仅重视探究学习结果，更重视对整个阶段中各个环节的评价反思。这一阶段主要与探究学习设计阶段中的评价设计结合，要求师生评价和反思在探究学习活动实施过程中该活动方案的优势所在、存在的需解决的问题和不足之处、技术支持工具使用不当或在分析、设计过程中没有涉及的地方。评价反思、修改优化的有效循环可以使整个活动设计方案不断完善优化，从而让技术支持的探究学习活动效果和活动设计方案重复使用的价值都获得提高。

例如，对实施《探究单摆的周期与哪些因素有关》的教学设计方案所进行的反思中提道：

> 教师利用虚拟实验观察、讲解、示范操作，然后学生亲自操作，认
> 识天平的结构，了解托盘天平的使用方法。本节课通过虚拟实验讲解，

使学生清晰地看到天平使用的过程，了解天平的使用步骤，使用虚拟实验使实验讲解得更清晰明白。通过虚拟实验操作，培养学生探究、合作、主动的学习方式的形成，培养学生交流与合作的能力，让他们在学习中体会探究成功的快乐，这也有利于同学之间的合作、交流和学生以后的发展。

第二节　技术支持的探究学习任务设计

任务是探究学习的起点，是技术支持的探究学习的关键要素，其设计的好坏直接影响探究学习活动的效果。在探究学习中，为了达到预期的学习目标，具有实际意义的、真实或接近真实的任务设计才能够引发学生主动探索的兴趣和积极性，这样的任务既有学科性又有开放性，既有基础性又有延伸性，既有整体性又有部分性。本书重点关注课堂教学环境中的探究学习任务设计，这样的任务主要包括资料分析类、问题解决类、作品创作类、实验探究类四种类型，具体特征见表2-2。

表2-2　探究学习的任务类型及特征

任务类型	特　征
资料分析类	按照一定的要求收集文献资料，并进行汇总、分析和评价，最终找到解决问题的办法。例如，让学生寻找资料并进行分析，了解清代黄河泛滥状况及原因。
问题解决类	是最开放的任务形式。这种任务需要学生自己先明确问题，而后再去寻找解决问题的方法，具体解决方法可能是通过不同途径来实现，而且可能利用其他相关资源。比如让学生找出楼兰古城荒漠化的成因及保护措施等。
作品创作类	按照一定要求或为了解决某个特定的问题，通过创造新作品或改进已有产品来检验其有效性，如艺术作品、小论文、研究报告或模型制作等。
实验探究类	通过一系列的实验活动（如物理、化学实验等），借助所获得的实验数据和其他资料，对某个问题的前因后果等进行深入分析，逐步找到因果关系及问题解决办法。比如找出平面镜成像的原因、电脑显示屏幕发生"闪烁"的原因及解决方案等。

以上几种任务实际上在具体的探究活动中具有交叠性，如一个问题解决类任务可以包括实验探究类任务和作品创作类任务等。如果提出的整体任务较复杂，就需要根据内容和学生实际情况分析，把整体任务分成若干个小任务，让学生在任务驱动下阶段性地完成探究。

一、设计原则

任务作为探究学习的载体，布置得是否恰当、清晰会影响学生对任务的理解和完成情况；任务的难易程度又会直接影响学生的积极性、兴趣以及完成的进度和准确性；任务的组织是否到位将影响学生交流的流畅性和讨论进行的方向等。因此，在设计探究学习任务时，应该遵循以下原则，以达到科学合理的设计和预期的实践效果。

1. 目的明确性原则

设计任务时，要求教师在把握总体学习目标的基础上，把总目标细分成一个个小目标，并把每一个学习模块的内容细化为一个个容易达到的活动目标，使学生通过这些小的任务练习来达到对知识的总体认知和掌握技能。这里所说的任务目标不再是探究学习目标了，而是学生能够恰当地应用技术支持工具完成的具体任务目标。

2. 学生主体性原则

在探究学习中，学生是任务的完成者和主体。学生在教师的引导下，充分结合自己或团队成员的已有知识，积极主动地通过对话、交流、辩论、角色扮演等活动完成任务。因此在进行任务设计时，应以学生为主体，考虑在教师的引导下如何充分发挥学生的主动性和创造性，让学生能够通过探究任务的自主完成获得能力的提升和思维的发展以及知识体系的构建。

3. 趣味性原则

兴趣是促进学习的强大动力。探究学习的优点之一便是通过明确的任务和有趣的课堂交际活动激发学生的学习动机。因此任务设计的形式应多样化，如采用讨论、复述、角色扮演、预测或改变故事结尾、小组汇报等以避免形式疲劳，再如选取经济、文化、时尚等各领域的资源以避免内容疲劳。任务的趣味性除了来自任务本身之外，还可来自多个方面，如多人参与、多向交流和互动，任务履行中的人际交往、情感交流，解决问题或完成任务后的兴奋感、成就感等。

4. 真实性原则

任务的设定和履行任务的情境以及具体活动应尽量贴近实践，而不是凭空杜撰，所拟定的话题要尽量与现实生活紧密联系，具体、贴近学生生活经历，且能引起学生的共鸣和兴趣，以激发学生积极参与的欲望。需要说明的是，课堂中的"真实"是个相对概念——并不完全反对非真实语言材料（如利用情境创设工具所创设的情境）出现在课堂任务中，非"真实"材料也可以适当地补充"真实"材料的不足。

5. 可操作性原则

太简单的任务，学生无须探究即可完成；太难的问题，学生认为任务超出自己所能解决的范围，容易丧失探究的信心。因此，技术支持的探究学习需要借助网络环境或学科工具等，教师在设计任务时就应考虑到课堂环境中的可操作性，还要尽量避免环节过多、程序过于复杂的课堂任务。设计者要先根据具体环境条件，围绕特定的学习目标和环境，考虑技术支持工具在其中所起到的作用，设计出难度适中、具有可操作性的任务。

6. 连贯性与层次性原则

探究学习任务并非指探究学习中穿插一两个活动，也并不指一系列毫无关联的活动的拼凑。探究学习应该是通过一组或一系列的任务履行来完成或达到学习目标。在进行探究学习任务的设计时，其顺序可以是多样的，但若干任务或一个任务的若干子任务之间一定是相互关联的，具有统一的教学目的或目标指向。在确保其实施步骤和程序的连贯与流畅的基础上，应考虑它们之间的关系，从理解层次、巩固层次和交际层次三个层次进行设计，由简到繁、由易到难、前后相连、层层深入。这样既符合学生的认知过程，又注重对学生能力的培养。

例如，在设计《辛亥革命》探究学习的任务时就充分考虑并遵循了这些原则。教师围绕主题提出的问题是："假设你被纪念辛亥革命庆典筹备组选中，将在纪念辛亥革命庆典青少年论坛上为全国的青少年宣讲《辛亥革命：成也？败也？》研究报告，那么你会为全国的青少年朋友们献上一份怎样的报告呢？"该任务的设计以学生为中心，将原本与学生的生活实际相隔甚远的辛亥革命置于纪念庆典论坛上的研究报告这样一个情境，拉近了探究内容与学生的距离，具有一定的实用性、真实性、趣味性以及可操作性。

二、探究学习任务的设计

探究学习任务的设计要注重渗透方法，培养学生的能力。在任务设计时要注意引导学生从多角度解决问题，防止思维的绝对化和僵硬化。同时，要培养学生产生大量疑问、不受固定模式约束的能力，鼓励他们大胆猜想、判断。任务的描述要使学生觉得他们有能力完成，并且所完成的任务是有意义的。

任务在设计时要充分把握探究学习的实践性和探究内容的学科性，并要结合课程标准、教学内容、学生特点等方面的分析来进行，其中资料分析类任务和作品创作类任务经常会与其他类型的任务结合，作为子任务存在。例如在问题解决任务中，学生通过资料的查阅分析，了解任务背景或探究相关知识，在探究活动结束之后，找出问题解决方案并以报告或模型等方式呈现。再比如在实验探究类任务中，教师为学生提供相关资源或已有的数据资料供学生进行分析、评价，然后学生通过自己动手实验，获取数据或观察现象。因此，在进行任务设计时，可以考虑根据具体的探究知识的特点和不同类型的任务特征来设计任务或子任务。

尽管资料分析类、问题解决类、作品创作类和实验探究类任务的类型不同、特征不同，但是它们都共同具备任务情境和任务问题这两个关键特征。例如，《荒漠化防治》探究学习先利用 GE 为学生创建了西北地区及楼兰古城的繁荣景象和荒漠化的对比情境，然后给出问题解决任务——要求学生在此情境下，通过探究解决问题："楼兰古城为什么会从一片繁华变成现今的沙漠？"和"西北地区荒漠化的成因是什么及相应保护措施？"。不论是设计哪种类型的任务，都要进行任务情境的创设和任务问题的确定。

1. 情境的创设

在进行情境创设时需要考虑是否将学生所学的知识与一定的真实任务情境联系起来了，要让学生协作解决情境性任务。情境的创设可以使学生有身临其境的感受，能够唤起学生对感知体验的回忆和对探究活动的动机和兴趣。技术支持的探究学习任务必须根据学习目标、学生特点以及技术工具的特点来设计适当的任务情境，以引发学生的探究活动。如利用虚拟物理实验室、几何画板、百度地图等创设多样化的真实问题情境，促使学生在探究中建构较为完善的知识和解决"实际"问题的能力。

技术支持的探究学习任务设计中情境的创设比传统教学的设计更为复杂，在设计时需要考虑：

- 情境设计是否能够激发学生投入探究之中；
- 从情境中学生是否能够自主或在教师引导下发现问题、提出问题；
- 能否为学生探究活动的顺利开展提供足够的条件；
- 能否把教学的预定目标很好地组织在连续的探究过程中。

结合探究学习特点、探究学习任务设计原则和学生的特征分析，教师在进行情境的创设时应注意[①]：

（1）情境创设应尽可能真实。应提供与学习主题基本内容相关的和现实生活相类似或真实的情境，帮助学生在这种环境中去发现、探索与解决问题；需考虑对探究内容和学生特征的分析。

（2）情境创设要有多样性。每个人的经验存在差异，因而人们对客观世界的解释和建构也是多样的。情境创设需围绕探究主题，从不同角度、不同方面提供多变与多样化的情境。

（3）情境创设要有吸引力。利用情境创设工具所创设的情境，不应当是呆板的、单调的，而应是新颖的、生动的、有趣的，富有美感和吸引力的，

---

① 王颖. 信息技术环境下教学设计的探索 [D]. 呼和浩特：内蒙古师范大学，2004：34.

以促使学生对未知领域的探索。探究学习中的情境创设要富有创新和变化，既要让情境与学生生活经验有一定联系，又要有新信息、新情境、新问题，并善于运用不同媒体特点去表现不同的效果，以引发学生的注意。

根据学科特点，情境的创设可分为两种类型。一种是学科内容具有严谨结构（如数学、物理、化学等），在情境创设时应该包含不同情境的学科应用实例和相关的应用信息，便于学生根据个人爱好、兴趣去主动发现、探索。例如在《平面镜成像》探究学习中，利用视频播放器为学生播放小猫小狗照镜子的视频片段，借此引出"你"每天都照镜子，对比镜子中的"你"和镜子外的"你"这样与学生生活实际息息相关的情境，引发学生对平面镜成像的兴趣，进而开展实验探究活动，完成探究任务。

另一种是学科内容不具严谨结构的情况（语文、外语、历史等文科性质的内容），应创设与真实情境相近的学习环境，在这样的环境中激发学生参与交互式学习的积极性，形成对问题的理解、知识的应用和意义建构。例如在名为"黄石国家公园的狼"的探究学习[1]中，教师以讲故事的方式描述探究的任务情境，即在黄石国家公园发生的关于大灰狼的争议——狼是掠夺者，1914年，美国国会同意拨款灭狼。政府奖励捕杀狼的人，帮助农场主保护牲畜。60年以后，大灰狼成了濒危的野生动物。1973年，国会颁布了濒危动植物法案，启动了"恢复狼的计划"。现在大约有160条狼重新回到了爱达荷州中部和黄石国家公园。但故事并没有结束。由于担心狼吃掉他们的家畜，农场主又提出了诉讼。1997年12月，区法官裁决，所有的狼和它们的后代都必须被消灭掉。你们的任务是：回答是否应该消灭黄石国家公园里的狼？而这个任务情境中很多内容如果单纯靠教师讲述是无法让学生理解的，可能还会起到反作用，另外这个故事的背景也与学生实际生活经验及知识水平偏离。因此，可以在讲故事的过程中，提供一些与学生生活实际相关性较大的关于狼的知识资料，也可以为学生播放一些身边的有关于狼的生活现状的视频，给学生直观的感受和体验，以使学生对探究任务及故事的背景、相关知识有更加清晰明了的理解和认识。

---

① 张建伟. 网络协作探究学习的设计 [J]. 中国电化教育，2003（9）：88-92.

实际上，在技术支持的探究学习中可利用的情境创设工具是多种多样的（例如几何画板、GE、虚拟实验室等），借助这些工具可以用故事、视频、虚拟实验等方式来呈现任务情境，提供与任务有关的背景信息，说明任务的主题、内容、目的以及具体要求。

如在《辛亥革命》探究学习设计中，尽管任务与学生生活实际有所贴近，但是就任务背景"辛亥革命"而言，学生已有知识依然不足以支撑他们理解和完成任务。因此，教师创设为全国的青少年宣讲研究报告的情境，并借助视频播放器，为学生呈现有关辛亥革命历史资料的视频、音频等，帮助学生建立清晰的知识、任务背景。

2. 问题的确定

问题是知识的来源，通过多种途径发现问题、提出问题是学生探究学习的起点和开端，也是解决问题的关键。它在整个技术支持的探究学习中占有非常重要的地位。不论是问题解决类任务还是实验探究类任务，都是以问题作为任务开端的，好的问题设计对于诱发学生探究动机、唤起学生发现问题的欲望和解决问题的热情、引导学生进入主动探究状态，都具有重要作用。

问题在生活中是普遍存在的，人类社会的历史正是在不断发现问题、解决问题的螺旋上升过程中发展前进的，因此教师要启发学生发现问题和提出问题，学会分析问题和创造性地解决问题，使提出问题的过程成为再创造、再发现的过程，要通过问题来激发学生强烈的问题意识和探究动机，引发学生积极思考，从而独立解决问题，发展其思维能力和创造能力。

在探究学习中，不同类型的任务以问题为基础，而问题一般都是通过情境来呈现的。探究始于任务，问题激发任务的完成，但并不是所有的问题都能够作为任务背景引发探究，应该根据问题的具体类型及来源、特征等确定问题，引导任务完成。在情境创设的基础上，技术支持下的探究任务中问题的确定是一个极为重要的部分。

探究学习中的问题来源主要有两个：一个是现实生活，即引导学生对一些日常生活或其他学科中出现的问题进行探究，这主要需要从生活实际中拟定和思考问题；另一个是学科教学内容，如从定义、定理、公式等教学中发现问题，引导探究，再如通过一些章节阅读材料、例题或课后延伸，要求学生对其中所涉及的问题进行探究。但是在具体设计过程中一般是将两者相结合提出问题或引导学生发现问题，这也是探究学习问题的主要来源，如数学学科探究学习任务要求学生总结概率在生活生产中的应用，生物学科探究学习任务要求学生思考物种是如何适应环境的，等等。将学科教材知识与生活实际相结合，能够让学生通过对问题的解决，认识到自己所学知识和所掌握的技能与现实生活中的关系及其重要性，提高学生的知识应用意识和创新意识。可以说，只有当学生碰到自己真正感兴趣的问题时，他们的学习才会更加投入；当问题能够帮助学生理解所学内容与真实生活之间的联系时，他们才会感觉学习更有意义。

技术支持的探究学习任务设计中所涉及的探究问题，根据问题内在结构的不同，主要有封闭型问题、半开放型问题和开放型问题三种类型。不同类型的任务所确定的的探究问题并不相同，需要根据具体的探究学习内容、不同类型问题的特征进行有针对性的选择。

（1）**封闭型问题**。

封闭型问题又指事实性知识或基础性技能问题，这类问题主要来源于课程标准中的学习目标和教学内容，直接支持学生在基本概念、史实等方面的探究学习。因为这类问题大多涉及的是事实而不是对事实的阐释，要求学生理解知识信息或直接掌握技能。例如：

- 西北地区的地理位置、范围及自然特征是什么？
- 什么是荒漠化？
- 引起荒漠化的原因是什么？

这些问题涉及的是基础性知识，是典型的"是什么"的问题。对于学生来说，这类问题具有一系列确切的、基于现实的答案，只需要通过学习直接掌握或记忆，并不需要做推理或实验等。

这类问题主要适合于资料分析类任务的设计，一般由教师提出问题，学生通过资料的阅读和分析来获得问题的解答。例如，在解决荒漠化防治探究问题"西北地区的地理位置、范围及自然特征是什么？"或"什么是荒漠化？"时，学生只需要通过资料的阅读和分析来获得西北地区的相关情况或总结出荒漠化的概念、特征等相关知识，而不需要考虑其他答案。在资料分析类任务中给予封闭型问题能够有效地引导和帮助学生积极主动地参与到探究活动中，并使学生的探究学习具有明确的目的，推动学生科学合理地完成任务、解决问题。

此外，封闭型问题还可以用于数学、物理、化学等简单实验探究类任务的设计，像定义、概念、规律这样的知识是学生进行知识扩充的基础，也是学生进行探究的基石。例如：

- 直线和圆的位置关系是怎样的？
- 影响单摆周期的因素有哪些？
- 平面镜成像的规律是什么？

虽然这些知识已经经过了前人的长期探索和论证，具有明确的答案，但是对于学生来说这些内容还很陌生，这就需要教师将这些知识转换为相应的探究问题，通过问题结合情境来引导学生理解和掌握，然后在此基础上通过进一步的实验、推理或论证，使学生在问题的指引下，主动寻找探究方式，完成探究任务，达到探究学习目标，在通过实验探究获得知识技能的同时，培养多角度、多层次的思考能力。

例如，在影响单摆周期因素分析的探究学习任务设计中，单摆周期已经被证实与摆长、重力加速度有关，并且它们之间存在一定的关系，可用公式表达，但是如果直接将这些内容直接呈现给学生，学生也仅仅是单纯地进行了记忆，对于理解和掌握毫无帮助。因此，教师可首先提出问题"单摆的周期可能会与哪些因素有关呢？"，学生可能会提出各种各样的因素（如振幅、摆球质量、摆长等），然后利用演示实验或学生亲自动手实验来验证猜想。在充分调动学生兴趣及明确影响因素只有摆长和重力加速度后，教师进一步提问"它们之间到底有什么关系？"，引导学生开展进一步的探究学习，利用虚拟实验室进行自主探究实验和数据分析来研究单摆周期与其他因素之间的关系，最终在掌握单摆周期相关知识的同时还获得了实验探究未知知识的能力和数据分析的方法。

（2）**半开放型问题**。

半开放型问题处于封闭型和开放型问题之间，这类问题建立在封闭型问题任务完成的基础之上，不再是通过对书本或资料的寻找、分析获得明确的答案，而是需要运用已有知识技能和经验，结合各种探究方法，才能获得解答。这类问题仅仅部分呈现知识内容，与相关的一系列知识有关；与封闭型问题不同，除概念、规律等明确、唯一的知识以外，并没有明显的正确答案，或者说答案是多样的，没有一定的标准，不具备唯一性。例如：

- 人类历史是一个进步的历史吗？
- 艺术反映了文化还是塑造了文化？
- 地球上的资源（如食物，衣服，水等）能维持多久？

这类问题涉及的并非一两个知识点，而是单元化的一系列相关知识，包含基础性知识和延伸性知识的了解和掌握；要求学生在已有知识经验的基础上，在教师引导下发挥自身分析、理解问题的能力，通过不同的探究方法从各种信息中构建自己的答案和理解。

这类问题适合于各种类型探究学习任务的设计。在资料分析类任务和实验探究类任务中设计半开放型问题，能够让学生在阅读资料或进行探究实验方案设计时不是被动地接受他人观点，而是不间断地将外界信息与原有知识和经验整合，通过完成探究学习任务，来理清相关知识之间的关系，将资料阅读分析或实验探究过程中所获得的松散、零碎的知识信息和数据经过梳理，内化到知识体系中，以便于理解、记忆和应用。

半开放型的问题既涉及学科知识，又涉及学生的生活实际应用，是最适合进行问题解决类任务和作品创作类任务设计的。教师为学生提供特定的情境和半开放型问题，指导学生理解问题的核心或关键，让学生发现并提出更为具体化的问题，使学生明确探究任务，进而开展探究学习。但是，这里的探究学习任务并不是简单地罗列展示和堆积知识点，而是通过对半开放型问题的理解分析，使学生围绕一个明确的线索来组织梳理相关的知识，透过问题的本质，最终形成自己的观点和问题解决方案或成熟的作品。

例如，在《辛亥革命》的探究学习任务设计中，教师首先通过视频创设情境后提出"假设你被纪念辛亥革命庆典筹备组选中，将在纪念辛亥革命庆典青少年论坛上为全国的青少年宣讲《辛亥革命：成也？败也？》研究报告，那么你会为全国的青少年朋友们献上一份怎样的报告呢？"这样半开放型的问题。仔细分析这一问题，可以发现其本质就是要求学生评价辛亥革命。对于学生来说，辛亥革命作为历史事件，其核心内容不会改变，但由于学生对这一部分历史事件的认识角度不同，在资料阅读和分析过程中所获得的信息也不一定相同，最后对辛亥革命所给出的评价自然会有所不同。因此在问题的基础上，要为学生进一步明确探究学习任务——对辛亥革命的成与败做出评价，并形成自己的观点或看法。这样明确、细化任务之后，目的变得更为具体明确，在完成探究学习任务的过程中，学生不但掌握了辛亥革命的相关知识，还能够从多角度理解并客观评价辛亥革命，并在收集信息、论证观点的过程中，学会了有效利用技术手段来获取信息、完成任务的方法（如图2-3、图2-4、图2-5所示）。

图2-3 "辛亥革命"百科词条　　　　图2-4 国家基础教育资源网相关资源

图2-5 《辛亥革命》相关视频截图

在不同类型任务中，半开放型问题的设计应该更多地考虑让学生去应用、分析、综合及评价。结合不同类型任务的特征和生活实际设计半开放型问题，能够起到激发学生思维的作用，半开放型问题通常把逆向思维、思维激发和争论等作为吸引学生持续探究的手段；也能够适应各种兴趣和学习风格，使学生得出独特的答案和创造性方法。

（3）**开放型问题**。

半开放型问题通过具体学科单元化的一系列知识来引发学生对问题进行更加深入的思考与探究，而开放型问题指向了学科的核心，内容覆盖多个学科。与半开放型问题相比，开放型问题所涉及的内容范围更为宽泛，也更具挑战性。它揭示了不同学科内涵的丰富性和复杂性，通过多个学科内容的交叉，在帮助学生更好地理解学科之间关系的同时，更容易帮助学生结合生活实际达到持久性的理解和知识技能的掌握，进而实现探究学习的目的。例如：

- 为什么我们需要他人？
- 物种是如何适应环境的？
- 人类是如何相处的？

开放型问题也没有明确的或"正确的"答案，适合于各种类型探究任务的设计，但是它需要学生更高层次的思维技能，通过对问题的理解和分析，提出不同的观点或假设，进而开展探究活动。尽管开放型问题具有穿透力和挑战性，更容易激发学生探究学习的兴趣，但是将其作为探究学习任务的开端仍然存在一定的难度。根据探究学习内容与不同类型任务特征，一般可以将开放型问题先行独立提出，然后引导学生识别问题核心及相关知识内容，帮助学生发现并提出关键问题或明确探究任务，最终完成探究任务。但是在具体引导学生进行探究时，不要过多地强调给定的问题是开放型还是半开放型，要关注的是问题的核心和问题设计与学习目标、学习任务的针对性。

例如，在生物学科有关生态系统的探究学习任务设计中，为了让学生能够辨认出生态系统，解释生态系统中的每个生物体是如何相互独立又相互影响的同时，认识到生态系统方面的知识与学生的生活实际之间的关系，可以先设计一个开放型问题，然后引导学生逐步理解和分析这个问题的核心内容，进而缩小探究任务范围，更加明确所要完成的探究任务。具体如下：

- 开放型问题：
  ——我们是如何相处的？
- 半开放型问题：
  ——城市的野生动物是如何与人类和平相处的？
- 封闭型问题：
  ——要如何收集信息并通过一幅图表将其展示出来？
  ——这个生态系统中有什么样的城市动物？它们生存的条件是什么？

本书主要探讨课堂教学中如何开展技术支持的探究学习，由于开放型问题具有涉及范围广的特点，因此并不提倡在课堂探究教学的任务设计中为学生提供。

在进行技术支持的探究学习任务设计时，要考虑所创设的情境和确定的问题是否合理、明确、有意义，是否与学生实际生活有所联系、符合所选择的探究学习任务类型。在进行任务设计时，教师可利用思维建模工具（如思维导图、概念图等）将情境和问题罗列分析，为学生提供具体、明确的子任务安排；还可以在探究学习设计和实施的过程中不断地进行细化、完善。

例如，在《辛亥革命》的探究学习任务设计中，前面教师通过任务情境和问题，已经明确了本节探究学习活动的方向；通过对问题的理解分析，向学生提出了更加具体的探究任务，即对辛亥革命的成与败做出评价，并形成自己的观点或看法；在此基础上又细化为三个具体子任务：①选择一个身份来亲身经历和感受辛亥革命风云，并评价辛亥革命；②以日记的形式在好看簿（一种技术支持工具）中记录下自己对《辛亥革命：成也？败也？》的看法或观点；③汇编创作小组《辛亥革命：成也？败也？》研究报告，并发布在好看簿中（如图 2-6 所示）。从图示我们可以看出整个探究任务具有一定的层次性和连贯性，且难度逐级递增，贯穿整个探究过程。

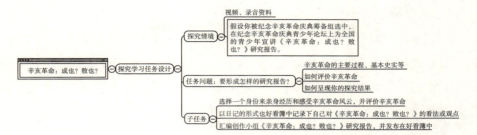

图 2-6 探究学习任务设计框架

技术支持的探究学习任务设计中，任务情境的创设和问题的确定是非常重要的一个环节，任何类型的任务都是基于情境和问题进行设计呈现的，探究学习十分注重学生在真实学习环境中的实践和探究。因此，教师应该针对学生的年龄特征和认知水平，利用不同情境创设工具的特点，创设特定的情境，围绕学科的教学内容或学生提出的恰当的问题，提供探究学习任务的背景信息，把学生带入真实的环境中，让学生充分体验和感受，引发学生的学习兴趣，引导学生在情境内发现情境外难以领略的东西，进而完成整体性的探究学习任务。

第三节 技术支持的探究学习过程设计

探究学习不同于接受学习。接受学习主要通过机械记忆、形式联想、意义联想等方法学习，而探究学习基于问题和任务，主要通过发现问题、寻求答案、制订方案等方法来学习。与此对应的教学组织形式也与接受学习不同，一般采用启发式师生对话、小组合作、讨论交流、个别化学习等。

一、设计原则

建构主义认为，学生是依靠他们自己的经验来建构知识体系的，在学习过程中，每个人建构的意义都不相同。技术支持的探究学习过程的设计应该遵循以下一些原则。

1. 以学生为中心

在学习过程中应充分发挥学生的主动性，体现学生的创新精神；在活动设计、组织形式、资源、成果发布等方面，应该让学生拥有自主选择的权利，尽可能让学生参与到学习活动的各环节，重视培养学生的创新能力和解决问题的能力。

2. 围绕任务开展活动

在任务的设计过程中，主题、问题及任务都已基本确定，在学习过程中的活动必须以任务为基础进行设计，让学生始终围绕主题任务来开展学习活动，并向解决问题的方向努力。教师在设计时需注意选择合适的探究活动类型和组织形式。

3. 有效利用各种信息资源

技术支持的探究学习有一个独特的优势，就是学生能够利用"海量"的信息资源。为了支持学生的自主或协作探究，教师在过程设计中应该考虑到要尽可能地为学生提供大量的、类型多样的信息资源，同时学生对这些信息资源拥有自主选择权。教师要在信息资源获取途径和方式以及如何有效利用等方面为学生提供适时的帮助，提高学生的信息搜索能力、阅读能力和理解能力。

二、探究学习过程的设计

在探究学习过程中，学生要明确和分析所探究的问题，制订探究方案，然后从多种渠道收集信息，对信息进行分析、综合和评价，得出适当的结论，最后用多种形式呈现自己的作品，交流探究结果。这种学习过程具有较大的自主性和开放性，但它并不因此而排斥外部引导和支持，教学组织者须对学习过程进行必要的设计。

具体而言，学习过程设计主要应考虑：①总体框架设计：说明学生总体上应该在多长时间内以何种工作方式完成探究任务，提交何种成果。由于探究任务通常具有一定的复杂性，因此需要充足的时间安排。②活动框架设计：对通向最终问题解决方案的路线进行分析，在此基础上，设计出中间成果

（即问题解决活动的中间状态）和最终成果的框架格式或基本要求。这些活动框架可以构成探究路标，指引活动的进行。③学习策略指导建议：针对特定的探究任务提供具体的学习策略指导建议，说明在探究活动中应该注意的问题，以便提高探究活动的效率和效果。④技术支持工具的设计或推荐：特定的探究任务需要学生进行某些具体的认知操作活动。某些技术支持工具（如图像处理软件、摄像机、VCT模板等）可以帮助学生更方便地完成较为机械烦琐的任务，将更多的精力用在高水平思维上。

在进行探究学习过程的设计时，可以从探究学习总体框架设计和活动框架设计两个方面考虑，其中活动框架设计包括活动组织形式、探究活动方式、活动组织和管理等几个方面（如图2-7所示）。

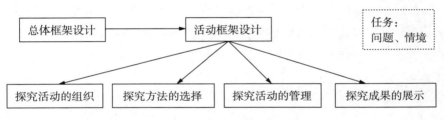

图2-7　探究学习过程的设计思路

1. 总体框架设计

探究学习围绕"意义建构"来制订学习方案，以学生对任务的原有知识经验和认知结构为基础，规划整个学习的切入点，根据技术支持的探究学习的特点，制定探究教学活动的总体框架，突出完成任务的基本路径、方法和策略。总体框架设计是对整个探究学习过程的宏观规划，对活动具体环节的设计起着重要的引导作用。序列化、结构化的框架可以提高教学效率，有效体现教师在学习过程中的引导作用。无结构的学习活动在实施过程中不便于教师掌控，会导致学生在学习过程中的迷失等现象，不利于学习。根据不同的探究主题和任务，探究学习过程及具体环节的设计都将不同。因此在学习过程设计之初，应该结合探究学习分析阶段中对学习目标、学生特点等分析结果和探究学习任务的设计，围绕主题把握探究学习的总体框架，从宏观上对整个探究学习过程进行设计规划，然后在活动框架设计中对具体环节和内容进行细化和设计。例如，在《辛亥革命》探究学习设计中，对总体框架进行规划时，可以先在任务设计的基础上安排课时，具体如下：

整个课程的教学时间预设为四课时，分两次课堂教学完成。

第一节课主要由各个学习小组的小组长负责，以学生个体的自主选择为主要依据，分配不同的角色，根据各自的角色和学习资源进行探究。

第二节课的主要工作是小组合作学习、分享各自的课程资源与探究心得，在广泛交流与讨论的基础之上分工协作，最终形成小组的学习成果（即《辛亥革命：成也？败也？》研究报告的设计与制作）。

然后在此基础上，利用思维建模工具来做整体规划（如图 2-8 所示），利用思维导图对过程总体框架进行设计。即结合前面任务部分的内容，进行引言、任务、资源、过程、评价、总结的设计，并在此框架的基础上细化设计。

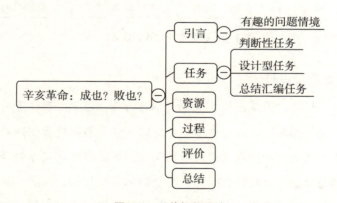

图 2-8　总体框架设计

2. 活动框架设计

（1）**探究活动的组织**。

活动组织形式的设计是开放自主的，视主题内容、任务类型而定，一般学习组织方式可以分为个体学习和小组学习。而按照学生之间的依赖关系，技术支持的探究学习可分为自主探究学习与小组合作探究学习两种。

①自主探究学习。

技术支持的自主探究学习是指学生根据教师所提供的问题情境，自主寻找并提出探究问题；或借助网络资源，利用搜索引擎、网站或教学资源库，在教师的指导下自定探究课题，然后根据探究任务和探究需要，独立收集信息和整理信息，制订探究计划和解决问题的行动方案，通过对信息进行分析、加工和处理，自主地完成探究任务。在整个探究学习过程中，除了教师做相应的启发、引导、点拨与帮助外，主要还是靠学生在技术支持下自主进行。

技术为学生的自主探究学习提供了良好的学习环境。在探究学习过程中，教师利用技术支持工具将所学的知识分解成若干小问题，让学生带着问题通过搜索引擎或相关网站，多角度地寻找线索，完成任务。教师的任务转变为如何引导学生在信息的海洋中筛选、获取有用的信息；学生充分发挥他们的主观能动性，紧紧围绕一个中心问题或一项研究任务，独立地开展自主探究学习。

教师通过精心的教学设计，指导学生利用计算机和网络查阅资料，培养学生独立收集、分析、组织和表达信息的能力及自主探究的意识与技能。在教师提供指导和建议的前提下，学生可以根据个人的思路及研究主题和问题情境，思考并理解知识的产生、形成和发展过程，通过实验、调查、访谈以及信息的收集、处理、深入质疑和研究、表达与交流，将所学知识运用于解决实际问题。这样不仅提高了学生自主学习的积极性、主动性，也充分发挥了教师的引导作用。技术支持的自主探究学习为学生提供了广阔的学习空间，从而有效提高了学生的自主学习能力和学习效率。

②小组合作探究学习。

技术支持的合作探究学习，是在学生利用各类技术支持工具，针对共同的探究课题，组成学习共同体，通过小组或班级同学间的互相交流，共同探究，使多种观点产生碰撞，在共同完成探究任务的过程中实现群体之间的互动交流。技术支持的合作探究学习突破了地域和时间上的限制，通过同伴互助、小组讨论等形式，以同步或异步的方式来达到交互的目的。这种形式对探究有很大的促进作用，学生可以谈论个人见解，并通过阅读他人的反馈来建构自己的思想，较自主探究更为开放自由。

在技术支持的探究学习中，教师充分利用计算机网络，让学生在课内和课外进行合作探究学习，提高学生的综合素质和知识应用能力。探究学习中的合作有多种形式，可以是生生之间，也可以是师生之间。在技术支持的合作探究学习中，不同个体、群体之间将会进行更充分的沟通与合作。

由于每个学生都有自己的经验世界，对某种问题也会形成不同的假设和推理，探究过程中所形成的观点或获得的结论也可能并不相同，因此需要通过小组讨论、意见交流等形式来解决问题。在合作探究过程中，学生要不断对自己和别人的看法进行反思和评判，通过这种合作沟通，能够看到问题的不同侧面和解决途径，从而对知识产生新的洞察。通过小组的内部合作与外部交流来吸纳各种观点，甚至可能是与自己观点相悖的意见，从而多元化地、全面地理解内容，创设平等和谐的合作氛围，培养学生的合作能力。

技术支持的自主探究要求学生具有一定的主动性，且以丰富的认知和技能为基础，在探究过程中，学生的自主操作、自主协作、自主探究的能力都将得到充分提升。而合作探究学习可以让学生全身心投入学习，是一种有效的探究学习方式。这有利于促进学生高级认知能力的发展，还有助于培养学生协作意识、技巧、能力、责任心等方面的素质。两种探究组织形式各有优势，一般在课堂探究教学中教师大多还是选择合作探究学习方式，而且在技术支持的探究学习环境中，丰富的学习资源、形象的知识呈现方式、方便有效的交流合作工具，都为合作探究学习的实现提供了良好的技术支持环境。

但是自主探究学习要求学生具备丰富的知识技能基础，且必须是个人能够通过自主探索完成的。这对于师生开展探究学习有一定的难度，因此教师在进行设计时可以将自主探究和合作探究两种形式结合使用，并从学生的角度出发，根据实际情况来进行相应选择。在技术支持的探究学习的组织形式选择上，一般以合作探究学习为主，自主探究学习为辅，即以合作学习共同体为单位展开探究学习活动。而自主探究学习活动则可根据探究内容和子任务的具体情况进行最优选择。教师可以在探究学习过程中指导学生利用技术支持工具，在自主探索、发现问题的基础上开展合作探究学习活动。

例如，《辛亥革命》探究学习设计对过程进行了细化，采用"小组合作探究学习为主，组内成员分工自主探究"的方式来开展探究学习活动。教师在对小组进行角色分工的同时进行任务提示和分配（如图 2-9 所示）。

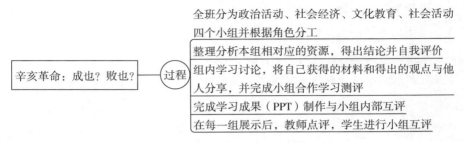

全班分为政治活动、社会经济、文化教育、社会活动四个小组并根据角色分工

整理分析本组相对应的资源，得出结论并自我评价

组内学习讨论，将自己获得的材料和得出的观点与他人分享，并完成小组合作学习测评

完成学习成果（PPT）制作与小组内部互评

在每一组展示后，教师点评，学生进行小组互评

辛亥革命：成也？败也？ 过程

图 2-9 探究学习过程设计中的过程框架设计

在合作探究学习中所组成的学习共同体是教师指导创建、由学生及其教师共同构成的团体，他们经常在学习过程中沟通交流，分享各种学习资源，共同完成一定的学习任务，因而，共同体成员之间会形成相互影响、相互促进的人际关系。

（2）**探究方法的选择**。

在探究学习中可以采用的方法是多种多样的，但是面对不同的探究任务、不同的探究内容，应该采取什么样的探究活动方式让师生进行探究，仍是探究学习过程设计中的难点。一般来说，技术支持的探究方法主要有观察、调查、实验、模拟、文献研究、作品设计等几种，教师需要根据探究任务和探究内容来进行相应的选择，也可根据具体的活动内容结合多种探究活动方式进行探究。

观察是指学生围绕一定的问题，在一定的观察和测量工具、技术工具的支持下，尽可能多地收集有关研究对象的材料和数据，并据此认识事物的探究方法。观察一般是理科探究学习中常采用的探究方法（如观察实验、模型、图表等），在实际探究学习中常与实验探究方法结合。

调查是学生围绕一定的问题，通过访谈、问卷、测试等形式，有目的、有计划地收集有关研究对象的材料和数据，并据此认识事物的探究方法。一些与实际社会生活联系紧密的探究任务和探究内容适宜采用这种探究方法。

如"水资源及其合理利用"、"火灾原因及其防火和灭火方法"等，可以利用各种方式让学生进行调查，开展探究活动。

实验是一种用于确定条件与现象之间因果关系的探究方法。在利用这种方法开展研究时，学生需要对一些无关因素加以控制，通过系统地变化某些条件来引发不同的实验现象，从而确定条件与现象之间的因果关系。实验根据其影响因素及所设计的方法分为单因素实验、两因素实验、多因素实验或有控制组的实验、无控制组的实验。实验探究方法就是要让学生有机会亲自设计并实施实验探究方案，如"测定石灰石样品中碳酸钙的质量分数"、"噪声的测定"等。实验探究主要会与其他探究方法结合，适用于理科方面的探究学习活动。

模拟是通过制作研究对象的模型，并观察这一模型的行为方式或者对模型进行操作和分析来理解研究对象的特征。可以通过几何画板、虚拟实验室等来模拟一些实验，特别是一些耗费时间长且比较危险的仪器设备，或在现实中无法通过实际操作或直观呈现的探究任务。这类探究方法同样适用于理科方面的探究学习，常与实验、观察等探究方法结合。

文献研究是学生围绕一定的问题，通过检索和阅读文献资料（这里指记录人类知识的一切载体，包括各种图书、报刊、影片、录音带、录像带、幻灯片、电子文件等），寻找问题答案的过程，而网络环境下的信息资源成为技术支持的探究学习活动文献资料的重要组成。

作品设计是指为了解决某个特定问题，创造新产品或改进已有产品的行为，也可以是为了表达抽象的观念或描述复杂的事物而创造的形式化的表达方式，包括文字、符号、图形、实物模型、数学模型等。如小论文、研究发明、小制作等都属于这种探究方法。

不同的探究方法在探究学习中所起的作用和效果不同，因此在设计中需要根据不同的探究任务采用不同的探究方法，并在此基础上根据不同的学科特点和任务的难易程度，针对不同学生设计不同的探究活动方式。一般来说，每种类型的任务都有比较适合的探究方法（见表2-3）。

表 2-3 不同类型探究活动所用的探究方法

任务类型	探究过程	适宜采用的探究方法
资料分析类任务	收集可观察和分析的资料，通过整理汇总找到解决问题的答案或办法	文献研究、调查
作品创作类任务	按照要求或为解决某个问题进行创作或改进，并将其实现	文献研究、调查、作品设计
实验探究类任务	开展实验活动，观察实验现象，并从中发现某种结果，结合数据资料进行分析、得出结论	实验、观察、调查、模拟
问题解决类任务	要求学生在理解问题的基础上，通过各种手段或途径获取资源并解决实际问题	实验、观察、调查、模拟、文献研究、作品设计

①资料分析类任务。

资料分析类任务主要要求学生按照一定的要求收集文献资料，并进行汇总、分析和评价，最终找到解决问题的办法或完成任务目标。这类任务最大的特点是收集资料和进行资料的汇总分析。与其他类型的任务相比，资料分析类任务的探究过程比较简单，且在课堂探究学习中一般是与其他类型的任务结合，作为子任务存在的，因此这类任务可以采用文献研究或调查的方法。在探究过程中，文献资料可以由教师直接提供，也可以由教师提供收集途径，学生自主收集汇总，然后学生需要对这些文献资料进行整理分析、得出结论，最终完成任务。

例如，在《荒漠化的防治》探究学习（详细案例见第四部分第六节）中，教师要求学生通过各种技术手段寻找罗布泊楼兰古城的相关资料，了解探究主题的基本背景，这也为探究活动的后续展开提供了基础。再如在《辛亥革命》探究学习（详细案例见第四部分第七节）中，为了完成评价辛亥革命和记录观点的任务，教师将学生分组、分工后要求每个小组中的成员都在自己的特定角色中认真负责地选择、整理分析材料，得出结论，进行自我评价，并根据各自不同的身份和分工对本组对应的"资源"栏目中提供的资料进行阅读、整理、分析和筛选，提取可以帮助自己得出结论的有效信息保存在自建的 Word 文档中备用。

②作品创作类任务。

作品创作类任务要求学生按照一些特定的要求或为解决某个问题进行创作或改进活动，并通过探究学习将其实现。同资料分析类任务一样，在课堂探究教学中，作品创作类任务常常与其他任务结合，作为子任务存在，其探究过程相对简单。尽管这类任务探究过程比较简单，但是在进行探究过程设计时仍然需要考虑如何进行创作，尤其是在探究过程最后的探究成果展示中如何对探究学习成果进行展示——可以是幻灯片演讲、维客上传研究报告、视频播放，还可以是实际制作的模型，甚至是改进后的物理化学实验等。这类任务在探究过程中需要教师为学生提供技术支持工具（如好看簿、电子书等）来完成探究任务。

③实验探究类任务。

实验探究类任务要求学生通过开展实验活动，观察实验现象并从中发现某种结果，然后结合数据资料进行分析，从而得出结论。这类任务更多地被用于理科方面的探究学习，探究过程中可采用的探究方法有观察、调查、实验和模拟。例如，在探究单摆的周期与哪些因素有关时，就要求学生利用虚拟实验室自主设计实验，通过模拟单摆的简谐运动来研究单摆周期与各个因素量之间的关系，学生根据不同质量、不同摆长以及不同重力条件的改变观察不同的实验现象，有所发现，并借助仿真实验，最终得出实验结论。与资料分析类任务和作品创作类任务相比，实验探究类任务的探究过程涵盖的探究方法较多，但最主要的还是要求学生自主动手，通过观察、调查、分析等多种方法发现实验的核心和问题的关键。

④问题解决类任务。

问题解决类任务要求学生通过各种途径、手段或相关资源来获得问题解决的方案。问题解决类任务作为最开放的任务形式，在实际课堂探究教学中，可以采用的探究方法有观察、调查、实验、模拟等多种方法，其探究过程与其他任务相比较为复杂。

例如，在《平面镜成像》探究学习中，学生需要通过资料了解实像和虚像的概念，然后利用几何画板设计小实验，模拟平面镜成像并观察实验现象总结规律，以此来验证自己所提出的假设是否成立。再如在《辛亥革命》探究学习中融入了资料分析类任务和作品创作类任务，学生需要通过各种技术支持来获取辛亥革命的背景资料，并从中分析、感受和评价辛亥革命，然后通过小组角色分工整理汇总，在好看簿中记录观点及看法，最终将调查分析结果汇编后创作小组研究报告并进行展示。在整个探究学习过程中，学生所采用的探究方法是多样的，但是最终完成的任务及目标都是一致的。

（3）*探究活动的管理*。

探究活动的管理是在学习活动进行过程中，教师和学生要共同把握学习活动的走向，实施共同管理，这主要体现在总结、监督、激励和帮助四个方面。在技术支持的探究学习活动中，学习活动的组织和管理并不一定完全由教师来执行，而是要考虑尽可能地发动学生共同投入学习活动中来，并充分发挥技术的优势进行有效的探究活动管理。教师需要明确在探究过程中的何种环节或活动上采用什么样的合作交流形式或怎样的探究方法，有何具体要求，包括学生相互之间的互动、师生互动如何开展等。

在技术支持的探究学习中，教师可以借助技术支持工具（如虚拟实验室、几何画板等）指导学生顺利开展高效探究学习，鼓励学生利用评价量规或电子档案等多种方式进行自我监控、自我检查，诊断与判断探究过程中的行为，在得出结论的同时，指导学生利用数据收集分析工具（如 Excel 表格、问卷星）等对数据合理分析、归纳，还可以通过博客、好看簿等交流分享探究中的经验与方法。

探究过程中的总结、监督、激励和帮助既可以借助网络和 QQ、微信等通信工具来完成，也可以采用面对面的方式，如讨论、采访、咨询等。值得注意的是，并不是只要提供技术支持工具，教师和学生就可以实现有效的探究活动，还需要教师在设计时充分考虑不同技术支持工具的特点及在探究过程中所发挥的作用。在探究活动的过程中，学生有可能倾向于进行积极的个人学习，如资料的收集、整理和分析加工等，小组内合作讨论以及小组间的互动相对不够充分，因此小组合作探究中师生和生生之间充分的互动有赖于网上沟通工具的有效提供和教师有效的组织能力。

例如，在《辛亥革命》探究学习过程设计中，教师将全班学生根据个人兴趣和意愿分成四个学习小组：政治活动组、社会经济组、文化教育组、社会生活组；每个小组内推举一个组长，并根据角色和需要进行适当的分工，再要求每人选择一个身份来亲身经历和感受辛亥革命。在探究过程中，教师指导学生利用思维导图记录成员头脑风暴后的观点，通过合作交流形成最佳的问题解决方案，设计出最好的宣讲报告。此外，教师还设计了分享交流环节，即在好看簿中通过发小纸条的方式与伙伴、教师一起分享、交流探究学习中得到的喜悦和存在的困惑，并在探究过程中为学生提供评价量规，要求学生在探究过程中进行组内互评和组间互评。（具体探究过程设计详见第四部分第七节）

（4）**探究成果的展示**。

探究活动成果的展示主要是在学生通过自主或合作的方式探究问题，检索、分析、运用、整合学习资源等环节之后，对思路和相关资源进行整理，形成最终学习成果并进行展示。在设计时需要考虑学生如何展现他们对任务中提出的问题的回答、探究结论或任务完成的结果。在探究成果中，需要明确表现出学生对探究任务、问题的理解，这也是探究活动过程中所有信息的高度整合和知识的高度建构，学生必须发展对问题的新见解。成果应该是真实的，是学生探究过程中参与活动的反映。技术支持的探究学习成果形式多样，对学生的考察更加开放，例如一分钟报告、招贴画或模型、小组幽默小品、历史人物扮演、光盘封面设计、讲故事等。

在成果展示的形式选择上，还应该综合考虑具体学习活动中的现实要求，因此学生的探究结果一般借助技术支持工具来对阶段性成果和最终成果进行展示。例如，在《辛亥革命》中采用模拟宣讲会的形式分组向全班同学和教师做学习成果展示。再比如在《荒漠化的防治》中，最后成果形成了一个完整的探究报告，包括探究问题、探究规划、探究过程和活动小结，并利用 GE 表达学生对某问题的探究过程和结论（如图 2-10 所示）。此外，还可以通过其他方式表达出来。例如学生扮演报纸记者角色，借助网页，以报纸栏目的方式展示成果；学生扮演成演讲家，利用 PPT 演讲，通过图表或视频等以演说的方式发表探究成果。

探究学习以学生的发展为本，知识的获取是学生主动进行建构的过程，技术支持的探究学习是以学生为主体、教师为主导的，探究学习过程的设计是

图 2-10 利用 GE 进行探究成果展示

技术支持的探究学习设计中的重要组成部分，也是探究学习实施阶段的基础。在探究学习过程的设计中，应该充分发挥技术的优势，为学生的探究学习提供丰富的环境、资源以及有力的支持工具，注重提高学生的信息素养、自主学习能力、合作能力、创新精神、实践能力、终身学习能力以及思维能力。

第四节 技术支持的探究学习资源设计

技术支持的探究学习除了要对探究任务、探究过程等进行设计外，还要围绕所确定的学习内容和任务，设计相应的学习资源和工具，以支持学生对相关知识领域的探究活动。教师通过探究学习中的资源和工具为学生提供各种探究机会，使他们在获得基本知识的同时，形成独立学习的技能。探究学习资源设计的目的是不为学生直接展现现成的答案，而是为其提供一种非良构的学习环境，在这个环境中包含了要实现学习目标可以参考的各种资源，学生利用技术支持工具通过对资源进行筛选、分析、综合，完成探究学习任务，达到对知识的深层建构。学习资源的设计是技术支持的探究学习中的重要因素，它是支持探究学习活动顺利进行的重要组成，也是关键环节。

为教师教学和学生学习带来莫大便利的技术支持的探究学习资源，主要指一些物化资源和非人力资源，包括一些为学习而设计的资源和为学习所利用的资源，也包括以网络为载体的各种形式的学习资源以及其他数字化的资源。

从探究学习需求来看，学习资源有三种不同的层次：①预设学习资源，根据探究学习任务或内容、要求，由教师预先制作或设定的资源；②相关学习资源，围绕探究主题或项目已确定搜索范围的资源（如科学探索网、虚拟博物馆等）——通常可由教师推荐；③泛在的学习资源，即广泛存在的各种资源，表现为整个互联网所拥有的信息资源，或把整个社会和自然界都视为学习资源，包括技术资源、设施资源、人力资源和环境资源。而本书中所提到的学习资源主要是指前两个层次，即经过教师数字化处理或确定范围，可以在计算机或网络环境下运行的、为学生提供支持的多媒体材料或教学系统。为了更好地开展探究学习，教师根据探究学习需求，通过各种技术支持工具、网络分享交流平台、成果展示平台等组织大量有效的预设资源和相关资源，也可以指导学生自己构建和组织资源，鼓励学生创新。

一、设计原则

探究学习活动需要学生进行某些具体的认知操作活动，某些工具可以帮助学生更有效地完成某些烦琐的任务，将更多精力用在高水平的思维训练上。从教学设计的角度出发，技术支持的探究学习资源在进行设计时必须遵循一些原则，以凸显技术支持的学习资源的特点和属性。

1. 情境性原则

探究学习是学生通过一系列的探索活动，在新的知识和已有知识架构间建立联系的过程。当学生接触新的学习资源并与其相互作用时，是在一定情境下通过一系列相互的已知概念和自身的经验来对这些资源进行处理的。因此，技术支持的探究学习资源的设计和开发尤应考虑情境的创设——既要突出真实性，又要突出具体性；要依据学科特点、探究学习活动的主题及情境创设来进行科学合理的学习资源设计。

2. 主体性原则

技术支持的探究学习要求以学生为中心，学习资源的主要使用对象是学生，在进行学习资源的设计时要把学生放在设计的核心，关心他们的需要，开发他们的潜力，应在充分考虑探究学习过程中所涉及学生的需求、对资源的期望、感受和体会等前提下，注重发挥学生的主动性和积极性，有系统地、整体地安排学习资源。

3. 个体性原则

学生由于能力发展水平并不相同，在探究学习过程中的表现具有一定的个体差异，在进行学习资源设计时要关注学生的个体差异，根据学生的生理和心理特征考虑设计方法，为学生提供多种形式的、可供选择的学习资源，并根据学习风格的不同，设计多种方案，结合目标的设计、评估手段的选择和学习活动的调整来满足不同学生的不同需求。

4. 开放性原则

探究学习中的学习资源应该是丰富、多样且易于获得的，学生能够不受时间和空间的限制随时获取并利用这些资源。学生可以充分发挥自身的学习潜能，通过多种手段从学习资源中获得可靠、准确和有价值的信息。保持学习资源的开放性，为实现生生和师生之间的交流合作提供了必要的条件，更有利于创设宽松的思维空间和培养学生的创新能力，促进学生进行自主的意义建构。

5. 提供足够的脚手架

所谓脚手架是指，教师所能提供给学生、帮助学生从现有能力提高一步的支持形式。在资源设计中要考虑不同水平学生的特点，为学生搭建脚手架，用来帮助学生从较低的认知水平向较高的认知水平发展。原本无序的、零散的知识经过科学的组织变得系统化、条理化，使学生对积累的内容有更为深刻的理解和认识，还可以借此发现新问题或产生新想法，以实现真正意义上的能力提升。一般来说，教师可通过认知模型、提示或给予线索以及提问来帮助学生，为学生搭建支架，激发学生达到任务所要求的目标的兴趣，指引学生朝着预定的目标付出努力。

二、探究学习资源的设计

对教师来说，设计学习资源是一个非常重要的任务，它关系到整个学习活动能否顺利进行。在技术支持的探究学习中，学生要面对大量的资源，如果教师没有对学习资源进行科学合理的设计和有效的统筹规划，学生很容易迷失在海量信息中。因此，设计学习资源并不能仅仅局限于给学生提供一些资料上，而要从选择资源开始，就做好关于学习资源的设计、开发、管理等工作。需要注意的是，学习资源的设计一定要充分考虑学生的学习需要，以学生为中心，从学生的角度出发配置学习资源，并且学生也可以参与到配置学习资源的活动中。

依据教学设计的原理，技术支持的探究学习资源的设计流程大致经过需求分析、现状分析、资源设计和资源评价四个环节（如图2-11所示）。

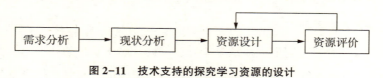

图2-11 技术支持的探究学习资源的设计

其中需求分析主要是在对学生特征、学习目标、学习内容、探究主题等前期分析的基础上，明确学习过程中所需要的学习资源有哪些。现状分析主要是明确哪些资源是已经有的资源、可以直接利用的，哪些资源是需要经过重新开发设计来提供，通过对比和需求分析来选择利用已有的资源和设计需要的资源。一般来说，由于教师所采取的教学方案的不同、学生学习方式的不同、学习结果和学习行为的不同，对资源的设计要求和依赖程度也不一样。需求分析和现状分析是技术支持的探究学习资源设计的一个前提条件，在设计过程中必不可少，但是这与前期的探究学习分析阶段类似，因此，在完整的探究学习设计过程中进行资源的设计时，可完全参考前期探究学习分析阶段的内容。

资源设计包括资源内容的设计和资源呈现的设计，即要根据学生的特征，结合学习目标的需求和学生的需求进行资源内容的策划和设计，从不同角度所涉及的资源内容的不同方面设计，如知识层面的设计、资源类型的设计等，并且要充分体现学生的主体性发挥，同时注重学习资源情境的创设。技术支持的学习资源的设计更加关注的是如何利用平台或技术支持工具设计资源，来让学生更便捷、更有效地利用探究学习资源促进探究学习活动。

资源评价包括几个方面，设计形成的资源要符合其设计原则和网络学习环境的特点，需要经过学习实践而获得学生及专家的反馈（如使用效果、操作性等），形成对设计方法优劣的使用性评价。资源评价是探究学习评价设计的组成部分，也是资源设计方案完善和修改的重要依据。

1. 学习资源质量

在探究学习过程中能利用的学习资源包罗万象、无所不有，面对如此大量的资源，如何辨伪求精，真正高效合理地利用信息化学习资源却成了一个难题。学生在网络课程的学习过程中，要面对比传统学习更大规模的信息冲击。

因此教师在设计安排更为合理的学习资源时，要关注学习资源的质量，并注意以下几点。

（1）在先进合理的教学理念、教学理论支持下，以探究学习具体主题、任务和内容来构建学习资源；

（2）学习资源不是越多越好，在具体的学习中，提供的学习资源一定要对学生有所帮助，过多的学习资源不仅不会帮助学生，反而会误导学生；

（3）可以从资源的教育性、科学性、技术性、艺术性、经济性、特定主题性等方面综合评价、选择资源，确定相应的资源评价标准，以提高学习资源的质量。

2. 学习资源的组织与获取

除了准备高质量的学习资源供学生进行探究学习外，教师还要设计好学习资源的组织形式，根据不同的探究内容及需求对学习资源进行分类，对作用不同的学习资源进行组织。

依据资源的类型和在教学过程中所起的作用，可以把学习资源分为思维建模、共享、交流、虚拟现实、虚拟实验、数据收集、数据分析与处理、成果展示、评价反思等。在进行资源设计时，还需要考虑学习活动过程中各类资源呈现的先后顺序。教师在组织学习资源的时候，有些资源可以直接提供给学生，而有些资源就需要教师对收集来的学习资源进行加工、改编或增减后再提供给学生。最重要的是教师在教学设计时，要恰当地组织安排学习资源在探究学习过程中出现的顺序与时机。因为技术支持的探究学习十分注重提高学生利用技术支持工具进行检索、分析、整合、运用信息资源的能力，只有教师设计好学习资源的组织、呈现顺序和时机，才能真正地帮助学生进行网络主题探究学习活动，真正地提高他们的探究能力和信息素养。

一般情况下，教师主要通过专门的教育资源网站平台获取学习资源。为了扩充和优化教学资源，丰富教师课堂教学的手段，提升学校教育教学的质量和内涵，我国从 2000 年起开始建设教育资源库。目前已建设的教育资源库且应用广泛的有：

- 中国中小学教育教学网（http：//www. k12. com. cn/）
- 国家教育资源网（http：//so. eduyun. cn/national/index）
- 中国教育资源网（http：//www. cern. net. cn/）
- 中华教育资源网（http：//www. cn910. net/）
- 北京市中小学资源平台（http：//resportal. edures. bjedu. cn）
- 中国听课网（http：//www. cnyww. com/）
- 第一课件网（http：//www. 1kejian. com/）
- 全民终身学习课程平台（http：//www. jingpinke. com/）
- 上海教育资源库（http：//www. sherc. net/sherc/indexnew/）
- 中国高等学校教学资源网（http：//www. cctr. net. cn/）
- 中学语文教学资源网（http：//www. ruiwen. com/）

其中，中国中小学教育教学网（简称 K12 教育网）是面向我国基础教育的一个大型门户网站，已经成为我国最大的基础教育网站之一（如图 2-12 所示）。K12 教育网的主要面向对象是中小学生、教师和家长，并为不同的使用对象开设了不同的界面（教师频道、学生频道、家长频道）。此网站紧密联系一线教师和教学实际，以提供与一线中小学教师备课和教学工作直接相关的案例、素材类学习资源取胜，并给他们平台来展示和分享教学成果和教学心得，以其实用性、实践性、高效性来吸引广大教师、学生和家长。

国家教育资源公共服务平台是教育部主办的国家级教育资源中心，也是农村中小学现代远程教育工程资源服务平台（如图2-13、图2-14所示）。平台上的资源丰富，包括知识点、探究性、专题、网络课堂等多种类型的资源，内容涵盖小学至高中的所有学科，涉及人教版、苏教版、北师大版、浙教版等多种教材版本，也为少数民族提供了维吾尔语、哈萨克语、蒙古语、藏语、朝鲜族语、彝语的多语言相关资源服务。只要师生在该网站注册账户，即可搜索、上传、下载网站中所提供的资源。

图2-12 K12教育网

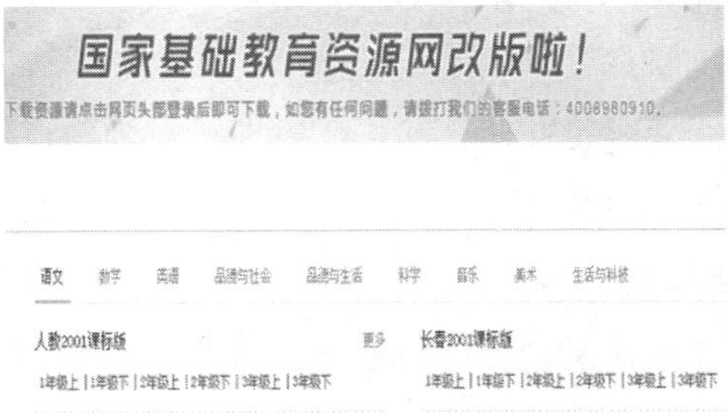

图2-13 国家教育资源公共服务平台（1）

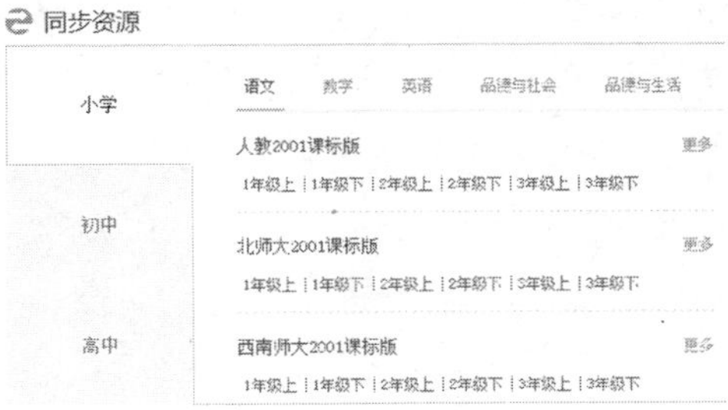

图2-14 国家教育资源公共服务平台（2）

在面对探究学习实际情况时，由于一些探究内容或探究活动的需求不同，可能存在利用教学资源网站或平台无法找到符合需求资源的情况，因此教师就不得不考虑自行设计开发或由学生自主获取符合探究学习的资源。在探究学习过程中，教师在指导学生利用技术工具获取或开发学习资源之前，必须自身熟悉各种技术支持工具，同时还要具备使用技术工具开展探究学习活动的能力。根据不同技术支持工具在探究学习活动中所起的作用，大致可将技术支持工具分为情境创设工具（如几何画板、GE 等）、思维建模工具（如思维导图、概念图等）、协作共享工具（如网盘、好看簿等）、沟通交流工具（如 Skype、论坛等）、虚拟实验工具（如物理虚拟实验室、东软化学虚拟实验室等）、视音频图像制作工具（如 Photoshop、音频编辑大师、格式工厂等）、数据收集分析工具（如问卷星、百度搜索引擎等）、评价反思工具（如电子档案袋、量规）、成果展示工具（如电子书、VCT 模板等）和过程管理工具（如虚拟学习社区、日历日程提醒等），等等。这些技术支持工具在探究学习各个阶段都起着重要的作用，帮助师生完成资料分析、作品创作、实验探究、问题解决等不同类型的探究任务，通过沟通、交流来进行探究过程中的各种互动，最终实现探究目标。

下面将对部分工具进行介绍，其中成果展示工具和评价反思工具已在其他小节中提到，这里不再赘述。

（1）情境创设工具。

几何画板是一个通用的数学、物理、化学教学环境，提供了丰富而方便的创造功能，使用户可以随心所欲地编写出自己需要的教学课件。它提供了丰富的功能帮助用户实现其教学思想，用户只需要熟悉其简单的使用技巧，即可自行设计和编写应用范例——范例所体现的并不是编者的计算机软件技术水平，而是教学思想和教学水平。在探究学习中，教师可以利用几何画板将图片与图形结合展示（如图 2-15 所示），激起学生的学习兴趣，让学生领会数学是与现实生活紧密相连的。教师还可利用几何画板联系学生的现实生活，在学生鲜活的日常生活环境中发现、挖掘学习资源。

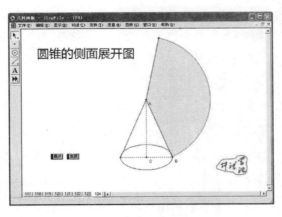

图 2-15　几何画板

谷歌地球（GE，如图 2-16、图 2-17 所示）是谷歌公司开发的虚拟软件，它把卫星照片、航空照相和 GIS 布置在一个地球的三维模型上。在探究学习中，借助谷歌地球可以让学生前往世界上任何一个地方，可以查看卫星图像、地图、地形、3D 建筑物，甚至是来自外太空的星系。教师透过谷歌地球可以创设情境，让学生探索丰富的地理内容，保存数据和图片，实现探究学习中的交流共享。如在《荒漠化防治》探究学习中，教师就充分利用了 GE 的特点，利用 GE 提供丰富的卫星图片，让学生认识了荒漠化的现象，对荒漠化有一个直观的认识，进而结合新闻视频等，构建案例探究，提供支架，培养学生的信息技术能力和地理知识技能。

图 2-16　谷歌地球

图 2-17　谷歌地球 PC 端界面

（2）思维建模工具。

在探究学习中经常用到的思维建模工具主要有思维导图 MindManager、

iMindMap、Xmind 等几种。思维导图大多是通过带顺序标号的树状的结构来呈现一个思维过程，将放射性思考具体化。思维导图是为促进思维激发和思维整理的可视化、非线性思维工具。在小组合作探究学习中，小组成员通过思维导图工具突出资料重点，组织思维，产生联系图谱。思维导图可以用来直观地表现头脑风暴、因果关系、流程图和概念图，还可以创建和共享丰富多彩的思维导图，并且把这些图插入博客和网页中。

iMindMap 中的主题结构线条自由，具有手绘功能，可以给你完全的自由连接；同时 iMindMap 还拥有 3D 视图、演示文稿视图，提供 iMindMap 在线（一个在线协作工具）和丰富多样化的图库（如图 2-18 所示）。

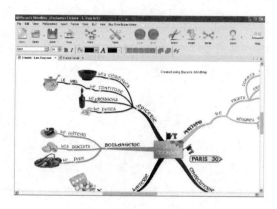

图 2-18 iMindMap **界面**

MindManager 是思维建模工具中最常用到的，它具有可视化的优势，有着直观、友好的用户界面和丰富的功能，小组成员可以通过 MindManager 有序地组织思维、资源和项目进程；同时它又是高效的项目管理软件，能很好地提高项目组的工作效率和小组成员之间的协作性。教师可以通过 MindManager 进行系统、高效的探究学习设计，组织探究学习。例如，在《辛亥革命》探究学习设计的过程中，教师在各个环节、各个阶段的探究学习设计中都利用 MindManager 中结构化的图示来进行思维、活动组织，指导学生顺利开展探究学习活动，以增加学生在探究学习过程中对知识技能的理解和认识（如图 2-19 所示）。

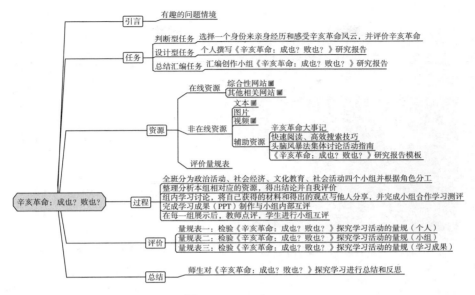

图 2-19 MindManager

（3）虚拟实验工具。

虚拟实验工具主要用于理科方面的探究学习，最常用的是仿真物理实验室。它是针对物理教学而设计的一个开放性教学平台、课件制作平台和物理实验仿真平台，其功能强大、操作简单且交互性强，具有可探究性。这为师生的探究学习活动的顺利开展提供了一个实验器具完备的综合性实验室条件，师生可以亲自动手创建所能想象的所有物理场景。

仿真物理实验室由运动及动力学、电学、光学三部分组成。其中运动及动力学模块提供了小球、弹簧、绳子、连杆、轨道、电荷等各种运动对象，并集成了重力场、电场、磁场、外有引力等物理环境，模块界面如图 2-20 所示。师生可以在此环境中开展自由落体运动、单摆、带电粒子在电场中的加速与偏转、地球人造卫星等探究实验。如在本书第四部分第五节的案例《探究单摆的周期与哪些因素有关》中就用到了仿真物理实验室，探究任务要求学生利用仿真实验，测量八组不同振幅、不同质量、不同摆长对应的周期，借此来找出周期与振幅、质量、摆长、重力之间的关系。

电学模块提供了电源、电阻、仪表、开关等数十种具体的电子元器件，界面如图 2-21 所示。师生可以利用这些电子元器件，搭建自己的实验电路，开展关于串联与并联电路、用伏安法测量电阻、用惠斯通电桥精确测量电阻、用电磁继电器实现对电路的简单控制等探究实验。

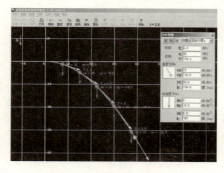

图 2-20　仿真模拟平抛运动　　　　图 2-21　仿真模拟电路实验

光学模块则提供了方型玻璃砖、三角形玻璃砖、棱境、理想凸透镜、理想凹透镜、凸面镜、凹面镜、光线等实验器件，界面如图 2-22 所示。师生可以在任意组合的实验环境中开展探究实验，例如平面镜的反射实验（如图 2-23 所示）、介质的折射实验、介质的全反射实验、凸透镜的会聚实验等。这一模块不但能够进行仿真，还可以为师生演示整个物理过程的详细情况，这为师生开展探究学习、完成探究任务、观察实验现象，都提供了很大的便利。

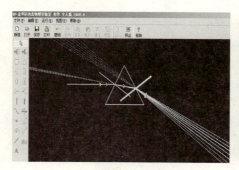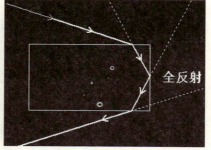

图 2-22　光学模块仿真实验界面　　　　图 2-23　全反射光学实验

（4）视音频图形图像制作工具。

PhotoShop（PS，如图 2-24 所示）是目前应用较为广泛的一种图像编辑软件，相较画图工具来说，PS 所具有的功能非常强大。它主要处理以像素所构成的数字图像，通过使用其众多的编修与绘图工具，来进行更有效的图片编辑工作。PS 的应用领域很广泛，在图像、图形、文字、视频等方面都有涉及。

图 2-24　PS 界面示意图

音频处理应用较为广泛的是 Windows 自带的录音机工具，但是"录音机"只适合于进行简单的音频录制和保持。而 cool edit 则是一款功能强大、效果出色的多轨录音和音频处理软件，它可以对音调、噪声、回声等进行相应处理，还可以同时处理多个文件，在文件中进行剪切、粘贴、合并等操作，还可以生成各种类型、各种格式的音频文件。但是 cool edit 更适合于高标准、高要求的音频文件制作，一般教师如果只是制作简单的音频学习资源，可以使用音频编辑大师。

音频编辑大师也是一款功能强大的音频编辑工具，功能虽不如 cool edit，但是更适合教师使用。教师可以利用音频编辑大师进行录音和简单的音频处理，如进行剪贴、复制、粘贴、多文件合并和混音等常规处理，还可以利用搜索引擎和下载工具下载的资源，进行包括 WAV、MP3、MP2、MPEG、OGG、AVI、RAM、WMA、CDA 等在内的多种格式音频文件的格式处理。

教师对视频学习资源的需求一般可以通过搜索引擎、视频网站获得，但是有时获得视频可能还需要进行简单的处理。目前一些主流的视频播放器已经具备了基本的编辑功能或小工具，如 QQ 影音、暴风影音等，即使是不会使用视频编辑软件的新手，也能够很快地处理视频。此外，还有可以制作编辑视频的"会声会影"、Premiere 等。相较播放器编辑功能来说，这类专门的视频编辑软件功能更加强大。

例如，会声会影软件除了基本的视频编辑功能外，还具有图像抓取和编修功能，可以抓取、转换 MV、DV、V8、TV 和实时记录、抓取画面文件，并提供有超过 100 多种的编制功能与效果，可导出多种常见的视频格式，甚至可以直接制作成 DVD 和 VCD 光盘。其主要特点是操作简单，适合日常使用，轻松实现从拍摄到分享影片的完整编辑流程，并且新增处理速度加倍等功能。它不仅可以满足个人的影片剪辑所需，甚至可以挑战专业级的影片剪辑软件。

格式工厂则是一款多功能的多媒体格式转换软件，可以实现大多数视频、音频、图片等格式的转换，转换时还可以有设置文件输出配置、增添数字水印等功能，这样就可以对自己所制作的学习资源进行版权保护。此外，它的高级选项中还具有进行视频合并、修复、压缩、裁剪等视频编辑功能，为教师制作、上传、分享学习资源提供了很大的帮助。

在技术支持的探究学习中，很难预料到学生能够获取什么样的资源，但是围绕一个特定的探究任务或内容，总会有一些能够激发教师和学生探究兴趣的精彩资源或工具、平台，但前提是教师在进行探究学习资源的设计时要做好充分的准备，为学生提供或有效引导学生获取、分析、应用优秀的探究学习资源。如在《荒漠化防治》探究学习设计中可以先让学生熟悉一部分知识后，要求学生分析运用知识，利用 GE、QQ 等多种类型的工具去交流、探索、获取新资源，根据教师提供的要求、标准或是获取途径、方法等开展工作。在探究学习的过程中，教师一定要根据教学内容和学生的需要适时地向学生提供已有资源和拓展资源。

技术支持的探究学习离不开学习资源的支持，资源对于探究学习活动的顺利开展起着十分重要的作用，而探究学习资源的设计离不开技术支持工具的支持服务。不论是情境创设、探究内容还是技术支持工具，教师都应该充分考虑如何利用这些资源为学习活动提供更好的、更有效的支持服务，从而提高探究学习的质量，促进学生自主解决问题的能力提升和学生思维、技能的全面发展。

第五节 技术支持的探究学习评价设计

探究学习侧重评价学生的学习过程和学习绩效，关注学生运用知识解决问题的能力，重点是学生在学习过程中获得了哪些能力。评价标准通常由教师和学生根据实际问题和学生的先前知识、兴趣和经验沟通制定。

在探究学习过程中，学生面临的学习任务是相对真实的，具有一定的自主权。在教学前，教师需要通过情境创设、量规提供、学习契约等方式传达教学期望，使学生对自己要达到的目标或结果有明确认识。在进行评价设计时，要关注学生在完成任务过程中所表现出来的提问、寻求答案、理解、合作、交流、创新等能力。评价不仅要明了学生上述能力的状态，更要力图使学生的上述能力得到提高和发展。目前，探究学习评价主要采用量规和电子学档两种评价工具。

一、评价量规的设计[①]

1. 量规的定义与特点

所谓量规，是对学生学习绩效（学生学习过程中的行为、认知、态度）和学习结果（如作品、口头陈述、调研报告、论文等）进行评价的一套标准。它通常从与学习目标相关的多个维度规定评价准则和划分等级，集定性评价和定量评价于一体。

高效的评价量规具有以下特点。

（1）应当能够包含影响评价绩效的所有重要元素，并具有"约定性"。

（2）评价元素应当根据教学目标需求、学生认知水平和学习环境特点进行合理设置。

（3）评价元素的权重应当根据教学目标的侧重点或重要性而有所区别。

（4）评价等级应当是明显、全面和描述性的，描述语言是具体和可操作的。

---

① 钟志贤. 大学教学模式革新：教学设计视域 [M]. 北京：教育科学出版社，2008：256.

（5）量规中的每个元素都是不可再分的。

2. 量规的作用和意义

探究学习的学习过程和学习成果通常以研究报告、学习反思、调查报告、研究论文等形式呈现，所要求的评价方法（工具）不但要关注学习结果，更要关注学习过程。量规是一种适合于评价这种类型学习绩效的方法和工具。总结起来，量规具有以下作用和意义。

（1）有助于使"学习目标"具体化或可视化，有效降低评价的主观随意性。

（2）使评价标准公开化，在教师、学生中共享，有助于客观公正的评价。

（3）使教师更有针对性地为学生提供学习指导，也使学生更容易明确努力的方向。

（4）学习前公布量规可以对学生的学习起到导向作用，帮助学生明确学习目标和学习标准。

3. 量规的设计与开发

不同的教学目标或探究任务需要不同的评价量规。教学中存在种种不同的量规，其设计与开发具有以下基本步骤可循（见表2-4）。

表2-4　量规的设计与开发步骤

步　　骤	内　　容
1. 明确内容	明确所需评价的内容，分析评价的主体、客体和方法
2. 分析目标	分析所需评价内容的学习目标，了解所需评价学习绩效的特点
3. 确定元素	确定评价元素。根据学习目标、学生认知水平以及实际的学习环节列出影响绩效的所有重要元素，必要时设置不同的权重
4. 确定等级	确定评价元素的等级。在文献分析、问卷调查、访谈的基础上制定相应的等级，等级需要涵盖预期绩效的全部范畴，每个等级应代表明显不同的层次，不能重叠或模棱两可，描述的语言应当清晰具体和有操作性，避免含混抽象
5. 量规草案	拟定初步的量规，要求学生尽可能消除量规中可能产生的歧义
6. 试用评价	让学生试用评价量规，并结合自己的体会充分讨论量规的效用，同时更大范围（同事、专家等）地征询修改量规的意见和建议
7. 制定量规	根据各方（学生、同事、专家等）反馈意见和具体情况调整、修订，形成正式量规

4. 量规范例

在探究学习中，根据评价内容的目标，可以确定量规的评价要素。

例如在 WebQuest 学习案例——《辛亥革命》中，根据这一部分的教学内容和历史课程标准，以及基于 WebQuest 的探究学习重点关注学生获取、整理、加工信息，小组协作最终达成共识等能力的培养，将评价元素确定为信息获取加工、对小组的贡献、协作情况、结论、学习成果和技术组织，各评价元素等级可以划分为 4、3、2、1（4 为"优秀"，3 为"良好"，2 为"合格"，1 为"不合格"），对学生不同行为等级（认知和技能表现）在绩效上从好到差进行描述（见表 2-5）。如在评价"信息获取加工"这个元素时，绩效最高的是等级 4，充分体现了学生有效组织、加工信息的能力。

表 2-5 《辛亥革命》探究学习评价量规

评价元素	优秀（4）	良好（3）	合格（2）	不合格（1）
信息获取加工	能够很好地组织各种有效信息；个人观点明确、论据充分	基本能够组织各种有效信息；个人观点明确，有论据支撑	有时能够组织各种有效信息；个人观点明确，但缺乏论据支撑	几乎不能组织各种有效信息；个人观点不明确，缺乏论据支撑
对小组的贡献	在小组讨论时积极提出自己的观点、论证和论据。作为小组的领导者做了很多有意义的努力	在小组讨论时可以与他人交流自己的观点。作为一个优秀的小组成员工作非常努力	在小组讨论时有时与他人交流自己的观点。作为一个合格的小组成员能够按要求去工作	在小组讨论时，很少与他人交流自己的观点。不愿意参与小组的合作
协作情况	小组分工明确，每个成员都能够积极主动参与讨论，分享观点，接受并完成小组分配的任务；小组合作氛围融洽，无组内冲突	小组大部分成员能够参与讨论，分享观点，接受并完成小组分配的任务；小组合作中偶尔有冲突，但能够成功解决并完成合作	部分成员能够参与讨论，分享观点，接受并完成小组分配的任务；小组合作有一些冲突，但能够成功解决并完成合作	小组分工不明确，仅有个别成员讨论、分享观点、完成小组任务；没有良好的小组合作氛围，小组合作经常有冲突并未解决

续表

评价元素	优秀（4）	良好（3）	合格（2）	不合格（1）
得出的结论	论证推理合乎逻辑。论据有力，比较充分。对论题本身的分析准确、全面、细致，结论合理，表达充分且恰当	论证推理基本合乎逻辑，比较恰当，但不充分。对论题本身分析准确，但不够全面、细致，表达恰当，但不充分	有论证，有论据，有比较。对论题本身的分析基本准确，但不全面，也不细致，表达有一些不够恰当	有论证，有论据，但没有注意比较。对论题本身有分析，有结论
学习成果制作与展示	学习成果体现了很高的创造性；PPT结构清晰，主题明确，阐述史论结合；能够恰当运用图片说明问题；PPT呈现多样化、有个性；成果展示表现力强，语言表达精练，声情并茂	学习成果具有一定的创造性；PPT结构基本清晰，主题明确，能恰当运用史科，能够运用图片说明问题；PPT设计有特点，重点突出；成果展示表现力较强，语言表达简单明了	学习成果具有较小的创造性；PPT主题明确，但结构不够清晰，运用史料不够恰当；能够运用图片说明问题；PPT设计及呈现符合规范；成果展示有一定表现力；语言表达基本清晰连贯	学习成果看不出任何创造性；PPT主题明确，但结构不够清晰；能够运用图片，但作用不够明确；PPT设计及呈现方式单一；成果展示缺乏表现力；语言表达不够清晰连贯
技术上的组织	能够将展示文件存入服务器上的个人文件夹并做备份以防不测。上传一份至教师处	能够将展示文件存入服务器上的个人文件夹但是没有做备份。上传一份至教师处	能够将展示文件存入服务器上的个人文件夹但是没有做备份。忘记上传文件给教师	没有保存可供展示和上传的文件

又如在虚拟实验环境中的探究学习——《探究单摆的周期与哪些因素有关》中，根据这一部分的教学内容和物理课程标准，以及基于虚拟实验室的探究学习重点关注实验设计、观察、数据分析等能力的培养，将评价元素确定为虚拟实验室软件应用能力、实验设计能力、观察能力、数据分析能力和归纳总结能力，各评价元素等级可以划分为4、3、2、1（4为"典范"，3为"完成"，2为"发展中"，1为"起步"），对学生不同行为等级（认知和技能表现）在绩效上从好到差进行描述（见表2-6）。如在评价"实验设计能力"这个元素时，绩效最高的是等级4，充分体现了学生在综合考虑各变量的基础上进行实验设计的能力。

表 2-6 《探究单摆的周期与哪些因素有关》探究学习评价量规

指标	典范（4）	完成（3）	发展中（2）	起步（1）
软件运用能力（20）	不仅能独立迅速完成各项操作，还能指导别人	能迅速掌握课件的操作方法，独立完成各项操作	能在教师或同学的指导下按要求完成各项操作	需要别人的指导才能勉强操作各个步骤，动作慢，领会慢
实验设计能力（20）	能独立、迅速地完成实验设计及各项实验测量，还能帮助别人寻找错误	能独立完成各项实验设计及测量	能在他人的指导下，完成实验设计及各项实验测量	在他人的指导下能够进行实验设计、测量，但速度慢，误差大
观察能力（20）	不仅能独立进行有目的的观察，还能指导别人进行观察	能独立进行有目的的观察	能在教师或同学的指导下，进行有目的的观察	在他人的指导下勉强进行有目的的观察
数据分析能力（20）	能独立、迅速地进行数据分析，并指导他人进行数据分析	能独立地对实验数据进行分析	能在他人的指导下，进行数据分析	在他人的指导下，能够对实验数据进行分析，但速度慢
归纳总结能力（20）	不仅能独立、迅速地总结出规律，还能启发其他同学进行总结归纳	能独立归纳总结出规律，语言准确、简练	能在他人的启发下，归纳总结出规律	在他人的启发下，能归纳总结出规律，但不够准确

二、电子学档的创建

1. 电子学档的含义和特点

电子学档（E-Learning Portfolio）又称为电子文件夹、电子档案袋，是指学生运用信息技术记录和展示其在学习过程中关于学习目的、活动、成果、付出、进步以及对学习过程和结果进行反思的一种集合体。在探究学习中，它主要指学生利用信息化手段呈现探究过程、成果，包括在探究过程中对问题的讨论交流、收集的相关资料、探究过程反思、探究实验设计、探究成果呈现、教师评价、同伴评价、自我反思评价等。

电子学档的特点可以概括为以下几个方面。

（1）数字化：强调学生运用各种信息技术进行探究学习与反思。

（2）过程性：记录整个探究过程中所经历的事，如探究活动、行为记录、探究中态度与情感的变化，探究计划的制订与更改等。

（3）自主性：学生是电子学档内容的主要完成者，也是对电子学档内容进行分析、诊断、评定的主要参与者，学生是整个探究过程的主导者。

（4）反思与评价：教师、学习伙伴的评价与自我反思贯穿整个学习过程。这些评价与反思更能激发、维持学生的探究兴趣。

2. 电子学档评价的内容

电子学档评价基本内容包括以下几个方面。

（1）学习过程与学习活动的评价。电子学档是一种过程性学习活动记录，包含了学生的自我评价细节（具体的知识、技能或行为的意义、方法、反思）。评价与学习过程相互交融，贯穿整个学习过程，评价过程就是学习和成长的过程。

（2）作品展示的评价。学生提供展示作品的详细信息，与他人分享，他人对作品进行评价。这种分享与评价，实际上是一种交流与探讨。

（3）自我反思报告的评价。通过电子学档对整个探究过程进行回顾与反思，总结探究过程中的进步与不足。这种反思性评价包括问题解决策略的运用、探究计划的进展、取得的进步、需要改进的地方。反思时可以通过设计反思表进行自我反思和自我评价。

（4）教师与同伴的评价。通过教师的评价和指导，学生可以很快确定探究中的不足，提高探究效率。通过学习伙伴的评价，可以互相学习，取长补短。

（5）阶段性和总结性评价。虽然电子学档评价的最终目的是对学生探究过程及成果的评价，但在探究某一阶段，对学生阶段性的成果进行评价，有助于他们及时得到教师的反馈指导，调整探究计划或问题解决方案。

3. 电子学档的创建

电子学档是一种内容和结构相结合的集合体，也是一种信息技术支持下的产物，电子学档的创建需要考虑到结构与内容的结合。一般来说，电子学档创建内容或过程包括以下几个方面。①②

（1）电子学档的内容确定。确定电子学档的类型（记录学习过程、探究过程、成长历程或展示作品）、电子档案袋内容的呈现形式。

（2）信息内容的准备与收集。在创建电子学档之前准备并收集相关的信息内容是必要的，因为电子学档的创建就是在完成探究的过程中将相关内容信息不断整合到学习档案中，这些内容包括记录探究过程及探究中涉及的文本、图片、视音频、收集并分析的数据等。

（3）电子学档开发工具的选择。电子学档是内容与结构的结合，结构的创建需要一定的技术支持，但技术只不过是形式。电子学档的开发可以利用最简单的资源管理器，可以使用网页制作工具，也可以是一个专门的网站等。

（4）电子学档的充实与完善。电子学档的创建是一个慢慢积累的过程，是需要不断反思、总结，不断地添加、修改、删除相关信息，不断充实、改进和完善的过程。

第六节　技术支持的探究学习实施策略

技术支持的探究学习的前期分析和设计都是为了帮助师生在实际探究学习中有一个明确的方向和活动指导，技术支持的探究学习的具体实施过程基本参照设计方案，学生在设计方案的限定下通过教师指导，开展探究学习。但是，设计方案仅仅是一种预设的结果，虽然教师在进行探究学习设计时已尽可能地考虑了探究学习的各个方面（例如探究学习的组织与管理、探究学习过程中师生的过程性资料的管理以及学习资源等技术支持工具的管理等），不过在实际开展探究学习的过程中很可能还会出现其他一些突发状况或问题，例如小组无法沟通、技术因素导致探究学习资源无法应用等，这些都需要教师及时采取有效的应对措施。本节将针对探究学习过程中的组织、管理、突发状况及应对技巧进行阐述。

---

① 张海燕，王焕景. 网络学习评价型电子学档的设计与开发 [J]. 现代远程教育研究，2005（2）：63-66.
② 钟志贤. 大学教学模式革新：教学设计视域 [M]. 北京：教育科学出版社，2008：259.

一、探究学习中活动的组织

技术支持的探究学习活动方式可以是自主探究，也可以是小组探究，还可以是小组探究与自主探究的结合，但是，在一般课堂探究学习中，教师大多还是采用"以小组探究为主，自主探究为辅"的方式，这也是课堂探究学习中一种常见的组织形式。它可以使师生之间、学生之间更有效地进行语言交流，但是教师在组织这种混合式探究学习活动的过程中，即使按照已经设计好的方案指导学生开展探究学习，也经常会遇到其他各种各样的问题或突发状况。如何有效地组织探究学习活动，是探究学习实施过程中需要注意和掌握的重要内容。

一般来说，在探究学习活动组织过程中经常出现的问题或状况主要集中在分组、沟通、评价反馈、技术工具的选择等几方面。

1. 分组

在探究学习过程中，教师对学生进行分组的目的是让学生在探究学习中形成合作探究学习共同体，通过合作探究来促进学生积极主动地参与学习，培养学生的合作意识、团队精神，进而促使学生相互学习、共同提高。学习共同体中每个成员都应该在有明确责任分工的基础上，努力完成共同的目标和探究任务，因此科学合理地分组是合作探究学习的基础。在教学实践中，如果不根据探究学习、学习需求和学生间的个体差异来合理划分小组，而采用随意分组的方式都或多或少会影响探究学习的有效性。因此，在探究学习中，为了科学合理地划分小组，组建有效的合作探究学习共同体，教师可以采取以下一些策略。

（1）**小组规模**。

一个合作探究学习共同体一般由 3—6 人组成较为有效。若考虑到学生的组织能力还处于成长阶段以及教学实际情况，可能会有一定的缩减。也就是说，在小组学习中每一个小组的规模应该在 5 人以内比较适合。一般情况下，年级越低，小组规模就应该越小，即小组 3—4 人较为有效。但是在划定小组人数时，除了要考虑学生的组织能力和教学实际外，还应该考虑到教师能够有效监控的小组的数量。若小组规模过小，必然会导致小组数量过多，从而加大了教师监控的难度；但是小组规模过大则小组难以开展有效的探究学习，因此每个小组的规模要根据不同班级、探究学习目标、学生的能力等综合情况而定。

（2）**常用分组方式**。

在探究学习活动中，常用的分组方式有学生自由组合和教师指导分组两种方式，每一种方式都有自己的特点。

学生自由组合是由学生自己选择熟悉、相处融洽的伙伴来组成小组，这种分组方式的优点是成员间相互了解，彼此信任，更易于坦诚交流，但是也正是由于这些优点，容易使得到的结论具有一定的片面性，难以达到教学目的。而教师指导分组的基础是教师要掌握每个学生各方面的情况，包括社交能力、性格特点或情感态度等，在指导分组时要做到有效、恰当。这就需要考虑组内同质和异质分组的选择，其中组内同质分组成员综合能力相近，水平相近，更容易通过交流来发掘学生潜力，但不利于组内成员能力的提升，组间能力差距会变大。而组内异质分组能够将具有不同观点和不同背景的学生分在同一个小组中，使能力各不相同的学生进行互补，这样更有助于角色分工，还可以利用互补的优势提高探究学习的质量，平衡组间能力水平，减小组间能力差距，使学习共同体的综合能力相近。

两种分组方式其实各有优势，并不能绝对地认为某种方式优于另一种。此外，在选择分组方式时，也要根据学习任务的难易程度和目标要求及学生能力进行综合考虑，最后根据各个小组的综合能力来分配探究任务，进而实现探究学习目标。

（3）**小组角色分工**。

一般情况下，分组以后会进行组内角色分工，以便小组成员明确自己的责任和任务。在小组角色分工中，最主要的角色有小组长、记录员和报告员，这三个角色是任何一种小组活动中都应该具备的。

其中小组长在探究学习活动中所起的作用主要有三类：一是控制性行为——分工、约束、督促；二是协调性行为——协调、疏通、解决争端；三是建构性行为——组织讨论、分析、汇总小组意见。前两类行为是为了保障探究学习活动能够有序、持续开展起来，后一类行为是为了促进小组成员完成探究学习任务，实现探究学习目标。因此，小组长在小组合作学习中的作用是非常重要的，一般选择有较强的组织能力和合作意识的学生担任。

记录员主要是在参与探究学习活动的过程中负责记录小组的活动过程、讨论以及探究结果等。因此，可以选择学习态度好，对工作认真负责，同时笔头快、字迹清楚的学生担任。

报告员则在参与探究学习活动的过程中与小组长共同汇总探究资料和结论之后，负责阐述小组探究学习的主要结论，以及展示探究成果。小组内成员可轮流承担这一角色，以训练语言表达能力。

在小组中还可以有技术员、提出不同意见者等根据探究内容而产生的角色，甚至可以通过扮演各种故事的角色或历史人物来开展探究活动，完成探究任务。如在《辛亥革命》中，教师在探究学习实施过程中对全班学生分组后，对每个小组进行角色定位，然后在组内推举小组长，并根据角色和需要进行适当分工。

（1）全班学生根据个人兴趣和意愿分成四个学习小组，分别为政治活动组、社会经济组、文化教育组、社会生活组；小组内推举一个组长，并根据角色和需要进行适当的分工（每人选择以下一个身份来亲身经历和感受辛亥革命风云：孙中山、袁世凯、熊秉坤、张謇、荣氏兄弟、黄远生、蔡元培、普通民众）。选择好身份后，在进行体验和探究时，解决以下问题：

①根据你的亲身经历，辛亥革命究竟为当时的中国带来了什么？

②通过你的材料整合与探究思考，你认为辛亥革命是成功了还是失败了？

③你是如何得出自己的结论的？

④你得出结论、评价辛亥革命成功的标准是什么？

（2）每个小组中的成员都要在自己的特定角色中认真负责地选择、整理分析材料，得出结论，进行自我评价。

2. 沟通

技术支持的探究学习不是一名教师带领一帮学生就可以完成的，需要各方面环境、技术和方法等的支持。在开展探究学习活动的过程中，必要的沟通交流是保障探究学习顺利开展和实施的基础。但是，在实际探究学习过程中，有效的沟通互动则常常是教师组织探究学习的一个难题。如果不能有效地组织探究学习活动，促进探究学习共同体之间的沟通、交流和互动，那么学生将难以达到探究学习目标，也很难完成探究学习任务、获得能力的提升。因此，教师在技术支持的探究学习实施过程中，需要注意师生、生生之间的交流沟通技巧，并充分发挥沟通交流工具的功能，来促进探究学习的沟通与交流。

首先，可以利用图示、表格或公告的方式来向学生明确本次探究学习的内容、任务及目标、角色、分工等，同时提供资源和技术支持工具；其次，运用多种技术支持工具及手段来调动学生的积极性，运用生动、简单易懂的导入方式让学生进入情境，领悟探究任务的核心，理解探究的目的和意义，以防止由于学生的不专心而导致没有准确理解探究任务的问题，或要通过及时交流来了解学生在探究学习过程中所遇到的困难和对探究任务的理解程度。

此外，在小组探究活动中还会经常遇到小组内部发生矛盾或分歧的情况。在面对小组冲突时如何应对，也是需要师生共同掌握的。

第一，可以要求小组内部自主制定合作探究行为规范和准则。当组内有冲突的时候，教师或小组长可以按照准则来进行调节；第二，选择学习共同体中较有权威的学生来担任小组长，通过调动和发挥小组长的监督作用，及时地领导本组成员共同完成探究任务；第三，与学生及时沟通，传授社交技能，让学生学会用一些提示性语言进行意见交流和沟通。例如能够委婉地表达自己的不同意见，像"我很欣赏……但是……"、"这是一个很好的观点，但是……"或"如果我们从另一个角度来思考的话会怎么样"等言语就既委婉又不易引起不快。

在技术支持的探究学习中，还可以利用一些交流合作工具促进探究学习中的沟通交流与互动。交流合作工具主要有即时通信工具（如 QQ、微信、飞信等）、微博和视频会议等。其中，即时通信工具可以使小组成员通过短消息、语音、视频等进行及时的组内在线对话，也可以分享图片、文档及网址（如图 2-25 所示），还可以创建讨论组或进行远程协助。

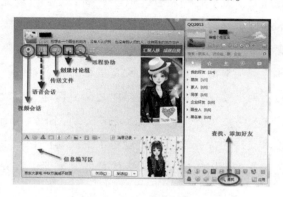

图 2-25　即时通信工具——QQ 界面

　　微博是一个基于用户关系进行信息分享、传播以及获取的平台，可以通过 WEB、WAP 等各种客户端组建个人社区，向一群关注用户发送短消息（不超过 140 字，包括标点符号），以文字更新信息，并实现即时分享。微博的特点是可以向一些特定的人发送消息，这对探究学习中的个人沟通交流有很大的帮助。国内在教育中最常用的微博是新浪微博，可以通过电脑或者手机随时随地和同学、老师、专家等一起进行探究、分享和讨论，还可以关注朋友，即时看到伙伴们发布的信息。

　　例如，在历史探究学习活动中，教师指导学生分组扮演历史时刻中的不同人物，在探究过程中把自己当作历史人物通过微博发表观点及看法，并邀请组内或其他同学评论，同时转发自己认为观点比较合理的微博，或邀请当地历史学教授在微博上进行讨论和回答问题（如图 2-26 所示）。

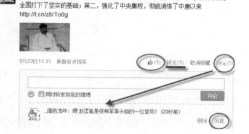

图 2-26　利用新浪微博发表观点[1]

---

　　[1]　来源：http：//d.weibo.com/102803_ctg1_1488_-_ctg1_1488? from=faxian_hot&mod=fenlei#。

3. 评价反馈

技术支持的探究学习对学生学会理解、尊重同伴，平等地接纳他人，促进交往技能和自我意识的发展以及克服自我中心，都有着非常重要的意义。但是，在探究学习活动过程中，教师除了要帮助、指导学生进行学习活动之外，还要对学生活动、观点等给予及时的评价和反馈，同时在此基础上及时调整自己的教学方法和手段，以达到更好的教学效果。

但是，在实际的探究学习中，教师一般很难对学生的反馈和评价做到面面俱到，也不能够全面地了解每位学生的学习状况。因此，教师可以利用一些反馈检查表为学生提供及时的反馈（见表2-7）。

表 2-7 反馈检查表

一级指标	二级指标	是否做到
含义 （是否表达某种观点）	主要观点或目的很明确	
	假设（观点、问题等）很清楚	
	有足够的信息来支持探究假设且信息可靠	
	有什么地方引起了困惑	
组织结构 （探究中是否 关注了重点）	探究过程中的探究步骤很正确	
	探究过程中的各部分内容都有联系	
	探究学习中的活动结构很清晰	
	探究活动已经包含了所有重要的部分	
	有一些不需要的部分需要删除	
目标 （是否满足了探究 目标和任务要求）	探究过程及结论满足探究目标的要求	
	探究过程及结论满足探究任务的要求	
	探究过程及结论展示能够让别人容易理解	
设计 （探究过程或作品中 的意义及特点）	探究过程中的信息资源支持了探究结论	
	探究成果展示的设计有吸引力	
	探究成果展示的设计强调探究结论中的重点	
表达 （探究过程及结果中 的语言文字等表达）	内容表达：观点、探究过程及证据等	
	结构表达：文字、标点符号、语言表达等	

此外，教师还可以利用一些评价量规来实现对小组合作探究学习的评价

反馈，如组内成员自评表（见表2-8）、组内成员互评表（见表2-9）、小组自评表（见表2-10）和组间互评表（见表2-11），不同类型评价表中的评价项目可根据需求进行相应的删改。

表2-8　组内成员自评表

时间：　　地点：　　　　姓名：　　　活动名称：						
评价项目	**分项得分**					
	5	4	3	2	1	0
1. 我愿意参加组内合作活动						
2. 我能自觉遵守活动时间和活动规则						
3. 我能明确自身角色和责任						
4. 我能积极表达自己的观点						
5. 我能注意倾听其他组员的观点						
6. 我能尊重并保留其他组员的意见和观点						
7. 针对不同意见和观点，我能与组员进行讨论						
8. 我愿意帮助其他组员完成某项任务						
9. 在互助中我们共同完成预期任务						
综合分数						

表2-9　组内成员互评表

时间：　　地点：　　　　姓名：　　　活动名称：						
组员姓名	**行为表现**					**综合成绩**
	参与意识	参与程度	明确自身角色	倾听并尊重他人	乐于帮助他人	
注意：行为表现分项得分为5、4、3、2、1、0						

表 2-10　小组自评表

时间：　　　地点：　　　姓名：　　　活动名称：						
小组表现评价项目	**分项得分**					
	5	4	3	2	1	0
1. 每个组员都愿意参加合作活动						
2. 每个组员都能够遵守小组时间和活动规则						
3. 每个成员都能够明确自身的角色和责任						
4. 每个成员都能够积极表达自己的观点						
5. 每个成员都能够注意倾听他人的意见						
6. 每个成员能够尊重并保留其他组员的意见和观点						
7. 针对不同意见和观点，每个成员能够与其他组员进行讨论						
8. 小组成员能够合理解决彼此提出的疑难问题						
9. 小组成员愿意帮助其他成员完成某项任务						
10. 在互助中，小组按时完成预期任务						
综合分数						

表 2-11　组间互评表

时间：　　　地点：　　　姓名：　　　活动名称：							
小组表现评价项目		**分项得分**					
		5	4	3	2	1	0
报告人	1. 对小组活动能够准确清晰描述						
	2. 对其他小组提出的问题能够给以合理的解释						
	3. 汇报内容体现小组全体成员综合观点和意见						
小组成员	4. 每个成员都能积极配合、主动参与小组活动						
	5. 每个成员都能表现出极大的兴趣和参与热情						
	6. 能帮助报告人及时解答其他组提出的疑难问题						
	7. 小组成员都认为任务完成有赖于成员积极合作						
	8. 汇报时其他小组没有出现不利于本小组的意见						
综合分数							

4. 技术工具的选择

在技术支持的探究学习实际开展过程中，除了前面提到的分组、沟通和评价反馈方面的问题外，还会经常出现技术工具选择方面的问题。教师进行探究学习设计时，需了解各类工具，并对能够用于探究学习的工具缩小范围，考虑可满足需求的技术支持工具，或者为防止技术支持过于单一，提供几种同类型的工具供学生选择使用。但这些工具在实际活动中是否有必要？学生选择应用是否恰当？如何恰当选择探究学习技术支持工具呢？在探究学习活动中，教师或学生可以通过图 2-27 所示的流程来科学合理地选择探究学习过程中所需的技术支持工具。

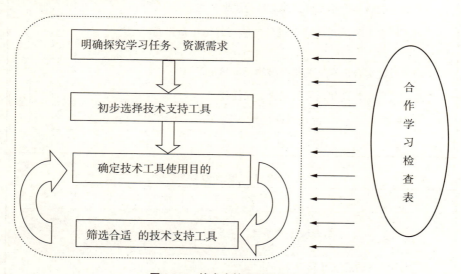

图 2-27　技术支持工具选择方法

教师在选择技术支持工具时，首先要明确本次探究学习的任务和对学习资源的需求，然后在熟悉可选技术支持工具的基础上，结合探究内容和需求初步选择想要为学生提供的不同类型的技术支持工具。

一般在选择使用某些工具之前，教师都需要先做这样一项工作，即在为学生筛选并提供工具前先进行技术支持工具的检查。除了要确保学生有条件使用这些工具外，还需要考虑其他的问题，如探究学习的需求、隐私问题、成本、可用性、年龄适宜性等，尤其是在时间有效的课堂探究学习环境下更要注意这些问题。教师可以采用技术工具检查表来进行工具的检查和筛选，尽量为学生提供合适、有效的技术支持工具。如在《荒漠化防治》探究学习中，教师在选择学生进行探究学习的技术支持工具时就是通过《技术支持工具检查表1》进行检查筛选（见表2-12）。该表中的检查项可根据实际情况进行填写和删改。

表 2-12　技术支持工具检查表 1

检查项	说　　明
确认您的学校或地区是否支持实现目标所使用的特定的工具或平台	
向其他老师了解其以前成功使用过哪些工具，效果如何，需要注意哪些问题	比较好的是 GE，可以随时随地查看地球任一地区地形坡面图，还可以提供卫星地图，通过直观的地形地貌等帮助学生学会思考各种自然和人文景观之间的联系，而且方便的地理测量、地图功能能够很好地帮助学生开展探究学习活动
在学生电脑上测试工具是否可行（如果不可行，可尝试同一类型下的其他工具）	
成本问题	选择的工具都是免费工具
网络安全问题	所使用的 GE 的安全性相对来说可能不是特别理想，但是针对活动内容和实际情况，其安全性基本还是可以满足的
可用性	
需求	
隐私	
年龄适宜性	对象为高中二年级学生，对使用计算机的操作和空间数据的处理有一定的学科基础
其他	

　　在对技术支持工具进行检查筛选后，教师就要根据探究学习实施过程中的情况确定所选技术支持工具的使用目的——这里可以通过《技术支持工具检查表2》来确定选择使用这些工具的目的是否达到了。如在《辛亥革命》中，教师在选定了一些工具之后，利用检查表来确认所选技术支持工具在实际探究学习过程中是否有必要（见表2-13）。

表 2-13　技术支持工具检查表 2

技术支持工具使用目的	若选择，请说明理由
此工具是用于收集、共享和协调项目的资源和研究吗？	（1）由于任务要求是分组、分角色评价辛亥革命，要对辛亥革命的背景等相关资料有所了解，因此需要借助工具收集许多信息及资源； （2）探究活动以小组合作进行，并且要记录、分享自己的感想和观点，每位小组成员所获取的信息有相同的也有不同的，因此需要进行资源信息共享
此工具是用于协同创作吗？	由于探究活动以小组合作共同完成小组研究报告，所以需要用到协作工具
此工具是用于制作、编辑和共享图像视频创作吗？	由于小组探究成果的展示可以用多种方式呈现，因此在作品设计过程中可能会进行视觉作品制作或编辑
此工具是用于即时通信或交流吗？	由于活动中合作者只涉及本班学生，因此只需要提供小组交流通信工具即可
此工具是用于制作、编辑和共享音频文件吗？	由于小组探究成果的展示可以用多种方式呈现，因此在作品设计过程中可能会进行音频制作或编辑
此工具是用于收集和分析数据吗？	本次探究活动主要是对历史事件的评价研究，对数据的收集分析需求不大，可根据实际情况进行确定
此工具是用于探究学习过程监控与管理的吗？	由于活动是小组进行，需要随时监控小组成员合作及探究任务完成情况，因此需要对探究过程进行监控和管理

　　需要注意的是，《技术支持工具检查表 2》仅仅是进行了目的确定，在确定目的之后应该进行最佳或最恰当的技术支持工具选择，在选择过程中还应该随时注意明确工具的使用目的，如果发现目的确定错误或考虑不全，请重新选择后再为学生提供。

二、探究学习活动的管理

　　在技术支持的探究学习实施过程中，教师设计的探究学习计划有时会被突如其来的外部事件打乱。因此，教师在面对探究学习过程中的突发状况时需要具备灵活应变能力，并采取相应的管理策略。

1. 时间管理

技术支持下的探究学习要求在有限的时间里开展有效的探究学习，因此有效的时间管理决定了探究学习的效率和效果。但是，由于学生所处的课堂学习环境、学校其他活动等各种因素的存在，教师在实际开展探究学习中难以正确把握学习时间。例如探究学习过程中感觉时间不够用，或者在探究学习计划方案设计中对学习时间做了基本规划，但在探究学习具体实施中由于学生缺席等各种突发事件导致出现时间浪费和时间冲突等问题；再如发生原定计划与学校统一活动冲突等不可避免的现实问题。因此，教师需要掌握在技术支持的探究学习中遇到诸如此类问题的处理办法。

首先，教师在进行探究学习方案设计时要能够对日程安排灵活处理，要尽可能地把可能出现的问题考虑到。例如可以查看校历，以避免正常学习计划与学校其他活动之间的冲突；也可以与其他教师协调时间，保证不会在同一时间有冲突的情况下安排学习活动。其次，可以使用日历、日程提醒（如桌面日历、桌面便笺等）或任务事件追踪等过程管理工具，帮助实现对学生探究学习任务完成时间及完成度的及时掌握。再次，使用协作工具来实现小组成员分工合作，同时开展合作探究，借此减少合作过程中部分小组成员临时没有任务安排的情况下所造成的时间上的浪费。

如在《辛亥革命》的探究学习中，小组根据任务要求及小组角色将任务分解成一个个的小任务，并将这些小任务协调分配给每个成员，同时将任务分配及预期完成时间同步在在线日历上，然后师生通过协作工具、好看簿等保持团队联系，以个人和小组合作的方式在线分享、协作、收集资源并完成任务，最终进行总结评价。在整个探究过程中，教师可以借助这些工具随时把握小组探究学习的进度及时间安排，并及时给予评价和反馈。

2. 技术管理

探究学习过程中最重要的组成部分是学习资源，学生在探究学习过程中会面对许多类型的资源，包括收集的学习资源和探究过程中产生的学习资源，以及产生这些资源、支持探究学习的技术工具。在技术支持下的探究学习中，资源的有效管理对探究学习实施的效果有重要作用。因此针对大量的资源，教师需掌握合适的管理策略。

技术支持的探究学习资源管理包括技术管理和文件管理两部分内容，其中技术管理主要指教师对整个探究学习中所用到的技术工具和资源的管理。一般来讲，教师可以采用《技术计划表》（见表 2-14）来实现对探究学习中技术的管理。

表 2-14　技术计划表

计划项目	是否做到
明确所需设备和工具，并提前做好准备和检查	
学会如何获取技术支持、指导和提示	
选择符合需求并利于学生探究的技术支持工具	
确保所提供的技术工具能与学生顺利进行合作	
为每个学生创造公平使用设备的机会	
为学生策划关于技术的实践环节	
为意外事件的发生制订备选方案（如备用技术支持工具、备用资源等）	
自身掌握基本的计算机操作技能	
分组时小组成员中至少有一人熟悉计算机操作技能	

在进行技术管理时首先要注意的是，探究学习中大量技术工具和资源的主要提供者是教师，因此教师应该对这些工具和学习资源非常熟悉；其次，在进行探究学习方案设计时一定要考虑备选方案，以免发生技术工具或资源在探究学习实施过程中无法使用的状况。此外，一般探究学习是以小组合作为单位展开的学习活动，而在技术支持的探究学习小组中，应该至少有一名学生擅长计算机基本操作，并能够利用计算机解决问题。

文件管理主要是指对学生探究学习活动过程中的过程性资料以及活动成果的管理，可以利用文件夹、维客等方式来进行管理。最常使用的是文件夹管理，即为每个小组创建一个文件夹，文件夹中可根据探究任务、探究内容、探究资源类型或技术工具类型等来创建子文件夹，以便学生在探究学习过程中将过程性资料分门别类地进行及时整理，同时也有助于学生对小组探究活动的组织和管理（如图 2-28 所示）。而维客为学生和教师提供了一个能全面了解整个探究学习进展的工具，使用起来非常方便。在维客上，教师可以提前组织整个探究活动，并把已有的探究任务及要求上传，教师和学生可以随时检查活动进展情况，小组成员也可以在不同时间、不同地点编辑同一个文件。

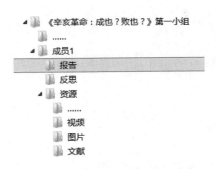

图 2-28　利用文件夹进行资源的管理

技术支持的探究学习，使教师的教学方式、学生的学习方式以及师生的互动方式等都发生了巨大的变化，同时使技术真正成为学生认知、探究和解决问题的工具。技术支持的探究学习培养了学生的信息素养，提高了学生利用技术进行探究、解决问题的能力，有效地提高了教师的教学效率，改善了学生的学习，带动了传统探究学习方式的变革，充分体现了探究学习的基本理念与目的。

第三部分

技术支持的探究
学习模式

第一节　基于项目的探究学习模式

一、项目主题设计

"设计项目主题"实质是进行项目构思的过程。在项目学习中，学生的所有探究活动都将围绕主题展开，主题提供了学习的方向和动机。因此，设计合适的主题是决定整个项目学习能否成功的首要因素。在项目学习中，主题应该符合课程标准、教学目标的要求。此外，项目主题的设计还要考虑与学生的生活实际相结合。主题的描述要生动、有趣，能引发学生的探究动机。

1. 设计要点

（1）根据课程标准和教学内容设计项目主题。

案例 3-1 反映了教师在围绕生物学科《两栖动物的生殖和发育》这一部分内容设计探究学习主题时所结合的教学内容和课程标准（详细案例见第四部分第八节）。

 案例 3-1

学习内容：

2014 年人教版生物教材八年级下册第七章第三节《两栖动物的生殖和发育》。

单元目标：

（1）通过孵化蛙卵和观察蝌蚪的生长发育，能够说出青蛙的生命周期各个阶段的特征；

（2）描述两栖类动物的特征，并和鱼类、爬行类动物和哺乳类动物做对比；

（3）描述青蛙的栖息环境，以及它是如何维持青蛙生命的；

（4）通过实地调查、亲身体验的方式，能够提出问题、解决问题，进而具备科学调查研究的能力；

（5）在资料收集、数据获取、集体写作的过程中提高信息素养与合作意识。

《两栖动物的生殖和发育》这一节的课程标准①为：知道两栖动物的生物体特征、生命周期、描述两栖动物的生殖和发育过程，能够使用科学技能和方法解释生物与各环境因素之间的相互作用（生物和非生物）及其随时间流逝产生的结果。

结合教学内容和课程标准，《两栖动物的生殖和发育》适合采用基于项目的学习，项目主题可以是"池塘与青蛙"。

（2）**为项目主题创设与现实生活相联系且具有趣味性的情境。**

项目情境要与现实生活相联系——可以是学生参与的校园活动、当地民俗活动，也可以是目前普遍关注的社会问题、重大国际事件或者当地的科技文化活动，如案例 3-2 所示。

 案例 3-2

项目主题：池塘与青蛙

项目情境：动物园管理员写信给学生们："由于本地动物园要举办一个关于两栖动物的展览，需要同学们创作新闻稿来帮助参观者更多地了解青蛙。"

在本案例中，项目主题与科技文化活动相联系。班级学生基于当地动物园展览活动开展项目，有助于激发学生的探究热情和使命感。

（3）**学生要有能力开展该项目的学习，实施要具有可行性。**

如在"池塘与青蛙"项目中，学生将在教师的指导下通过上网、实地调

---

① 全国中小学教师继续教育网组. 2011 年版义务教育课程标准：初中生物［M］. 北京：中国轻工业出版社，2013：78.

查来收集关于青蛙栖息地的综合特征，观察自然环境下的青蛙，并在人造栖息地里将青蛙从幼卵开始饲养，用图片和文字记录青蛙的成长过程，最后创作新闻稿。八年级学生有能力开展此项目，其实施具有可行性。

2. 项目主题描述

在描述项目时，可从选题背景和项目简介两方面进行。在选题背景中除交代单元教学内容和课程标准中与之相关的内容外，还需要明确项目开展的时间，即项目是基于单元的还是单元中的某个活动或者是其他情况；在项目简介中需要把握六个要素[①]，分别是：

- 目标：项目实施的目的；
- 情境：项目实施的背景或环境等；
- 角色：学生在项目中所扮演的角色；
- 对象：在项目中，学生所扮演的角色所服务的个体或群体；
- 产品：预期项目成果；
- 评价：将采用何种方式来对项目过程和产品进行评价。

通过案例3-3可以看出，"池塘与青蛙"项目简介中所体现的六要素。

 案例 3-3

> 项目主题：池塘与青蛙
>
> 项目简介：
>
> 本地动物园要举办一个关于两栖动物的展览，需要新闻稿帮助参观者更多地了解青蛙。因此需要学生们帮忙创作新闻稿，以帮助参观的游客了解青蛙的生活习性与成长过程。为了帮助管理员，学生们需要学习关于栖息地的综合特征，观察自然环境下的青蛙，并在人造栖息地里从幼卵开始饲养青蛙。最后的成果包括：新闻稿、过程性资料

---

① 徐锦生. 项目学习：探索综合化教学模式 [M]. 杭州：浙江大学出版社，2012：23.

（青蛙栖息地特征列表、青蛙栖息地的演示文稿、青蛙成长记录表、青蛙的生命周期图）。本项目将采用多元、多主体的评价方式，对学生的学习过程和项目成果进行评价。

选题背景：

《义务教育生物课程标准（2011年版）》规定义务教育阶段的八年级学生要知道生物体的特征、生物体的生命周期、生物体和环境，能够使用科学技能和方法解释生物的动态天性，各环境因素之间的互相作用（生物和非生物）及其随时间流逝产生的结果，同时还要发展学生进行科学调查研究的能力，提高学生对科学调查研究的理解。

本节内容是2014年人教版生物教材八年级下册第七章第三节，主要是让学生了解两栖动物的生长环境及生命周期过程。在学生学习完鱼类、爬行动物后开展此项目，重点是让学生知道生物圈中两栖动物的生长、繁殖过程以及与周围环境各要素之间的关系。

3. 项目主题设计中容易出现的问题

在项目学习中，学生的所有探究活动都是围绕主题展开的，主题为学习提供了方向和动机。因此，设计合适的主题是决定整个项目学习能否成功的首要因素。

"选题脱离课程标准和教学内容"、"选取的主题难度过高或不具备开展的条件，无法实施探究"、"项目主题描述不清晰"等，是设计项目主题时容易出现的问题。

下面将结合案例来思考如何解决这些问题。

某位教师在教授人教版生物教材八年级下册第十章第三节《营养与健康》时，设计了以"洋快餐的食用现状"为主题的项目（详细案例见第四部分第八节）概述如下。

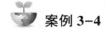 **案例 3-4**

> 项目主题：洋快餐的食用现状
>
> 项目简介：
>
> 为让学生了解洋快餐的危害，学会合理饮食，本项目将以"洋快餐的食用现状"为主题，让学生以小组为单位，自主设计食用洋快餐的问卷，然后在校园内开展调查；同时，安排学生到快餐店进行实地考察，拍摄制作现场的图片，咨询洋快餐的制作方法和过程，最后制作洋快餐危害的手抄报，向全校师生进行宣传。
>
> 选题背景：
>
> 《营养与健康》是 2014 年人教版生物教材八年级上册第十章第三节的教学内容，主要是让学生通过实地调查、访谈的方式收集资料，了解营养物质的来源，学会合理膳食。

（1）没有根据课程标准和章节内容选题。

教师设计的活动虽然能调动学生的积极性，但是此项目并没有将学习目标渗透到学生的活动中，学生只是体验了调查、访谈收集资料的过程，并没有学到与食物营养相关的基础性知识。

细化本节的教学目标是：能够说出人体需要的主要营养物质是什么；能够列举出主要营养物质的作用和营养物质的食物来源；会举例说明什么是合理营养，并且能够设计出科学的饮食方案。相应的课程标准要求是：通过调查、访谈、上网、查阅图书等途径收集有关食物营养物质的资料，并能够运用相关知识设计合理的食谱。

因此本节可以采用项目学习的方式，让学生通过调查、访谈了解洋快餐受欢迎的原因以及它的营养成分，进而让学生了解更多的食物营养知识，最后能够自主设计出合理健康的食谱；同时培养学生的合作能力和高级思维能力。

（2）选取的主题难度过高或不具备开展条件。

在该项目中，教师计划让学生自主设计有关洋快餐食用现状的调查问卷，其实八年级的学生还不具备设计问卷的能力，不能够设计出信度和效度较高的问卷，另外在快餐店拍摄食物制作过程的图片也是不可行的。

为此，教师可以事先设计好有关食用洋快餐现状的问卷，让学生直接去调查、收集数据；另外，教师可以安排学生在快餐店门口拍摄前来用餐人群的照片，对这些人进行采访或调查；或者可以与一家快餐店的经理事先联系好，让学生准备好问题，进行访谈。

（3）**项目主题描述不清晰**。

在该案例中，教师虽然分别从项目简介和选题背景两方面对主题进行了描述，但是在项目简介中没有交代项目的预期成果，选题背景中也没有说明单元教学内容和课程标准中的相关内容。

在项目简介中需要把握前面所说的六个要素。依此，主题设计修改如下：

 案例 3-5

> 项目主题：解析洋快餐的诱惑
>
> 项目简介：
>
> 根据当前社会洋快餐为我们赢得了时间，但在一定程度上却损害了青少年身体的现状，为此，计划通过问卷调查了解学生食用快餐的人数、频率、选择的原因，利用生物学知识分析洋快餐的营养成分，得出洋快餐给我们的生活带来怎样的影响，并运用所学的合理营养知识给出食用洋快餐的建议，为学校食堂设计一份营养合理的午餐食谱，真正做到健康饮食。最终成果包括：学生食用洋快餐情况的调查研究报告、宣传洋快餐危害的电子小报、设计午餐食谱过程的演示文稿。
>
> 选题背景：
>
> 《义务教育生物课程标准（2011 年版）》在《营养与健康》这一节中规定，义务教育阶段的八年级学生要掌握食物中含有哪些营养物质，了解这些营养物质各有什么用途，会举例说明什么是合理营养，培养学生对所收集的资料进行整理、提炼，从而得出结论的高级思维能力。

二、项目学习目标设计

项目学习的目标是对学生参与项目学习活动后应该表现出来的可见行为的具体且明确的描述。项目学习目标是项目学习的最终归宿，决定着项目计划的总方向。因此，教师必须对项目学习的目标设计准确把握。

1. 确定项目学习目标

在具体阐明项目学习目标时，可以尝试将 21 世纪技能融入项目学习目标（知识目标、能力目标、情感目标）的描述中。项目学习目标应重点说明学生在完成学习任务后行为或能力的变化。在制定目标的过程中，需要不断思考制定的目标是否可观察或可测量，是否与教学目标和课程标准内容紧密相关。

（1）*制定项目学习目标*。

在案例 3-6《制定"池塘与青蛙"的阶段性项目学习目标》，前三条项目学习目标指向知识与能力，后两条指向 21 世纪技能的培养，即要学会解决问题，具有一定的信息素养和合作能力。

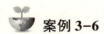 **案例 3-6**

制定"池塘与青蛙"的阶段性项目学习目标

（1）通过孵化蛙卵和观察蝌蚪的生长发育，能够说出青蛙的生命周期各个阶段的特征；

（2）描述两栖类动物的特征，并和鱼类、爬行类动物和哺乳类动物做对比；

（3）描述青蛙的栖息环境，以及它是如何维持青蛙生命的；

（4）通过实地调查、亲身体验的方式，能够提出问题、解决问题，进而具备科学调查研究的能力；

（5）在资料收集、数据获取、集体写作的过程中提高信息素养与合作意识。

（2）**重新审视项目学习目标。**

在案例3-6中，对于学习目标1、2、3，可以在成果汇报阶段通过提问的方式，要求学生阐述这一过程，以此来判断是否达成；对于学习目标4，可以通过观察、与学生交流、查阅和审核学生上传的资料等方法来判断是否达成；对于学习目标5，可以通过合作技能清单、项目学习评价量规等工具来判断是否达成。

2. 注意事项

目标是教学的灵魂，在教学中起着导向作用，是教学的出发点和归宿，切忌模糊、啰唆描述和割裂"三维"的教学目标。从众多教师的教学设计方案中我们可以发现，目标描述模糊、可观察可测量性较弱，是目标制定环节最大的问题，究其原因主要是行为动词模糊。为了使模糊的目标清晰化，我们可通过四个步骤来改善，即：①尽可能多地写出学生可以做出的行为、教师可以观察到的行为；②将写出的行为排序，从中选出能表达目的的行为；③将这些行为归结为一句话，说明学生能够做些什么；④检查语法等的正确性。

常见的行为动词见表3-1。

表3-1 行为动词选择表[①]

分类	目标层次	可供选择的行为动词
认知类	记忆	知道、识记、识别、记忆、记住、指出、列出、说出、写出、画出、标明、列举、选择、配合、定义、指明、举例说出、排列、体会、感知、指认、认识、了解、看懂、辨别、辨认、背诵、熟悉、简述、复述、回忆、确定、找到
	理解	理解、用自己的话说出、描述、区别、估计、解释、比较、引申、说明、举例、举例说明、叙述、归纳、预测、重新写出、分类、转换、检索、调查、收集、获取、讨论、懂得、对比、表达、表述、表示、刻画、概述、评述、选出、处理、阐明、描绘、查找、判断、预期、鉴别、选择、掌握
	简单应用	求证、计算、示范、应用、运用、利用、操纵、操作、准备、产生、加工、制作、列举、解答、证明、改变、表现、发现、修饰、阐述、解释、说明、修改、探讨、探究、探索、确定、测试、提出、得出、制定、进行、担任、组织、推测、想象、推导、导出、撰写、解决、检验、估计、抽象、提取、判定、判断、设计、模拟

---

① 李龙. 教学设计 [M]. 北京：高等教育出版社，2010：149.

续表

分类	目标层次	可供选择的行为动词
认知类	综合应用	分析、区别、区分、指明、猜测、选择、分开、分类、比较、对照、检查、指出、评析、图示、选用、选择、选编、验证、组合、组成、联合、归纳、重建、总结、重写、重组、重新安排、计划、修饰、编写、创造、设计、提出、综合、制定、拟定、研究、策划、概括
	创见	评价、比较、结论、对比、总结、证明、评定、判断、说明……价值、解释、编写
动作技能类	模仿	尝试、学习、练习、模仿、分解、解剖、使用、移动
	理解	初步学会、初步掌握、学唱、运行、演示、调试、在教师的指导下……
	协调	独立操作、学会、比较熟练、掌握、表达、表现、表演、展示、展览、展演、获取、加工、管理、表达、发布、交流、运用、使用、制作、操作、搭建、安装、开发、实现、完成、达到、改善、增进、发展、提高、增强、进行、测定、测量、完成、绘制
	熟练	熟练掌握、熟练操作、熟练使用、灵活运用、熟练演奏、有效使用、合乎规范地使用、适应、发现、寻求、探求、探究、迁移、联系
	创新	改变、新编、创造、创作、提升、拓展、扩展
情感类	接受	阅读、查阅、听讲、看出、注意、选择、接受、同意赞同、感悟、感受、感知、领悟、经历、体会、体味、体验、亲历、观察、参观、关心、关注、劝说、参加、参与、尝试、收集、调查
	思考	陈述、回答、完成、选择、列举、听从、服从、称赞、把握、领会、观赏、欣赏、赏析、自审、自评、审视、检查、思考、明确、选择、带动、迁移、交流、讨论、探讨、合作、思考、调查
	兴趣	接受、承认、完成、决定、支持、愿意、解释、评价、影响、对话、合作、关注、注意、借鉴、欣赏、培养、做出、分担、处理、帮助、服务、促进、表现、反应、认同、体会、遵守、探索、探究
	热爱	愿意、热爱、想、计划、决定、参加、欢呼、欢庆、献身、形成、养成、构建、提升、保持、获得、克服、遵守、抑制、避免、调控、控制、拒绝、选择、辩护、赞赏、重视、珍惜、发展、增强、乐于、敢于、勇于、善于
	品格形成	相信、坚持、判断、拒绝、贯彻、执行、抵制、反对、赞成、认为、成为、修正、献身、评价、评判、评估、做到、形成、养成、具有、对待、履行、坚持、尊重、确立、树立、建立、领悟、内化

3. 项目学习目标设计中容易出现的问题

在项目学习目标设计中，描述缺乏可观察可测量性、行为主体错位、内容过大过空、缺乏针对性等，都是常出现的问题。下面我们将结合案例来思考如何解决这些问题。

如"解析洋快餐的诱惑"项目学习目标如下：

（1）掌握人体需要的主要营养物质是什么；

（2）知道主要营养物质的作用和营养物质的食物来源；

（3）教会学生什么是合理营养，并且指导学生设计出科学的饮食方案；

（4）运用所学合理营养的知识给出食用洋快餐的建议，进一步指导自己或同伴合理饮食；

（5）提升学生的高级思维能力、沟通交流能力；

（6）培养学生收集、整理资料的能力，以及团队协作的意识；

（7）学会运用学科知识解决生活中遇到的实际问题，逐步养成科学的生活态度与习惯。

以上学习目标从知识、能力、情感和 21 世纪技能等方面进行了编写，值得肯定，但仍存在以下三方面的问题。

（1）**目标描述缺乏可观察可测量性**。

目标描述缺乏可观察可测量性的主要原因是目标行为动词模糊。在该案例中，目标 1 和目标 2 中"掌握"、"知道"等行为动词比较含糊，不具体，无法直观地被测量或者观察，可以改为"能够列举"、"能够用自己的话说出"、"能够阐述……"等。

（2）**行为主体错位**。

学习目标表述的是学生的学习结果，而不应陈述教师将做什么。目标 3 就犯了行为主体错位的错误。再如"提升学生的……"、"培养学生……"等表述都是不恰当的。

（3）**目标过大过空，缺乏针对性。**

有些学习目标缺乏主题针对性，如目标 5、目标 6 笼统地提出"提升学生的高级思维能力、沟通交流能力"、"培养学生收集、整理资料的能力，以及团队协作的意识"等，而没有和项目主题、项目学习过程联系起来。

通过上述分析，可以将之修改为下列描述：

（1）能够列举出人体需要的主要营养物质是什么；

（2）能够阐述主要营养物质的作用和营养物质的食物来源；

（3）能够举例说明什么是合理营养，并且能够设计出科学的饮食方案；

（4）运用所学合理营养的知识给出食用洋快餐的建议，进一步指导自己或同伴合理饮食；

（5）通过对所收集的合理饮食资料进行整理、分析、提炼从而得出结论等过程，具备一定的解决问题能力；

（6）通过图书、网络查询与饮食相关的资料的过程，具备收集、整理加工信息的能力；

（7）学会运用学科知识解决生活中遇到的实际问题，逐步养成科学的生活态度与习惯。

三、框架问题的设计

探究学习的关键设计策略是围绕知识诞生的原始情境中发生的问题来设计教学，而不是教给学生课本中现有的"专家"答案。换句话说，就是必须把知识得以产生的"问题"还给学生，让他们在不断解决问题的螺旋过程中获得知识和能力的提升。而框架问题正是这样一组能帮助学生将探究集中在重要主题上的问题。

1. 框架问题简介

框架问题是指用于框定单元学习范围，并引导学生深入学习与探索的一组问题。通过框架问题的提出，学习将被置于复杂的、有意义的问题情境中；

学生将被赋予积极的问题解决者的角色，在问题求解（完成任务）的过程中学习单元内容并培养高级思维技能。框架问题包括三个方面，按照层次从低到高依次是：内容问题、单元问题、基本问题。

（1）**内容问题**。

学生的能力培养是在必要的事实性知识和基本技能的不断积累下达成的，而指向事实性知识和基本技能的问题就是内容问题。这类问题一般都有明确的答案，具有确定性。下页表3-2的第一列是一些典型的内容问题。

（2）**单元问题**。

虽然内容问题在学生的学习与探究过程中是必不可少的，但如果探究仅仅停留在回答内容问题的水平上，那么学生所做的不过是寻找已有答案，他们的高级思维技能就得不到发展。因此，在项目学习中，要提出一些开放的、没有现成答案的问题。这类问题因与单元主题相关，故称为单元问题。对单元问题的回答应建立在理解内容问题的基础之上，且它们为解决基本问题提供了通道。表3-2的第二列列举了与上述内容问题相对应的单元问题。

（3）**基本问题**。

基本问题是宽泛的、开放式的问题，具有以下特点。

- 具有挑战性，有意义，有价值，值得不断探究；
- 能激发好奇心；
- 需要高层次思维技能；
- 学科交叉并帮助学生更好地了解学科之间的关联。

基本问题没有明显"正确"的答案，学生可以尽可能地把自身的经历和想法与学科联系起来，探索问题的各种可能性。表3-2的第三列列举了上述内容问题和单元问题所对应的基本问题。

表 3-2　内容问题、单元问题、基本问题示例

内容问题	单元问题	基本问题
2014 年人教版高中地理教材必修 3 第二章第二节《森林的开发和保护——以亚马逊热带雨林》		
雨林的概念是什么？ 雨林分布在哪里？ 雨林中有哪些生物？	雨林值得保护吗？ 人类和动物在雨林中如何生活？ 他们怎样共存？	我们和自然如何相处？
2014 年人教版生物教材七年级下册第二章第一节《食物中的营养物质》		
健康的概念是什么？ 食物金字塔里有哪些种类？ 七大营养素的作用是什么？ 每天我们必须要摄入哪些食物？	怎样从营养学角度来尝试解决人体亚健康的问题？ 怎样为亚健康人群设计出不同年龄阶段的"健康菜谱"？ 怎样的饮食习惯才有利于健康？为什么？	怎样保持健康？
2014 年人教版地理教材七年级下册第九章第一节《美国》		
移民是什么意思？ 他们为什么离开家乡？ 为什么美国被称为一个大熔炉？	哪里最适宜生存？ 为什么移民要放弃一切，去一个陌生的国度？	人类为什么总是在流动？
湘教版语文教材四年级上册《灰姑娘》		
童话故事的要素是什么？ 作者的观点对童话故事影响有哪些？ 各国的灰姑娘故事有什么共同点？	为什么世界各国都喜欢灰姑娘这个故事？ 如果由不同的人讲灰姑娘的童话，会有什么不同的结果？	故事的结局总是美好的吗？

2. 设计框架问题

框架问题的设计方法有"自上而下"和"自下而上"两种。"自上而下"（基本问题—单元问题—内容问题）的方法是从基本问题引领，通过单元问题创设情境，完成对内容问题的学习。自下而上（内容问题—单元问题—基本问题）的方法则是从内容问题出发，通过解决单元问题，完成对基本问题的解决。无论采取哪种设计方法，都有以下设计要点。

（1）根据单元学习目标，设计内容问题。

内容问题是指向事实性知识和基本技能的问题，在设计和修正时，有以下一些切入点。

- 项目结束后，希望学生能够回答哪些比较基础的问题？
- 学习目标中要求学生掌握哪些事实性知识？
- 内容问题宽泛吗，有正确答案吗？
- 这些内容问题有助于回答单元问题吗？

（2）**根据项目主题，设计单元问题。**

根据项目主题设计、修正单元问题时有以下一些切入点。

- 单元问题是项目主题的具体细化吗？
- 单元问题是开放性问题吗？
- 它有助于回答基本问题吗？

（3）**根据项目意义，设计基本问题。**

对于基本问题的设计，可从以下两个方面进行：

- 学生为什么要开展这个项目？
- 学习它的价值是什么？

3. 框架问题案例

下面将以"池塘与青蛙"项目的框架问题为例，采取"自下而上"的方式阐述框架问题的设计过程。

（1）**根据单元学习目标，设计内容问题。**

根据《两栖动物的生殖和发育》的学习目标（详见第113页），可知进行项目学习后，学生要知道两栖动物的生存环境特征和生命周期过程，在此基础上还要理解科学探究的意义，具备一定的信息素养和合作学习意识。因此，可以设计以下内容问题。

- 什么是青蛙的生命周期？它在各个阶段的形态有什么特征？
- 什么是 pH 值，它可以告诉我们关于池塘水的哪些情况？
- 一个健康的青蛙栖息地需要什么？

（2）**根据项目主题，设计单元问题。**

针对"池塘与青蛙"项目的选题背景和项目简介（详见第 109—110 页），同时根据单元问题的特点，可以设计以下单元问题。

- 青蛙是怎样适应它的生存地的？
- 青蛙在教室里的家与野外的家相比如何？

（3）**根据项目意义，设计基本问题。**

"池塘与青蛙"项目涉及生物、语文、信息技术等多个学科的知识，通过此项目，学生能够学到生物方面的知识与能力，还将培养信息素养、合作学习、写作表达等能力。

为此，根据上述设计过程，此项目的框架问题可以为：

- 基本问题：

如何为动物搭建一个家？

- 单元问题：

①青蛙是怎样适应它的生存地的？

②青蛙在教室里的家与野外的家相比如何？

- 内容问题：

①什么是青蛙的生命周期？它在各个阶段的形态有什么特征？

②什么是 pH 值，它可以告诉我们关于池塘水的哪些情况？

③一个健康的青蛙栖息地需要什么？

（4）**分析、修改框架问题。**

分析、修改已经制定好的框架问题是"设计框架问题"的重要过程。它重在重新审视框架问题中各类问题的层级性，以及各类问题是否符合本身的设计特点。在"池塘与青蛙"项目中，三条内容问题均有助于回答单元问题，单元问题也为基本问题的解决提供了思路，因此各类问题的层级性较好。根据各类问题具有的特点，本框架问题设计较为合理，无须修改。

4. 框架问题设计中容易出现的问题

在项目学习中，框架问题框定了单元学习的范围，学习被置于有意义的问题情境中，学生被赋予积极的问题解决者的角色。

在框架问题的设计中，容易出现以下问题：框架问题与项目主题和项目学习目标联系不紧密，基本问题、单元问题和内容问题之间没有体现出层级性，各类问题不符合其本身应该具有的特点。下面我们将结合案例来思考如何解决这些问题。

某位教师在教授人教版生物教材七年级上册第一章第一节《科学探究》时设计了以"生命的诞生与发展"为主题的项目学习，其框架问题是：

- 内容问题：
（1）史前的地球是什么样子的？
（2）最原始的生命是怎么诞生的？
- 单元问题：
生物进化的过程是怎样的？
- 基本问题：
人类是如何出现的？

此框架问题主要存在以下三方面问题。

（1）**内容问题与项目学习目标联系不紧密**。

内容问题是封闭性问题，应该关注项目结束后学生能够回答哪些比较基础的问题。学习目标要求学生能够列举出史前生物的种类，描述生命发生、发展的过程，而上述内容问题的设计几乎忽略了这些知识性目标，仅仅抓住了学生对史前地球特征和原始生命诞生过程的好奇心。

内容问题可以做如下修改：

①地球生物最早大约出现在什么时候？
②地球上曾经生活着哪些生物？它们是怎样诞生、发展的？
③人类大约是什么时候出现的？

（2）**基本问题、单元问题和内容问题之间缺少层级性。**

框架问题的三类问题之间应该是有层级性的，即单元问题的回答应该建立在内容问题的基础上，且它们为解决基本问题提供了通道。

该框架问题中，基本问题、单元问题及内容问题之间没有明显的层级关系，且单元问题和内容问题实际上属于同一层级的问题。针对以上修改后的内容问题，单元问题可以是：

①史前生物的灭绝告诉我们什么？

②生物的发展有什么规律？这样的规律给我们什么启示？

（3）**基本问题不符合其自身应该具有的特点。**

框架问题必须符合其本身应该具有的特点，内容问题和单元问题已经做出了修改，这里不再赘述。

本例中的基本问题"人类是如何出现的？"虽然具有开放性，也能激发学生的好奇心，但是不符合以下特点：

①具有挑战性，有意义、有价值，值得不断探究；

②需要高层次思维技能；

③学科交叉，并能帮助学生更好地了解学科之间的关联。

根据项目意义，基本问题可以修改为：

未来人类会怎样进化？

因此，该框架问题可以设计为：

● 内容问题：

①地球生物最早大约出现在什么时候？

②地球上曾经生活着哪些生物？它们是怎样诞生、发展的？

③人类大约什么时候出现的？

● 单元问题：

①史前生物的灭绝告诉我们什么？

②生物的发展有什么规律？这样的规律给我们什么启示？

● 基本问题：

未来人类会怎样进化？

四、项目评价设计

评价具有诊断、导向、监控和激励等作用，贯穿整个项目学习过程。按照评价的时间和作用，可分为项目前的诊断性评价、项目中的形成性评价和项目后的总结性评价。依据时间顺序，我们把项目前、中、后的评价计划串联起来称为"评价时间线"。

1. 评价时间线

评价时间线是指项目学习各阶段的评价计划，其目的是评价小组和个人的学习过程和结果，为项目学习的有效开展提供反馈信息，以利于进一步的监控和调整，从而实现最终的学习目标。在确定评价目标后，需要设计相应的评价工具。常见的项目评价工具如图3-1所示，具体的评价方法和目标如表3-3所示。

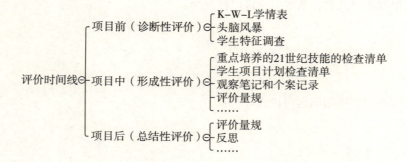

图3-1　项目评价时间线

表 3-3 常见评价工具与方法

评价工具	评价方法与目标
K-W-L学情表	教师用此方法了解学生已经知道的知识（K）、想知道的知识（W），以此来判断教学准备是否就绪，教学策略是否需要调整。项目结束后，教师通过了解学生学习到的知识（L）等内容来对项目进行综合评价
头脑风暴	学生用来激活旧知，教师用来衡量项目教学准备是否就绪
学生特征调查	重在了解：①学生的特长及爱好；②学生对合作成员的期待；③学生的合作技能
观察笔记和个案记录	在项目学习的全过程中，教师通过直接观察或间接观察（通过提问来了解学生或小组的项目学习情况）来记录学生学习情况，确保学习内容的正确性，提供支架并及时调整教学策略
学生项目计划检查清单	教师或学生用来监控小组任务的完成情况，并根据实况进行相应的调整
重点培养的21世纪技能检查清单	如合作检查清单。在项目前与学生一起温习检查清单，提示学生在小组工作过程中要利用此检查清单监测自己的合作能力
项目行动日志	记录小组成员每天的任务完成情况及第二天的总任务和序列任务，以此来防止个别学生不参与任务的完成而享受其他成员成果的"搭便车"现象
评价量规	评价量规主要用于师评，不过学生在知晓项目的评价量规后，可对自身行为进行监控、激励
反思	反思所学知识、项目中出现的问题及解决策略，确定新的目标

针对不同的项目，在制订评价计划时，要结合项目学习目标设计合适的评价工具，如对"池塘与青蛙"项目制订的评价计划可如下（如图 3-2 所示）。

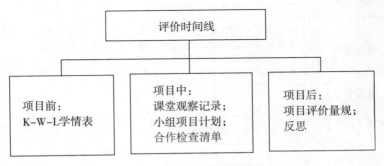

图 3-2 "池塘与青蛙"项目评价计划

在该案例中，项目开始前，教师组织学生通过实地调查、亲身体验、资料查找的方法了解青蛙的生命周期和生长环境。在项目进行中，教师通过课

125

堂观察记录来分析小组和个人的知识技能掌握情况，以便给予合适的、及时的指导；通过小组项目计划督促每个组员都能专注于项目任务；学生在用合作检查清单来监控自己的过程中，培养自身的合作能力。在项目结束后，主要是教师利用评价量规对项目学习结果进行总评。

2. 评价工具的设计

在设计评价工具时，首先要解决"评价什么"的问题，即明确所需评价的内容（维度）。其次要确定"评价主体"，即"谁来评价"。形成性评价应当注意评价主体的多元性。教师、学生以及身居课堂之外的家长都可以是评价的主体。再次，要考虑"怎样进行评价"，即评价的方法，如测试、测量、观察、档案袋、逸事记录等。最后，要依据项目学习目标对学生的外显行为（评价维度的内容）进行描述。下面以评价量规的设计为例来学习评价工具的设计。

（1）*评价量规设计步骤*。

不同的教学目标或探究任务需要不同的评价量规。教学中存在种种不同的量规，其设计与开发具有以下基本步骤可循（见表3-4）。

表3-4　评价量规设计步骤及内容

步　骤	内　　容
1. 明确内容	明确所需评价的内容，分析评价的主体、客体和方法
2. 分析目标	分析所需评价内容的学习目标，了解所需评价学习绩效的特点
3. 确定元素	确定评价元素，根据学习目标、学生认知水平以及实际的学习环节列出影响绩效的所有重要元素，必要时设置不同的权重
4. 确定等级	确定每个评价元素的等级。在文献分析、问卷调查、访谈的基础上制定相应的等级，等级需要涵盖预期绩效的全部范畴，每个等级应代表明显不同的层次，不能重叠或模棱两可，描述的语言应当清晰具体和有操作性，避免含混抽象
5. 量规草案	拟定初步的量规，要求学生尽可能消除量规中可能产生的歧义
6. 试用评价	让学生试用评价量规，并结合自己的体会充分讨论量规的效用，同时在更大范围内（同事、专家等）征询修改量规的意见和建议
7. 制定量规	根据各方（学生、同事、专家等）反馈意见和具体情况调整、修订，形成正式量规

（2）*量规设计案例*。

如"池塘与青蛙"项目设计了如下量规（见表3-5）。

表 3-5 "池塘与青蛙"项目评价量规

评价项目	评价内容	5	4	3	2	1
团队合作	1. 小组内部分工与责任明确，任务分配合理					
	2. 每个成员都能够明确自身的角色和任务安排					
	3. 讨论中，都能积极倾听他人想法，不随意插嘴打断					
	4. 成员能积极发言，表达自己的观点					
	5. 当讨论偏离主题时，能有小组成员提醒大家回到主题中来					
	6. 当组员之间意见相左时，能深入交流，有成员做出必要的妥协和让步					
	7. 面对组内冲突时，能有组员因势利导，调节好矛盾					
	8. 认真参与探究，积极思考，善于发现问题，勇于解决问题					
	9. 小组成员能互相包容彼此错误，有良好的合作意识					
资料收集与整理	1. 资料收集围绕探究学习主题，能充分支持小组观点					
	2. 资料种类丰富，包括文本、图片、音频、视频等					
	3. 资料收集真实，来源多样，且具有较高的可靠性					
成果展示	1. 完成的青蛙栖息地特征列表内容全面，条理清晰					
	2. 池塘水质的测量方法正确，数据可靠					
	3. 制作的青蛙栖息地的演示文稿内容全面、清晰、美观					
	4. 能够结合 PPT 用自己的语言对小组成果进行介绍					
	5. PPT 视觉效果简洁、美观，有统一的版面设计					
	6. PPT 素材类型多样，包括文本、图片、音频、视频					
	7. 在成果展示中，表达清晰准确，观众（其他同学）反应良好					
资料共享	1. 能够及时上传资料					
	2. 上传资料完整，有条理					

①明确评价内容。

"池塘与青蛙"项目重点让七年级学生通过实地调查、亲身体验的方式，了解青蛙的生命周期和生长环境，同时培养其信息素养和合作学习意识，评价方式包括教师评价和学生自评，评价主体是教师和学生。在该案例中，小组学生的主要活动是：制订小组项目计划—查找资料、制作青蛙栖息地特征列表—实地考察、完成池塘及栖息地环境调查报告—饲养青蛙、制作青蛙栖息地特征的演示文稿和生命周期图—创建新闻稿—回顾基本问题，反思。

为此，根据项目过程，需要分别从团队合作、资料收集与整理、成果展示和资料共享四方面对学生进行评价，设计量规。

②分析项目学习目标。

分析"池塘与青蛙"项目学习目标（详见第113页），我们可以看出：

A. 对于目标1、2、3，量规需要关注在成果展示阶段，学生能否说出青蛙的成长过程，以及它的栖息地环境特征。

B. 对于目标4，量规要重点关注学生在实地调查池塘过程和亲身体验、观察青蛙成长过程中，是否能采用科学合理的方法测量数据，是否能提出问题并主动寻找解决问题的方法。

C. 对于目标5，量规要重点关注学生在资料查找和成果制作过程中，在沟通交流、调控进度等方面的行为。

③确定评价元素。

本项目评价的一级指标有：团队合作、资料收集与整理、成果展示、资料共享四个方面。其中——

团队合作包括：组内分工是否明确沟通交流（倾听、表达），调控（干预、冲突解决），合作态度倾向（共享、包容等）；

资料的收集与整理包括：资料的来源是否多样化，资料的形式是否多种，资料是否真实可靠等；

成果展示包括：完成的调查报告是否符合实际，完成的演示文稿是否紧扣主题、布局是否合理等，制作的生命周期图是否正确、美观，创建的新闻稿是否格式正确、语言表达无误、图文并茂；

资料共享包括：上传的资料是否及时、完整有条理。

④确定等级。

评价量规需要确定明确的、有区分度的等级。此案例按照任务可能的完成情况从高到低确定了 5、4、3、2、1 五个等级，具体操作时可根据项目实际情况选择最符合实际的一项，对小组做出评价。

⑤拟定量规草案，试用评价，确定量规。

教师初步设计出量规草案后，可与其他教师或学生一起讨论交流，并通过试用发现其中的不足，从而进行修改完善，最终形成可行的评价量规。

3. 制订评价计划中容易出现的问题

利用时间线制订评价计划可以保证项目始终聚焦于预期的学习目标，且在项目实施中可用于回顾和管理学习过程，在项目结束后可让学生参与反思。设计评价计划时须结合项目主题和项目学习目标设计整个项目过程的评价工具，但这并不意味着评价工具越多越好，尤其是在学生还不适应项目学习时。在制订评价计划和设计评价工具时，最容易出现两方面的问题：一是评价工具难以反映项目目标的达成；二是评价工具中评价维度的选择不够合理，外显特征不具可观测性等。下面将结合案例进行阐述。

（1）评价计划中的问题。

某老师在教授 2014 年人教版生物教材八年级下册第十章第三节《营养与健康》时，选择了"解析洋快餐的诱惑"为项目学习主题，根据项目学习目标制订了如下评价计划。

 案例 3-7

项目学习目标：

①能够说出人体需要的主要营养物质有哪些；

②能够描述出主要营养物质的作用和营养物质的食物来源；

③能够举例说明什么是合理营养，并且能够设计出科学的饮食方案；

④运用所学合理营养的知识给出食用洋快餐的建议，指导自己或同伴合理饮食；

⑤通过对所收集的合理饮食资料进行整理、分析、提炼从而得出结论等过程，具备一定的问题解决能力；

⑥通过图书、网络查询与饮食相关的资料的过程，具备收集、整理加工信息能力。

设计思路如下（如图3-3所示）。

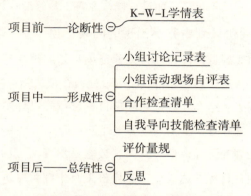

图3-3　"解析洋快餐的诱惑"项目评价计划（原）

①K-W-L学情表：教师用此方法了解学生已经知道的（K）、想知道的知识（W），以此来判断教学准备是否就绪，是否需要调整教学策略。项目结束后，教师通过了解学生学习到的知识（L）等内容来对项目进行综合评价；

②小组讨论记录表、现场自评表：学生用来记录、评价小组的任务完成情况；

③合作检查清单和自我导向技能检查清单：学生监测自己的合作能力和自我导向能力；

④评价量规：终结性评价，监测学生行为；

⑤反思：回顾项目过程，确定新的目标。

此评价计划案例中存在以下问题。

①评价计划与项目学习目标不对应。

从项目学习目标看，本项目并未重点关注学生的自我导向技能，且项目持续时间较短，因此可以不考虑项目中的"自我导向技能检查清单"。

②评价计划中的评价工具缺失。

此项目是基于单元的，在项目开始前，教师仅通过组织"K-W-L学情表"来评估学生是否已经具备开展此项目的先行知识和技能是不妥当的。

在项目学习开始阶段，教师或学生需要制订项目学习计划来提前规划好每一阶段的任务、分工、注意事项等；在项目学习进展期间，教师需要通过核对小组项目计划的完成情况，对学生实施过程性评价。而本案例缺少小组项目计划检查清单这一评价工具。

另外，教学评价应该注重多元性，教师应多利用"问题支架"了解个体学生的学习情况，因此项目中可增加"问题支架列表"来记录深入观察、记录学生的学习情况。

因此，上述案例的评价计划可以修改为：

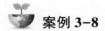 案例 3-8

设计思路如下（如图3-4所示）。

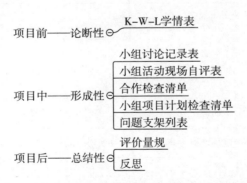

图3-4 "解析洋快餐的诱惑"项目评价计划（修改后）

①K-W-L：教师用此方法了解学生已经知道的知识（K）、想知道的知识（W），以此来判断教学准备是否就绪，是否需要调整教学策略。项目结束后，教师通过了解学生学习到的知识（L）等内容来对项目进行综合评价。

②小组讨论记录表、现场自评表：学生用来记录、评价小组的任务完成情况。

③小组项目计划：监控小组的任务完成情况，并根据实况进行相应的调整。

④合作检查清单：学生监测自己的合作能力和自我导向能力。

⑤问题支架列表：在"资料查找"和"交流分享"阶段，教师可通过直接观察或间接观察来记录个体或小组的情况，以便及时调整教学策略。

⑥评价量规：终结性评价，监测学生行为。

⑦反思：回顾项目过程，确定新的目标。

（2）**评价工具中的问题**。

上述案例中的教师为此项目设计了如下评价量规（见表3-6），其中二级指标"内容"是针对外显行为的描述。

表3-6 "解析洋快餐的诱惑" 评价量规（修改前）

评价项目	内　　容	5	4	3	2	1
任务分工	1. 任务分工清晰明确					
	2. 每个成员都能清楚自己的任务					
团队合作	1. 小组分工明确，任务分配合理，制定小组分工图					
	2. 在合作过程能够根据分工图有效规划时间					
	3. 每个成员都明确小组任务和个人任务，完成个人任务					
	4. 每个成员都能积极主动参与讨论，表达分享个人观点					
	5. 每个成员能互相尊重对方观点，并对他人观点进行补充					
	6. 能够理性处理组内冲突，达成共识					

续表

评价项目	内　　容	5	4	3	2	1
成果展示	1. 小组的午餐食谱设计理念正确且论据充分					
	2. 能够体会合理膳食的含义					
	3. 对本组探究主题的相关介绍详细、条理清晰					
	4. 能够结合PPT用自己的语言对小组成果进行介绍					
	5.PPT视觉效果简洁、美观，有统一的版面设计					
	6.PPT素材类型多样，包括文本、图片、音频、视频					
资料上传	1. 能够及时上传资料					
	2. 上传资料完整、有条理					

从此评价量规看，该案例主要从任务分工、团队合作、成果展示和资料上传四个方面进行总结性评价，涉及了项目过程和项目成果，因此相对比较完善。但量规的一级指标（评价项目）和二级指标（内容）仍存在一些问题，具体如下。

①评价维度划分不合理。

项目学习充分发挥了学生的自主性，在划分评价维度时应尽可能全面地考虑学生的所有学习活动。在该案例中，小组学生的主要活动是：制订小组项目计划—进行问卷调查、访谈—收集洋快餐营养成分资料—制作宣传手册—收集合理膳食资料设计食谱—展示成果—开展反思。

在此过程中，每一项任务都是团队任务，是小组内部分工、组内交流协作完成的。因此教师既要关注小组内部个体的学习过程，也要关注整个小组合作共享，集体完成任务的过程。本案例中的评价量规将"任务分工"与"团队合作"作为两个维度来评价小组内部分工与协作交流的情况，这样划分是不合理的，因为"团队合作"包含了小组内部任务分工是否清晰明确、组内成员是否积极完成任务等内容。因此，可以将"任务分工"这一评价维度包含到"团队协作"中。

在小组活动过程中，有两个阶段需要组内收集资料。如"收集洋快餐营养成分资料"、"收集合理膳食资料设计食谱"，而此评价量规中缺少对这两项活动的评价内容，因此可以添加"资料收集与整理"这一维度，来评价小组资料收集与整理是否全面、恰当等。

基于以上分析，可以将"解析洋快餐的诱惑"项目的评价量规划分为团队合作、资料的收集与整理、成果展示、资料共享四个维度。

②外显行为不具有可观测性，不完整。

此案例中的"团队合作"维度下的前三条均指向"小组任务分工和组员任务是否明确"，第四条比较明确，但后两条不具有可观测性。合作能力涉及三个方面，分别是沟通交流、调控和合作态度。其中沟通交流包括倾听和表达，调控包括干预和冲突解决，合作态度包括共享和包容等。

"成果展示"维度中第二项内容"能够体会合理膳食的含义"的内容是不具有可观测性的，教师不能够在成果展示阶段观察到学生是否能够体会或理解了什么是合理膳食。因此，它可以修改为："能够运用合理膳食的理念，设计出丰富、健康、营养的午餐食谱。"

根据以上分析，修改后的评价量规如表 3-7 所示。

表 3-7 "解析洋快餐的诱惑"评价量规（修改后）

评价项目	评价内容	5	4	3	2	1
团队合作	1. 小组内部分工与责任明确，任务分配合理					
	2. 每个成员都能够明确自身的角色和任务安排					
	3. 讨论中，都能积极倾听他人想法，不随意插嘴打断					
	4. 成员能积极发言，表达自己的观点					
	5. 当讨论偏离主题时，能有小组成员提醒大家回到主题中来					
	6. 当组员之间意见相左时，能深入交流，有成员做出必要的妥协和让步					
	7. 面对组内冲突时，能有组员因势利导，调节好矛盾					
	8. 认真参与探究，积极思考，善于发现问题，勇于解决问题					
	9. 小组成员能互相包容彼此的错误，有良好的合作意识					
资料收集与整理	1. 资料收集围绕探究学习主题，能充分支持小组观点					
	2. 资料种类丰富，包括文本、图片、音频、视频等					
	3. 资料收集真实，来源多样，且具有较高的可靠性					

续表

评价项目	评价内容	5	4	3	2	1
成果展示	1. 小组的午餐食谱设计理念正确且论据充分					
	2. 设计的午餐食谱丰富、健康、营养，渗透了合理健康饮食的理念					
	3. 对本组探究主题的相关介绍详细、条理清晰					
	4. 能够结合 PPT 用自己的语言对小组成果进行介绍					
	5. PPT 视觉效果简洁、美观，有统一的版面设计					
	6. PPT 素材类型多样，包括文本、图片、音频、视频					
资料共享	1. 能够及时上传资料					
	2. 上传资料完整，有条理					

五、项目学习过程设计

在基于项目的学习中，学生可以自主选择探究内容、设计探究过程、创造性地进行成果展示，但并不排斥外部引导和支持，教师须对项目学习过程进行必要的设计。

具体而言，技术支持的项目学习过程设计包括两大步骤：①初步制定项目时间线：用时间线标出项目前、中、后各阶段重点的教师活动和学生活动；②进一步细化项目时间线：围绕着学生活动和教师活动，从评价、支架的设计、技术工具的设计（选择）等方面，对项目时间线进行细化（如图 3-5 所示），用项目时间线管理项目学习将会使学习活动开展得更加有序。

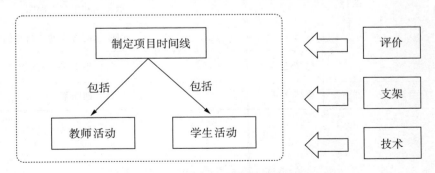

图 3-5 技术支持的项目学习过程设计思路

1. 初步制定项目时间线

在项目学习开始前要用项目时间线标出重点的教师活动和学生活动，目的是对整个项目过程进行宏观规划。教师活动常包括项目前的准备活动、项目后的收尾工作以及项目过程中的任务布置和对学生的引导；学生活动主要是完成任务和对学习过程的监控。可见，任务是引导学生进行探究活动的导线。

常见的项目时间线类型有：电子表格式、思维导图式和日历式。下面以"池塘与青蛙"项目为例，展示三种时间线（分别见表3-8、图3-6和表3-9）。

表3-8 "池塘与青蛙"项目电子表格式项目时间线

阶段	课时	教师活动	学生活动
项目前	课下	写一封信，准备金鱼缸，收集青蛙的卵以及相关图书、电子材料	
项目中	第1课时	引入项目、布置总任务	
		提供学生项目计划模板	填写小组项目计划
		介绍项目期望和评价	理解项目评价标准
	第2—8课时	根据学生项目开展情况，提供支架；监控小组和个体的研究过程，进行过程性评价	制作青蛙栖息地特征列表
			完成池塘及栖息地环境调查报告
			制作青蛙栖息地特征的演示文稿和生命周期图
			以图示的方式创建新闻稿
		总结性评价	项目成果汇报、展示
项目后	课下	总结反思	反思、回顾基本问题

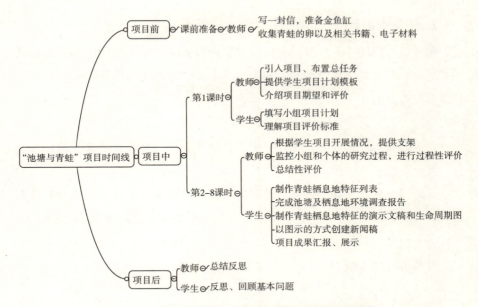

图3-6 "池塘与青蛙"项目之思维导图式项目时间线

表3-9 "池塘与青蛙"项目之日历式项目时间线

星期一	星期二	星期三	星期四	星期五
	1	2	3	4
7	8	9	10	11
项目前 课前准备：写一封信，准备金鱼缸，收集青蛙的卵以及相关图书、电子材料	项目中 教师：引入项目，布置总任务；提供学生项目计划模板；介绍项目期望和评价； 学生：填写小组项目计划，理解项目评价标准	教师：根据学生项目开展情况，提供支架；监控小组和个体的研究过程，进行过程性评价； 学生：制作青蛙栖息地特征列表，完成池塘及栖息地环境调查报告，制作青蛙栖息地特征的演示文稿和生命周期图，以图示的方式创建新闻稿		
14	15	16	17	18
教师：根据学生项目开展情况，提供支架；监控小组和个体的研究过程，进行过程性评价； 学生：制作青蛙栖息地特征列表，完成池塘及栖息地环境调查报告，制作青蛙栖息地特征的演示文稿和生命周期图，以图示的方式创建新闻稿			教师：总结性评价； 学生：项目成果汇报、展示	项目后 教师：总结反思 学生：反思、回顾基本问题

2. 任务的设计

项目学习的任务不是活动的目标，而是为解决"单元问题"所需完成的探究内容。在对基于项目的学习进行任务设计时，需从以下两个方面着手，并遵循四点原则。

（1）设计总任务。这是一个完整的任务，主要是让学生对探究内容有一个整体的把握。

（2）设计任务（问题）序列。为完成总任务，需将其分解为若干个具有连贯性的、明确的子任务，并且这些任务需要学生协作才能完成。

需遵循的原则：

（1）任务要以单元内容为依托，与项目学习目标紧密联系；

（2）任务在具体的项目学习环境下要具有操作性，难度要适中；

（3）任务描述要清晰，成果及其提交形式须明确；

（4）子任务设计要有层次性、连贯性。

下面是某教师根据"池塘与青蛙"项目框架问题中的单元问题预设的总任务和子任务。

 案例 3-9

● 单元问题：

（1）青蛙是怎样适应它的生存地的？

（2）青蛙在教室里的家与野外的家相比如何？

● 总任务：小组合作，以图示的方式创建有关青蛙的新闻稿，新闻稿要能够描述青蛙在天然环境与人造环境下和栖息地的特征，同时要描述青蛙的成长过程，要尽可能多地给出细节。各小组将撰写好的新闻稿上传至网盘，全班共享。

任务一：制订小组项目计划，并上传至网盘（第 1 课时）。

任务二：各小组上网查询青蛙生长环境的资料，制作青蛙栖息地必备条件的列表，可用 Word、MindManager 等工具进行整理，并将资料上传至网盘（第 2 课时）。

任务三：课外参观、考察青蛙的自然栖息地（第 3—4 课时）。

（1）利用数码相机拍摄池塘及周围环境的照片，整理后上传至好看簿；

（2）小组内部分工，使用不同的工具测量和记录水质的 pH 值、温度、溶解氧三大水质要素，然后填写池塘水质的调查报告，并上传至网盘；

（3）根据实地调查结果，修改完善任务二中的青蛙栖息地特征列表然后上传至网盘。

任务四：创建青蛙的室内栖息地（第 5 课时）。

（1）应用关于青蛙自然栖息地的知识，为青蛙卵在教室创建一个金鱼缸栖息地（课下）；

（2）利用维恩图来比较青蛙教室里的家与野外的家的异同；

（3）创建青蛙栖息地特征的演示文稿，并上传至网盘。

任务五：利用数码相机拍摄青蛙从卵成长起来的整个过程，并用文字描述每一阶段的特征及其变化，每天将记录结果上传至好看簿（课下）。

任务六：利用 Word 或 PPT 制作青蛙的生命周期图，并对每一个时期的图片配以文字介绍并上传至网盘（第 6 课时）。

任务七：总结青蛙栖息地的特征以及生命周期的知识，各小组绘制出新闻稿的草图，用图示的形式完成新闻稿，并上传至网盘（第 7 课时）。

3. 细化项目时间线

在对重要的师生活动进行标注后，教师需围绕这些活动，从评价、支架的设计、技术工具的设计（选择）等方面对项目时间线进行细化。

（1）**支架的设计**。

"支架"是指在学生需要的时候为其提供的所有可能的、恰当的支持，这些支持能够帮助他们快速有效地进入"最近发展区"。即支架的作用就是帮助学生快速有效地进入"最近发展区"，从而获得潜在的发展。支架的提供通常采用淡入淡出的方式，在学生经过深入思考未果时，教师适时提供支架，随着学生能力的提高，逐渐撤出这些支持。教学中常见的支架类型有：范例支架、问题支架、资源支架、模板等。下面将以"池塘与青蛙"项目为例来阐述支架的设计。

①范例支架：范例是符合学习目标要求的学习成果或阶段性成果。在项目实施中，教师可提供相关的范例，重在给学生提供方法上的支持。例如下文对上述任务四的第（3）点所提到的"对演示文稿的要求"是一种范例支架。

> 在此任务的完成过程中，学生对要制作的演示文稿的内容可能不清楚，教师提供的支架可以如下：向学生展示什么是符合要求的演示文稿，必须包括标题页、对青蛙项目的介绍、对健康的青蛙栖息地要素的解释、对创建人造青蛙栖息地的过程描述、对自然与人造栖息地的对比、对为什么家对于青蛙而言是重要的所进行的描述。

②问题支架：在项目进行中，教师能根据观察到的现象针对小组或学生个人进行有目的地提问，引导学生分析问题、解决问题，从而攀着问题支架进入下一阶段。这是教师引导学生完成项目探究活动的最好方式，也是促进学生批判性思维和创新思维发展的最佳途径。例如下面的两个问题是作为上述任务三的第（2）点的问题支架，引导学生测量 pH 值并思考温度和溶解氧对青蛙的栖息地的影响，为学生分析问题提供方向。

> A. 什么是 pH 值？它可以告诉我们关于池塘水的哪些情况？可以使用什么工具来测量？测量的方法是什么？在测量过程中需要注意什么问题？
>
> B. 温度和溶解氧对青蛙的栖息地有什么作用？

③资源支架：学习资源是项目学习的基础要素，项目学习中用到的学习资源根据其与项目主题的相关程度可以分为两种不同的层次。

A. 预设学习资源。即根据项目学习需求，由教师预先制作或设定的资源，这样的资源具有良好的组织性和针对性，为帮助学生解决问题提供帮助。在线资源表现形式为预先提供的专题网站，常规资源的表现形式为围绕项目主题预先收集的文本、图片、视频等资料。

B. 相关学习资源：围绕项目主题、关键词，有确定搜索范围的相关资源。在线资源表现形式为相关资源网站，如谷歌图片、Flicker 图片分享网站、科普学习网等，常规学习资源的表现形式为图书、报刊、电视节目等相关内容。这些资源可以由教师推荐，或发动学生相互推荐。在提供相关学习资源时，最好能对资源的内容和形式做简要介绍。下面是教师为支持学生探究青蛙而提供的资源列表。

a. 青蛙之家：http：//www. gxny. gov. cn/web/2008-10/224528. htm；

b. 青蛙的繁殖与饲养管理（PDF 文档）；

c. 青蛙的生活习性：http：//home. 51. com/a86991994/diary/item/10046745. html；

d. 青蛙的生殖和发育（PDF 文档）；

e. 青蛙的生长过程（视频）：http：//v. ku6. com/show/HHYMweI91dztLr8a. html；

f. 小蝌蚪找妈妈（幻灯片）。

C. 模板：为使学生把项目成果做到规范化，并养成良好的习惯，可给他们提供一个样本或特定的格式，典型的类型有：学生项目计划、探究报告模板，多媒体模板，协作提示模板等。

（2）**技术工具平台的设计**。

技术工具是支持项目学习过程的必要手段，它能促进学生的认知有效发展，对知识意义的建构具有重要作用。在基于项目学习的探究学习中，常用的技术工具平台可分为成果展示工具（如电子书、PPT、VCT 模板、百会维基、云盘、好看簿、思维建模工具等）、过程管理工具（如百会维基、云盘、思维建模工具等）、沟通交流工具（如 Skype、论坛、QQ 等）、视频音频及图形图像处理工具（如会声会影、CoolEdit、格式工厂、PS、美图秀秀等）、数据收集分析工具（如问卷星、百度搜索引擎等），等等。这些工具平台中，有的既支持成果展示，又支持过程管理，如百会维基、云盘等。

教师在为学生筛选并提供技术工具时，要根据具体的活动内容，结合学校网速、现有平台等进行选择，尽量为学生提供合适、有效的工具。在筛选时，应优先选择免费的、稳定的、师生容易操作的工具平台。

如在"池塘与青蛙"项目中，需对学生的学习过程及阶段性成果进行记录、分享。为避免学生频繁切换多种技术工具，教师选择集过程管理与成果展示于一体的技术工具（如百会维基、云盘等）。具体设计如表 3-10 所示。

表 3-10　"池塘与青蛙"项目技术工具设计

活　　动	技术工具平台
1. 引入项目，布置任务 （1）展示来自动物园管理员的一封信； （2）呈现探究任务	邮箱、思维导图
2. 制作青蛙栖息地的特征列表	Word 或思维导图
3. 参观、调查池塘	思维导图、数码相机、好看簿、Word、网盘
4. 搭建青蛙的室内栖息地	网盘、好看簿、PPT
5. 学习青蛙的生命周期	好看簿、网盘、PPT
6. 创建新闻稿	PPT 或 Word
7. 成果汇报	Word 或 PPT

4. 项目学习过程设计中容易出现的问题

项目学习的过程设计强调的是"以学生为中心"的教学理念，包括初步制定项目时间线和细化项目时间线两大步骤。在具体设计时，教师均能较好地制定项目时间线，但往往会出现任务设计不合理、支架没有落在学生的最近发展区、技术工具选择不当或缺失等问题。

（1）**任务设计不合理**。

在设计项目学习任务时，往往会出现以下问题。

- 任务不切合项目学习目标；

- 任务描述不清晰，成果及其提交形式不明确；

- 任务在实际操作环境中不具有可实施性；

- 子任务没有层次性，不连贯。

例如，某老师在教授人教版生物教材七年级上册第一章第一节《科学探究》时，设计了以"生命的诞生与发展"为主题的项目，并结合框架问题设计了总任务和子任务。具体如下。

- 总任务：学校科普活动室要举办一个关于生物发展的科普展览，现在邀请我们参与。我们需要做一些展品，以帮助参观者更好地了解地球生物诞生、发展的过程。

- 子任务：

任务一：各小组从网盘上下载"项目行动方案"，按照学习计划补充和完善此方案，并上传至网盘（第1课时）；

任务二：各小组从图书馆、网络等途径收集史前生物的相关资料（第2课时）；

任务三：各小组结合收集到的资料，撰写一份生物进化过程和规律的报告（第3课时）；

任务四：各小组自选主题，针对科普活动室的要求，制作两种类型以上电子展品，然后上传至网盘（第4课时）。

该项目要求学生通过收集、整理资料，了解生物进化的过程与规律，学习制作生物进化表，并在此基础上自选主题，制作电子作品。浏览以上任务可发现：各子任务具有较好的层级性和连贯性，但仍然存在一些问题，具体如下。

①任务描述不清晰，成果及其提交形式不明确。

教师在交代总任务时，应力求让学生明晰他们将要做什么，任务完成到什么程度，任务持续的时间，成果如何展现，具体有哪些要求等。另外，教师还要思考，通过这样的任务，学生能否达到项目学习目标，有没有更好的、更能全面涉及项目目标的任务。

仔细阅读上述"总任务"和"任务二"，可以发现它们存在两个问题：总任务没有说明最后学生制作展品需要学习的内容，也没有说明展品最后的形式；"任务二"只描述了学习过程，没有告诉学生最后要形成什么结果。

②任务不切合项目学习的目标。

本项目的学习目标之一是"通过对所收集的资料进行整理、分析、提炼，制作出生物进化表，寻找生物进化规律，来提高学生的高级思维能力"，而上述中的任务三考查的是学生的书面表达能力和语言组织能力，没有体现出学生通过信息加工得出生物进化规律的高级思维能力。因此，可将任务三修改为："各小组从网盘上下载生物进化表模板，根据模版自制生物进化表，寻求生物的进化规律，最后将生物进化表上传至网盘。"

③任务难度过大，不具有操作性。

上述任务四虽然对成果形式和上传要求做了说明，但是，教师一方面没有为学生提供选题的要求及案例，使学生在选主题时有很大的盲目性，还会觉得任务的难度过高；另一方面，要求在一个课时制作出两种以上的电子作品，对七年级学生的信息技术水平是一个很大的挑战。

本案例的任务设计可以修改如下。

A. 总任务：学校科普活动室要举办一个关于生物发展的科普展览，现在邀请我们参与。我们需要做一些展品，以帮助参观者更好地了解地球生物诞生、发展的过程。为了参加这次展览，我们首先要成为一个了解生物发展的专家，我们将学习关于地球演变和生物诞生、发展的历史，并要思考生物诞生、发展的一些规律，在此基础上畅想人类或其他生物未来的进化之路。我们最后将通过展板、演示文稿、网站等形式，记录、展示我们的研究成果，并要向参观者介绍，准备解答参观者的提问。

B. 子任务：

任务一：各小组从网盘上下载《项目行动方案》，按照学习计划补充和完善此方案，并上传至网盘（第1课时）；

任务二：每个小组从网络、图书等途径收集史前生物相关的资料，然后将资料填写到《资源摘抄记录模板》，最后上传至网盘（第2课时）；

任务三：各小组从网盘上下载《生物进化表模板》，根据模版自制生物进化表，寻求生物的进化规律，最后将生物进化表上传至网盘（第3课时）；

任务四：小组交流讨论，确定主题（介绍一种或一类史前生物，介绍动物或植物的发展规律，介绍地球的演变过程，展望人类或其他生物的未来），然后制作成电子作品——可以是演示文稿，可以是展板，也可以是网站的形式，最后将成品上传至网盘（第4课时）。

（2）**支架设计不合理**。

支架的作用就是促进学生思维由显示发展水平向潜在发展水平迈进。通常采用淡入淡出的方式——在学生经过深入思考未果时，教师适时地提供支架；随着学生能力的提高，逐渐撤出支架。在搭建学习支架时，常出现支架形式单一、支架没有针对性等问题。如"生命的诞生与发展"支架设计如表3-11所示。

表3-11 "生命的诞生与发展"项目活动及支架设计

教师活动	学生活动	支　架
布置任务，监控学生项目开展过程—— 任务一：每个小组从网络、图书等途径收集史前生物相关的资料，然后将资料填写到资源摘抄记录模板，最后上传至网盘； 任务二：各小组从网盘上下载生物进化表模板，根据模版自制生物进化表，寻求生物的进化规律，最后将生物进化表上传至网盘； 任务三：小组交流讨论，确定主题，然后制作成电子作品——可以是演示文稿，可以是展板，也可以是网站的形式，最后将成品上传至网盘	1. 合作探究 2. 组长每日提交行动日志至教师邮箱	**资源支架：** 1. 网络资源 生物进化历程（PPT） 史前生物的种类 史前生物灭绝的原因 鸟类的迁徙（PPT） 动物冬眠的方式（PDF文档） 恐龙世界总动员（视频） 2. 图书资源 《物种起源》《十万个为什么》 《女娲造人》 **教师给的反馈信息：** 1. 收集的资料有点多，有些乱 2. 制作的PPT排版不统一

此项目体现了生物、研究性学习、信息技术等多学科交叉的综合实践。教师布置任务后，重在监控、引导学生的项目开展过程，但教师搭建的支架仍存在一些问题，具体如下。

①提供的是答案而不是支架。

在学生没有方向或者经过深入思考未果时，教师要适时提供学习支架，为学生提供合理的引导。教师提供支架的前提首先是，学生的学习任务确实有一定的难度，需要教师指导；其次，并不是说支架距离任务的答案越近越好。即教师在为学生提供资源支架时，要为学生提供与任务相关的、有针对性的资料，让学生通过整理、分析资料得出结论，而不是直接告诉学生答案。针对上述案例的任务二，虽然教师提供的网络资源支架形式多样，如生物进化历程的 PPT、生物进化规律的 PDF 文档、生物进化的启示的 PDF 文档，但学生通过这些资源支架，可以直接找到答案，完成任务二，不需要对资料进行加工、提取、总结。因此，在此案例中，可为学生提供在线博物馆的链接、古生物的相关网站、科普网的链接等资源支架。

②支架没有针对性。

针对任务二，教师也提供了很多资源：鸟类的迁徙的 PPT、动物冬眠的方式的 PDF 文档、恐龙世界总动员的视频和《物种起源》《十万个为什么》《女娲造人》图书资源。通过分析这些资源，我们可以发现：①鸟类的迁徙和动物冬眠与生物进化没有联系，提供的视频没有涉及生物知识，是单纯的动画片；②《物种起源》对于七年级的学生来说理解起来有困难，另外两本书与主题不相关。这样的资源由于缺乏针对性，与项目主题的相关性不高，因此不但不能帮助学生解决问题，还会打乱学生的学习计划，让学生在没有价值的资料上耗费时间与精力。

其实教师可提供一些简单的、易于初中生理解的生物进化案例类的图书，如《恐龙世界》《地球的故事》《少年科学百科词典》等。

③教师提供的反馈信息缺乏针对性，内容不够具体。

案例中，教师对学生的学习过程提出的反馈是："收集的资料有点多、有些乱"，"制作的 PPT 排版不统一"。因为没有结合学生的具体任务完成情况提供反馈意见，所以学生看到这样的反馈信息后，不知道具体针对的是哪一项任务，更不知道如何修正。

在为学生的学习情况提供反馈时，教师一定要结合具体的学习内容与任务详细说明问题，必要时还应该给出修改建议。在该案例中，教师可以给出这样的反馈："收集、整理的生物进化过程资料重复内容较多，条理不够清晰，建议使用《资料摘抄记录模板》进行整理；PPT 主题不够明确，页面布局不够合理，请参考演示文稿评价量规进行修正。"

④支架形式单一。

案例中，除了资源支架以及教师对组长行动日志的反馈信息之外，就没有其他类型的支架了。在项目学习过程中，教师要根据学生不同的学习任务内容，提供不同类型的学习支架。例如，对任务二，教师除了提供资源支架以外，还可以为学生提供资源摘抄记录模板，便于学生整理信息；此外，还可以给学生提供资源收集评分标准，让学生知道收集到什么样的资源才是合格的。对任务三，教师可以为学生提供演示文稿的模板及范例、演示文稿评价标准、网站评价标准。

综上所述，针对本案例的三个任务可以提供下列支架（见表 3-12）。

表 3-12 "生命的诞生与发展"项目支架

资源支架
图书资源： 《恐龙世界》《地球的故事》《动物百科》《化石告诉我们》《生物进化》《少年科学百科辞典》 **网络资源：** （1）恐龙吧（百度贴吧，网址略） （2）神奇大自然（恐龙）：（http：//www. iqiyi. com/w_ 19-rrfdly6x. html）； （3）中国科普博览——古生物馆网站（http：//www. kepu. com. cn/gb/lives/paleontology/museum/index. html）。

问题支架	
任务一：制订小组项目行动方案	你们小组的组长是谁？小组内部的分工是怎样的？
任务二：收集资料，制作生物进化表	地球生物最早大约出现在什么时候？地球上曾经生活着哪些生物？史前生物的灭绝告诉我们什么？生物的发展有什么规律？这样的规律给我们什么启示？
任务三：自选主题，完成电子作品	你们的 PPT 内容是否与你们选择的主题一致？

续表

模板、范例、评价量规	
任务一：制订小组项目行动方案	项目行动方案模板
任务二：收集资料，制作生物进化表	资料摘抄记录模板、资源收集评分标准
任务三：自选主题，完成电子作品	演示文稿评价量规、网站评价量规等

（3）**技术工具平台设计（选择）不当**。

例如，"生命的诞生与发展"项目申请免费版的百会维基存放资料，并把它作为小组项目成果展示的平台。

其实百会维基有收费版和免费版，出于各方面原因的考虑，一般情况下，教师会选择免费版，但是免费版只有 50M 存储空间，而项目学习中有很多图片、视频需要上传，需要较大空间来存储，因此，百会维基不适合存放学生资料。要解决这一问题有两种方案：一是将它与云盘组合来用，让云盘来弥补它容量小的问题；二是选用当地为教师搭建的教学空间。教师利用这些空间进行学习过程管理与监控，学生利用此空间进行过程性资料管理和成果分享。

第二节　基于网络的探究学习模式

最典型的基于网络的探究学习模式非 WebQuest 莫属。WebQuest 是美国圣地亚哥州立大学教育技术系的伯尼·道奇（Bernie Dodge）等人于 1995 年开发的一种课程计划。"Web"是"网络"的意思，"Quest"是"寻求"、"调查"的意思。因此，WebQuest 是一种以网络探究为取向、以调查研究为导向的学习活动。在这类活动中，学生活动的内容往往都是围绕某个主题进行的，与学生互相作用的部分或所有信息均来自互联网资源，因此我们称它为"网络专题调查"或"网络主题探究"。WebQuest 主要关注的是如何运用信息，以帮助学生锻炼分析、综合和评价等高阶思维能力。

WebQuest 赋予学生明确的方向，给学生一个有探究价值且可行的任务，并提供必要的、能够指导学生完成任务的资源，而且还告诉他们未来的评价方式。

WebQuest 一般都由引言、任务、资源、过程、评价和结论六个模块组成，实施过程如图 3-7 所示。

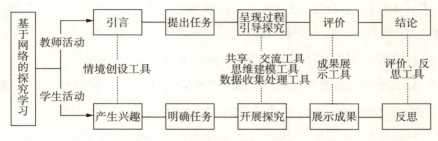

图 3-7 基于网络的探究学习（WebQuest）

一、引言设计

WebQuest 的引言部分主要有两个目的：其一是让学生明确将要学习什么，其二是通过各种手段提高学生的兴趣。引言的设计需要通过创设情境向学生介绍探究的主题、背景及内容，让学生知道将要学习的是什么，给学生指定方向，激发学生的探究兴趣。因而对 WebQuest 引言部分进行设计，就是对探究主题的选择与设计。

WebQuest 适用于许多主题，但不是所有的主题都能用 WebQuest。例如，不能用它来教授历史时代表、化学元素周期表或者某个国家的国旗。换言之，WebQuest 不适用于那些显而易见的事实。因此，选择探究主题时，可以从以下几个方面考虑。

1. 根据课程标准或教学目标设计探究主题

例如，人教版语文教材七年级上册第四单元的教学目标包括：①了解月球的基本自然现象和人文现象，培养科学探索精神和人文精神；②继续学习利用图书馆和互联网简单获取资料的方法；③能用科学的语言条理清楚地介绍科学现象等。结合这一教学目标，可以设计主题为"探索月球奥秘"的 WebQuest 探究学习活动，引导学生达到教学目标的要求。

2. 直接使用课文的主题或单元主题

例如，人教版语文教材七年级下册第四单元的综合性学习活动是"戏曲大舞台"，这一单元选取文章的主题都是反映文化艺术这一特点的，因此可以直接以"戏曲大舞台"这一内容作为探究学习的主题，以了解中国戏曲为中心，引导学生对舞台艺术产生兴趣，培养学生高雅的艺术情趣。这一类主题有一些共同特点：主题明确、清晰且易于分解为具体的任务，任务和学生已拥有的知识之间存在信息沟，有较为丰富的相关网络资源等。

3. 细分课文或单元主题，选择某个或某些部分作为 WebQuest 的主题

在设计 WebQuest 时，寻找相关的主题来替代很有必要。例如，人教版语文教材七年级上册第二单元的综合性学习活动是"漫游语文世界"，该活动涉及的主题范围较为广泛，包含语文学习方法、语言表达、文字应用等多个方面的内容，在设计时可以从中选择一个方面或多个方面作为 WebQuest 的主题，开展探究学习活动。

4. 寻找相关主题来替代

例如，人教版语文教材七年级上册第六单元《女娲造人》一课，是根据汉代应邵的《风俗通》里有关女娲的神话传说改编的。显然这一类主题并不适合学生进行网上探究，因而在设计时，我们选取了"追寻人类起源"这一探究学习主题，以便使学生对"人类到底从何而来"获得比较全面的认识，并通过收集科学资料，消除神话有可能带来的认识上的混乱。

5. 引言设计中容易出现的问题

在 WebQuest 中，引言的提出是为了让学生知道将要学习的是什么，并引发学生的学习兴趣。挑选的主题不适合探究学习，探究的内容不易于组织，情境的创设脱离了学生的实际生活，问题的提出过于开放或过于封闭、不利于学生的思考……都是引言设计中经常会出现的问题。下面我们通过案例来看一下引言设计中经常出现哪些问题以及如何解决。

（1）*探究主题选择不当，学习内容不适宜开展探究学习*。

例如，某位教师直接使用人教版语文教材九年级下册第一单元第二课《我用残损的手掌》作为 WebQuest 的探究主题，并这样设计导语：

抗日战争的炮火曾震动过许多中国人的心灵。在民族危亡的关头，诗人戴望舒也走出惆怅的丛林和寂寥的雨巷，把个人的不幸同国家命运融为一体，以深沉的思想、炽热的感情抒发了对灾难深重的祖国的由衷关注和真诚的爱。下面，就让我们一起走进诗人在侵略者的铁窗下献给祖国的恋歌——《我用残损的手掌》。

该案例中的引言设计存在这样的问题：

课堂探究学习的内容依旧以教材内容为主，但是由于教学大纲、教学内容等方面的限制，在教材中还有很多内容不能过分展开和延伸。例如，对本案例中的内容仔细分析后可以发现，这里的学习内容实际并不适宜开展探究学习，尤其是不适合作为 WebQuest 的探究主题。该学习内容的目标是要求学生通过反复诵读感悟诗歌的感情线索；理解诗中艺术形象蕴含的情感；在教师的引导下对诗歌对比手法的运用及表达效果进行分析，深层把握诗歌的主题；同时体会诗人对苦难祖国的深切关注和真挚爱恋，使学生的爱国情感油然而生。

一般来说，对这一类知识内容主要采用的学习方式是研读课文——学生在教师的指导下通过朗读、品读等方式体会诗歌情感、主题等内容，可供探究的内容也可以通过个人简单的自主探究完成，并不需要大量的网络信息资源来予以支持。但是，WebQuest 模式的探究更提倡采用学生以小组合作探究活动的方式来完成对知识内容的学习和对技能的掌握，因此，建议在 WebQuest 中考虑探究学习主题时应慎重，注意如下几点：

①尽量选择综合性学习主题，学生按照自身能力适当选择不同的途径进行合作探究学习，进而形成个性化学习结果；

②主题要具有一定的探究价值，具有开放性，答案存在一定争议且不唯一，能够实现知识掌握和技能发展的同步进行。

上述案例中，《我用残损的手掌》这首诗标志着诗人写实和超现实手法交融的新的抒情方式的确立，达到了他诗歌创作的巅峰。结合学习目标和主题的综合性、开放性，可以考虑将该主题进行拓展，让学生了解中国现代抒情诗的相关背景及知识。同时按照抒情方式的不同，可将其细分为浪漫主义、象征主义和现代派三种子主题，让学生进行分组探究。

（2）情境创设脱离学习目标，与探究主题不一致。

还有一位教师想把诗词鉴赏课设计为 WebQuest，其情境导入设计如下。

> 师：大家在小学的时候学习过唐朝一位非常有名的大诗人。他的一生写下了许许多多的优秀诗文，他的诗热情奔放、感情真挚，他被称为"诗仙"。他是谁呢？
>
> 生：李白。
>
> 师：李白是唐代最伟大的诗人之一，大家已经学过他的不少诗篇，能背诵吗？
>
> 学生有感情地背诵《早发白帝城》《夜宿山寺》《静夜思》。

该案例是在七年级语文学习中关于诗词鉴赏的一节情境作文训练课，其要求是学生能够学会从情境中体现真情，再为真情创设情境的写作方法。但是仔细斟酌这位教师所设计的情境导入，就会发现这部分的设计正存在这样的问题。

情境创设的目的是为了引起学生的兴趣，同时也是教师引导学生进行探究学习的开端，会影响后面探究学习活动的开展和走向，因此，教师在进行情境设计时，需要结合学习目标和探究主题来整体考虑。

案例中，学生在小学阶段就已经学习这些诗了，对诗词内容及诗人都非常熟悉，而其探究目标和主题则是对这些诗中景物描述方式的鉴赏和对情境作文的写作能力的培养，但是这位教师的情境创设却更像是对以往知识的回顾。如果将诗词知识回顾作为一次学习的开端，后面的教学很容易偏向诗词的学习而非鉴赏。这明显脱离了学习目标，与探究的主题也不一致，对探究学习过程的设计和学生的探究活动的开展极为不利。

其实，在创设情境前可以先设置一个大致的背景，使之尽可能与探究主题靠近，且是在学生实际生活中尽可能真实存在的。例如，可以将情境的背景限定为某地旅游局正在进行招聘活动，具体如下。

> 现在，××地区旅游局正在招聘。
>
> 才华横溢的你，

面对这样一个好机会，

岂会没有胆量——

抓住机会，去展示自己吧！

（3）情境创设过于死板、无趣。

还有一类问题——也是大多数教师在进行情境设计时最常见的问题，即由于尽可能地靠近了知识回顾模式，考查学生旧有知识掌握或背诵情况，导致情境创设过于死板，没有趣味（或某些案例中出现的情境创设为了追求趣味性，脱离了实际，变得不真实，不具科学合理性），这样反而不能很好地引起学生学习的兴趣（或对学生认知方面产生一定的负面影响）。对于数学、物理等比较严谨的学科内容而言，情境创设也可以通过情境下的知识回顾的方式来开始一次探究学习活动，但是对于语文、历史等学科内容而言，知识回顾很容易让学习变得枯燥，无法引起学生的兴趣，也很容易使探究学习变成传统方式的教学。

在情境创设的具体描述中可以增加一定的趣味性，但还要注意具有一定的合理性和真实性。因此在前面背景的基础上，我们可以创设这样的情境：

招 聘 启 事

您好！本单位明天将接待一个旅行团，需要招聘一名导游。该旅行团中有的人即将去外国定居，有的是从异国他乡来中国的朋友，并且他们大多数人已经听说过《早发白帝城》这首脍炙人口的古诗，希望导游能够为他们来回答有关这首诗的问题：李白的这首诗表达了什么样的情感？

联系地址：××省××市×××

联系电话：×××××

邮箱：×××××××

××地区旅游局

×年×月×日

（4）问题设置不恰当，开放性不足。

通过多种途径发现问题、提出问题是学生探究学习的起点和开端，也是学生形成问题解决能力的关键。好的问题设计对于诱发学生探究动机，唤起学生发现问题的欲望和解决问题的热情，引导学生进入主动探究状态，具有重要作用。

案例中这节课是作文训练课，主要培养学生的写作能力，具有一定的开放性，那么在前面修改后创设的情境中提出的问题"李白的这首诗表达了什么样的情感？"显然并不恰当，过于封闭了，并且与情境的结合过于生硬，关系并不大。尽管这个问题的答案也是学生在鉴赏诗词时需要知道的知识，但是比较开放的探究主题应该更多的是通过问题让学生来展开思考，而不是直接回顾知识、回答问题就可以了。

应该结合情境提出较为开放的、与探究主题密切相关的且能够让学生进行充分思考的问题。因此，上述案例的探究引言设计可以具体如下。

教师导语：

现在，××地区旅游局正在招聘。

才华横溢的你，

面对这样一个好机会，

岂会没有胆量——

抓住机会，去展示自己吧！

情境创设：

招 聘 启 事

您好！本单位明天将接待一个旅行团，需要招聘一名导游。该旅行团中有的人即将去外国定居，有的是从异国他乡来中国的朋友。主要旅游路线以《早发白帝城》中所描述的基本路线为主（旅行团中大多数人已经听说过这首脍炙人口的古诗）。面试时需携带身份证和相关材料，告诉我们你将怎样引导他们感受诗中风景。

面试材料要求如下：

（1）让他们知道李白对唐诗的繁荣做出的贡献是什么。

（2）让他们感受到李白在诗中表达了怎样的感情。

（3）《早发白帝城》是李白在流放夜郎（今贵州西部）行至巫山遇赦得还东下，经过三峡回到江陵（荆州）时所作。请你为游客们结合前两条要求介绍一下这些地方的历史和现状。

联系地址：××省××市×××

联系电话：×××××

邮箱：×××××××

××地区旅游局

×年×月×日

注：有时在引言设计中也有可能出现有关的任务内容，这里案例中招聘启事的要求部分也可以以任务形式出现，但是需要对任务的描述做一些修改。

二、任务设计

WebQuest 的任务模块是对学生通过练习将完成的所有事情的描述，是六个模块中的一个重要组成部分，是课程教学目标的具体化。其形式可以是一件作品，如 PPT 演示文稿；也可以是口头报告，如对某一特定主题的解释；还可以是 Word 文档形式的书面报告。

任务是探究学习的起点，是基于 WebQuest 的关键要素，其设计的好坏直接影响探究学习活动的效果。如在基于 WebQuest 的语文探究学习中，为了达到预期的教学目标，具有实际意义的、真实或接近真实的任务设计才能够引发学生主动探索的兴趣和积极性。它既有学科性又有开放性，既有基础性又有延伸性，既有整体性又有部分性。

1. 探究任务的类型

通常 WebQuest 的任务类型包括复述型任务、建立共识任务、设计型任务、创造成果任务、分析型任务和总结汇编任务（见表 3-13）。

表 3-13　探究任务类型

类 型	内 容	目 标	片段案例
复述型	按照一定的要求收集相关信息，并进行汇总、分析和评价，形成简短研究报告	引导学生把网络作为一种信息资源进行学习	有关"汉字"的探究——小组从"汉字之史"、"汉字之奇"、"汉字之趣"、"汉字之美"、"汉字之情"、"汉字之尊"六个主题中选择一个，收集、整理、分析资料，进而了解汉字深厚的文化底蕴，并形成简短的研究报告
建立共识	提供由于不同价值观念而引起争论的意见不一的观点，给学生创造如何解决分歧的实践机会	通过让学生尽可能地考虑和容纳不同的观点，培养其批判性思维能力	有关"追溯人类起源"的探究——关于人类起源有"进化说"、"海洋说"、"神话说"、"外星说"等多种假说，请结合教师提供的资源，选择多种假说，小组成员通过讨论分析，统一小组观点，形成小组共识性结论
设计型	在规定的条件下，设计一件产品或者制订一个有明确目标的行动计划	引导学生通过作品设计与创作，培养创新能力	有关《黄河，母亲河》的探究——小组制作有关保护黄河的宣传作品，可以用 PPT、画图、Word 板报、宣传语等形式呈现
创造成果	以故事、诗歌、绘画等形式，呈现探究的结果	引导学生创造出给定的作品，培养其创新能力	有关《雨的诉说》的探究——创作主题为"雨"的诗歌；从网上收集与雨相关的视频、诗歌等，感受、体验作者营造的雨的诗意之美，并结合个人的感悟以诗歌的形式描述雨
分析型	发现并找出事物间差异，发现探讨事物之间的联系或相互关系	培养学生理解某些综合性知识及其内部因素相互作用的能力	有关《看云识天气》的探究——小组结合教师提供的网站资源，检索相关信息，整理并分析资料，总结卷云、积云、高层云等不同状态的云与天气之间的关系
总结汇编	从多种信息源中收集信息，以不同的方式组织、简化改写信息	熟悉目录内容，学习选择信息和解释信息	有关《戏曲大舞台》的探究——小组分别从京剧、黄梅戏、昆曲、秦腔四个剧种中选择一个，收集、整理、分析资料，形成戏曲介绍文档

　　以上几种任务实际上在具体的探究活动中具有交叠性和层次性，在同一个探究主题下可以完成复述型任务、设计型任务、总结汇编任务等多个任务。如《戏曲大舞台》的任务设计就布置了三种不同的但具有一定层次的任务，即复述型任务（收集剧种相关资源、分析剧种相关资料）、总结汇编任务（整理收集到的资料，形成戏曲介绍研究报告）、创造成果任务（剪辑戏曲精彩片段、赏析唱词、录制模仿曲目、制作戏曲介绍 PPT），具体如下。

戏曲有众多的流派，在这节课中我们重点了解戏曲中的京剧、昆曲、黄梅戏和秦腔。

在探究学习中，每个小组选择其中一种戏曲进行探究学习，并完成以下三个任务。

任务一：选择某一剧种，借助教师提供的资源或其他资源了解该剧种的相关知识（包括其起源、特点、主要流行地区、剧中各种角色、剧种代表人物及代表曲目等），并将资料分类、整理，形成小组观点。

任务二：汇编小组资料，形成小组戏曲介绍文档。

任务三：使用视频剪辑工具剪辑所选剧种的精彩片段，对唱词进行赏析，尝试模仿一小段曲目，并使用录制软件进行录制，结合戏曲介绍文档制作戏曲介绍 PPT（包括该剧种的简介、精彩唱词赏析、模仿片段，等等）。

2. 任务设计策略

探究任务的设计要注重渗透方法，培养学生的能力。在设计任务时，要注意引导学生从多角度解决问题，防止思维的绝对化和僵硬化。同时，要培养学生产生大量疑问、不受固定模式约束的能力，鼓励他们大胆猜想、判断。任务的描述要使学生觉得他们有能力完成，并且所完成的任务是有意义的。探究任务的设计策略主要有预定目标、分配角色、展示成果。

（1）预定目标。

目标是对预期探究学习结果的一种描述，是设计探究学习活动时的理想目标和努力方向。一般目标主要考虑结合国家课程标准、探究主题和内容以及学生的实际情况提出。例如，在《戏曲大舞台》的任务设计中，要首先考虑教学目标。《义务教育语文课程标准（2011年版）》提出"综合性学习突出学生的自主性，注重学生探索和研究的过程，注重学生对语文知识的综合运用，并提倡将语文与其他课程相结合，进行跨领域学习"，而该部分探究内容正是人教版语文教材七年级下册第四单元的综合性学习活动，其探究主题是"戏曲"。这一阶段的学生思想活跃，对探究性知识有浓厚兴趣，具备了基本的信息收集能力，愿意在教师和同学之间展示自己的能力，但是他们对戏曲知识的了解较少，需要教师在教学过程中给予资料支持和适当指导。因此，可以将目标确定如下（见表3-14）。

表3-14　《戏曲大舞台》教学目标

目　标	描　述
知识技能	了解中国戏曲基本知识，了解流派的划分，能够区别典型流派的各种角色，能够说出典型流派的代表人物和代表曲目，能够对戏曲唱词的优美之处进行简单分析
过程方法	以网络探究的方式培养学生借助网络资源自主学习的能力，或通过异质分组的方式培养学生的合作能力
情感态度	通过学习了解中国戏曲这种传统艺术，培养学生热爱中华文化的感情，提高学生的艺术修养，培养学生高雅的艺术情趣

（2）分配角色。

角色有利于创设平等、和谐、民主的教学氛围，也有利于学生更加顺利地开展探究活动，提升学生各方面的能力。在探究学习中进行角色分配主要有以下几点作用：营造氛围，加深认识，体现学生的主体地位；多边互动，共同探究，培养团队合作精神；搭建舞台，培养能力，提供体验成功的机会。学生在学习时不再是单方面的被动接受和被迫思考，而是在角色中主动地思考问题，自行解决问题，并借助角色获得探究兴趣，引发学生进行探究的主动性。这符合"以学生为主体"的原则。

例如，在"戏曲大舞台"探究学习中，教师给小组分配了京剧、昆曲、黄梅戏和秦腔四种角色（见表3-15），并要求学生按小组，分别了解和分析自己小组分配到的戏曲剧种，剪辑喜欢的唱词进行赏析，最后制作介绍不同剧种的PPT。就这样，让学生带着戏曲角色进入探究学习，完成探究任务。

表3-15　《戏曲大舞台》探究角色分配

角　色	任　务
京剧	了解分析京剧，剪辑赏析唱词，制作介绍京剧的PPT
黄梅戏	了解分析黄梅戏，剪辑赏析唱词，制作介绍黄梅戏的PPT
昆曲	了解分析昆曲，剪辑赏析唱词，制作介绍昆曲的PPT
秦腔	了解分析秦腔，剪辑赏析唱词，制作介绍秦腔的PPT

（3）**成果展示**。

活动成果的展示是指学生在经过探究问题，检索、分析、运用、整合学习资源等环节之后，对思路和相关资源进行整理，形成最终学习成果并进行展示。在设计任务时需要考虑：学生以何种形式呈现探究结果才能明确表现其对探究任务的理解，这也是探究过程中所有信息的整合和知识的建构。成果应该是真实的，是学生探究过程中的参与活动的反映。

WebQuest 的学习成果形式多样，对学生的考查更加开放，需要综合考虑具体学习活动的现实要求，如一分钟报告、招贴画或模型等都可以。面对不同任务类型，其成果展示形式也不一样，可以利用技术支持工具实现成果形式的多样。教师在设计任务时，可以根据探究的主题、任务的类型和内容等选择合适的成果展示方式呈现学生的探究学习成果（见表 3-16），并对学生的探究学习活动进行评价。

表 3-16　不同任务类型所采用的成果展示方式

任务类型	成果形式		
复述型任务	□制作课件	□简短的研究报告	
建立共识任务	□辩论会		
设计型任务	□海报	□广告、宣传语等	□行动计划
总结汇编任务	□制作课件	□形成提纲	
创造成果任务	□展示公演	□排演课本剧	
分析型任务	□简要小论文	□分析报告	
实验探究任务	□过程视频	□实验报告	□数据分析报告

在进行 WebQuest 任务设计时，要考虑到所创设的情境和布置的任务是否合理、明确，是否与学生实际生活有所联系。设计时，教师可利用思维建模工具（如思维导图、概念图等）将情境和问题进行罗列分析，为学生提供具体、明确的子任务安排；还可以在探究学习设计和实施的过程中不断细化、完善。

3. 任务设计中容易出现的问题

任务作为探究学习的载体，布置得是否恰当、清晰，会影响学生对任务的理解。任务的难易程度又会直接影响学生的积极性、兴趣以及完成的进度和准确性，任务的组织是否到位将影响学生交流的流畅性和讨论进行的方向等，而这些都是教师在进行探究学习任务设计时应该考虑到的。不恰当的任务设计及描述会为学生的探究学习和教师的指导带来一定的困难。

例如，在"汉字"专题的教学设计（详细案例见第四部分第一节）中，教师提出的任务是："请同学们参考下表（见表3-17），并结合自己的兴趣，明确自己想要探究的课题任务。"

表3-17　《汉字专题》探究主题

探究主题		子课题		
遨游汉字王国	汉字之史	汉字的起源	汉字字体的演变	汉字演变的规律
		我还想探究：		
	汉字之奇	汉字特点	汉字的功能作用	汉字造字法
		我还想探究：		
	汉字之趣	字谜	对联	汉字故事趣闻
		汉字谐音	汉字笑话	诗文
		我还想探究：		
	汉字之美	书法、篆刻	音乐	绘画
		我还想探究：		
	汉字之情	中国人赞汉字	外国人赞汉字	
		我还想探究：		
	汉字之尊	汉字的未来	校园里的错别字	街头错别字
		我还想探究：		
	其他			

该案例中的任务是在前面引言的基础之上提出的，要求学生按照表格中的内容，结合自身兴趣进行一次网络主题探究学习，感受汉字的有趣、神奇和美丽，了解汉字文化。但是当学生拿到这个任务进行探究学习时，实际上存在着很大的困难。可以说，这个任务的设计存在着一些问题。

（1）**任务目的不明确，描述不清晰。**

任务相当于活动目标，学生对任务要很明确地知道自己要做什么、完成什么，以及最后的成果如何展现等。学生通过这些任务的完成来达到对知识的总体认知和技能掌握。而该案例中的任务却只是很笼统地告诉学生参考表格来明确任务，但是对是什么任务、该怎么做、最后要形成什么成果，并不明确，也不清晰。学生在进行探究学习时会不知从何下手，亦无兴趣。因此，该案例中的任务可以修改为：

> 小组从下表中"汉字之史"、"汉字之奇"、"汉字之趣"、"汉字之美"、"汉字之情"、"汉字之尊"六个主题中选择一个主题，收集、整理并分析资料，进而了解汉字深厚的文化底蕴（见表3-18）。

表3-18　《汉字专题》探究主题及建议

探究主题	探究建议
汉字之史	汉字的起源、汉字字体演变、汉字演变规律等方面
汉字之奇	汉字的特点、汉字的功能作用、汉字造字法等方面
汉字之趣	与汉字相关的字谜、对联、诗文、谐音、笑话、故事、趣闻等方面
汉字之美	书法、篆刻、音乐、绘画等方面
汉字之情	中国人赞汉字、外国人赞汉字等方面
汉字之尊	汉字的未来、校园错别字、街头错别字等方面

（2）**学习主体不突出，缺乏一定的趣味性。**

探究任务要以学生为主体，考虑教师的引导作用，以及如何充分发挥学生的主动性和创造性，让学生能够通过探究任务的自主完成获得能力的提升和思维的发展，以及知识体系的构建。但是在上述案例中却没有体现这一点，仅仅提出让学生参考表格内容选择自己感兴趣的子任务，表格或任务本身并没有突出学习主体，也缺乏一定的趣味性。任务设计形式应多样化，如采用讨论、复述、角色扮演、预测或改变故事结尾、小组汇报等，以避免形式疲劳。因此，该案例可以增加一个任务——要求将小组的成果汇聚后制作PPT演示文稿，具体描述为：

> 整理汇编收集的资料，分析后形成小组观点，制作汉字学习成果演示文稿并进行汇报展示，同时将成果PPT及过程性资料分享在百会维基平台。

此外，任务的趣味性除了来自任务本身外，还可来自多个方面，如多人参与、多向交流和互动，任务履行中的人际交往、情感交流，解决问题或完成任务后的兴奋感、成就感等。

（3）**任务安排一定程度上脱离了教学目标。**

探究任务是基于教学目标而设计的，也是教学目标的具体体现，学生借助探究任务明确自己的活动方式、活动内容以及最终的活动结果，进而通过完成任务来获得能力的提升、知识的掌握。

如在《黄河，母亲河》教学设计中，教师对任务的设计如下：

> 学生分成四个小组——"地形环境"、"黄河故事"、"诗词歌谣"、"黄河现状"，分别上网或以其他方式收集相关资料（同时请注明获取相关资料的渠道：是从教材中获取的，还是从教材外获取的，如查阅了什么网，翻阅了什么书刊、什么词典，或者是从什么人讲的什么故事中了解到的）。
>
> 请根据自己选择的重点，筛选、整理、加工所收集的资料，形成文稿或者制作成PPT，准备参加讨论在小组或全班交流。

该案例是语文教材七年级下册第二单元中的综合性学习部分，教学目标要求学生在了解黄河的发源、历史的同时，感受黄河文明，并借此培养学生根据主题收集、整理、筛选资料的能力，引导学生掌握分析运用所得资料的基本方法，以及培养学生的合作意识、创新意识和创造能力，此外还要求通过探究活动加强学生的环保意识。

但是结合教学目标来看，该教学设计中的任务尽管涵盖了学生收集整理资料能力、分析方法等目标要求，却忽视了学生的创新创造能力，也不能体现出学生环保意识的培养。因此，可以在学生收集分析资料、形成成果的基础上，提供学习支架，并增加一个作品创作任务。具体描述如下。

> 在本次探究学习中请大家完成以下三个任务。
> ①小组选择一个探究主题（探究主题分别是"地形环境"、"黄河故

事"、"诗词歌谣"、"黄河现状"），收集并整理相关资料，感受黄河的魅力，主要包括：

    A. 关于黄河发源、地形、沿岸风景、城市等；

    B. 与黄河有关的文化故事、历史、神话、传说等；

    C. 与黄河有关的谚语、成语、古今诗词、歌谣等；

    D. 关于黄河带来的灾难、断流、水土流失、水污染等。

    ②小组进行创作，制作有关保护黄河的宣传海报。

（4）任务不具备可操作性，难度过大。

太简单的任务，学生无须探究即可完成；太难的问题，学生认为超出自己所能解决的范围，容易丧失探究的信心。在对《黄河，母亲河》教学设计案例修改后的任务要求中有：让学生制作有关保护黄河的宣传海报，这就对学生能力提出了一个较高要求，学生在完成任务过程中很可能会出现困难。考虑到它在课堂环境中的可操作性及任务的难易度，可以充分利用技术工具来引导学生进行创作。因此，前面增加的作品创作任务可以修改为：

    小组进行创作，制作有关保护黄河的宣传作品，可以是 PPT、画图、Word 板报、宣传语等多种形式。

（5）任务安排没有层次，不连贯。

探究学习注重学生知识技能的掌握，但是如果只是一味地追求探究，而忽略了教师的引导作用，那么探究学习就存在着重重困难。探究学习任务之间一般都是相互关联的，具有统一的教学目的或目标指向，在确保任务实施步骤连贯流畅的基础上，需要将任务由简到繁、由易到难、前后相连、层层深入地进行设计安排，这样既符合学生的认知过程，又能注重能力的培养，同时有层次性的任务也为学生间接提供了学习指南，学生可以通过指南获得独立完成任务的技能，也对学生的独立学习起到潜移默化的引导作用。

在《黄河，母亲河》探究学习原始案例中的任务主要是，让学生通过网络或者其他渠道收集到许许多多有关黄河的资料，并且根据自己确定的主题进行整理、筛选，加工形成文稿和电子稿件。但是案例中的任务描述前后交叉，一大段话都在说明任务要求，没有一定的层次性和连贯性，缺乏学习支架。因此，可以主要从"整理分析资料、作品创作、形成成果"这样的层次进行修改任务，形成探究学习步骤。具体如下。

在本次探究学习中请大家完成以下三个任务。

①小组选择一个探究主题（探究主题分别是"地形环境"、"黄河故事"、"诗词歌谣"、"黄河现状"），收集并整理相关资料，感受黄河的魅力，主要包括：

A. 关于黄河发源、地形、沿岸风景、城市等；

B. 与黄河有关的文化故事、历史、神话、传说等；

C. 与黄河有关的谚语、成语、古今诗词、歌谣等；

D. 关于黄河带来的灾难、断流、水土流失、水污染等。

②小组进行创作，制作有关保护黄河的宣传作品，可以是 PPT、画图、Word 板报、宣传语等多种形式。

③总结汇编小组资料及作品，形成 PPT 演示文稿，并进行汇报展示，同时将成果展示在百会维基平台上。

三、资源设计

WebQuest 设计除了要对探究任务、探究过程等进行设计外，还要设计相应的学习资源和工具，以支持学生对相关知识领域的探究活动。资源设计的目的是为学生解决非良构问题提供环境，避免学生在网络世界迷航。这个环境包含了要实现教学目标可以参考的各种资源，学生利用技术支持工具通过对资源进行筛选、分析、综合，完成探究学习任务，达到对知识的深层建构。

1. 学习资源的类型

前面我们已经知道，从探究学习需求来看，学习资源有预设学习资源、相关学习资源和泛在学习资源三种不同的层次。

下面的案例就展示了如何应用前两种资源支持学生了解中国戏曲，感受中国艺术瑰宝。

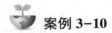 **案例 3-10**

《戏曲大舞台》WebQuest 资源设计

一、预设学习资源

在本节探究活动设计中，教师将探究内容分为 4 个主题，并且针对每个主题提供了一些网站资源，为你更好地开展探究活动提供支持。

（一）在线资源

请参考以下网址，查找你需要的资料。请不要在无关信息上停留，以避免导致信息迷航。

1. 京剧

时代国粹网（http：//www. shidaiguocui. com）；

中国京剧艺术网（http：//www. jingju. com）；

京剧脸谱大全（http：//lianpu. 51240. com）；

京剧四大名旦：梅兰芳、荀慧生、尚小云、程砚秋（百度百科链接，网址略）。

2. 昆曲

昆曲（百度百科链接，网址略）；

昆剧人物脸谱（博客链接，网址略）；

昆曲的发展史（http：//info. guqu. net/xiquzhishi/20070626161001_2337. html）；

昆曲的特点（博客链接，网址略）；

昆剧艺术家简介：蔡正仁、孔爱萍、计镇华（百度百科链接，网址略）；

3. 黄梅戏

黄梅戏（百度百科链接，网址略）；

黄梅戏在线（http：//www. huangmeixi. cn/）；

黄梅戏艺术家简介：韩再芬、马兰（百度百科链接，网址略）；

4. 秦腔

秦腔（百度百科链接，网址略）；

秦腔的发展、特点（http：//www. chinese. cn/quyi/article/2010 - 09/09/content_172156. htm）；

秦腔艺术家简介：李东峰、马友仙（百度百科链接，网址略）；

（二）非在线资源

1. 京剧、昆曲、黄梅戏和秦腔部分剧照

2. 京剧、昆曲、黄梅戏和秦腔部分精彩片段

3. 有关京剧、昆曲、黄梅戏和秦腔介绍的报纸、杂志、图书等

4. 快速阅读与高效搜索技巧，头脑风暴集体讨论指南

二、相关学习资源

除了教师提供的与探究学习相关的资源外，你也可以根据探究主题和需求，自己寻找资源以便更好地完成探究活动。例如，如果你选择的探究主题是"黄梅戏"，那么在寻找资源时可以进一步细化，以"黄梅戏的特点"、"黄梅戏的发展"、"黄梅戏的历史"等为关键词进行搜索。搜索时，可以用逻辑命令或空格键对多个关键词进行搜索。

2. 资源设计的方法

对教师来说，学习资源的设计是一个非常重要的任务，它关系到整个学习活动能否顺利进行。在技术支持的探究学习中，学生要面对大量的资源，如果教师没有对学习资源进行科学合理的设计和有效的统筹规划，学生很容易迷失在海量信息中。教师在进行资源收集时可采用以下方法。

（1）**利用课本教参资源。**

课本和教参都是学校配发的教学资源。在平时的教学中，教师可以深挖教材，分析教参，确定教学目标和重点、难点，将知识有机整合，然后再呈现给学生。

（2）**利用搜索引擎**。

通常情况下，可以通过百度等搜索引擎搜索所需内容，但这种方法的缺点是过于盲目，搜索结果质量参差不齐、真伪难辨。为了避免这些问题发生，在利用搜索引擎查找资源时，可以通过关键词进行搜索。关键词搜索就是指用代表所需信息主题的关键词进行信息查询。在对关键词进行搜索时，搜索条件要具体精细；针对主题提炼的关键词要具有代表性和指示性；可以用逻辑命令或空格键进行多个关键词搜索，并且在搜索名言警句中通过添加双引号进行强制搜索。在《戏曲大舞台》探究资源设计中，教师不仅提供了预设学习资源，还给予了基于搜索引擎的关键词进行搜索的建议。

（3）**利用博客、论坛**。

即在网络上寻找自己的归属——加入至少一个同行构成的小圈子（博客、论坛、好看簿、维基百科、百汇维基），实现最新信息的共享，达到互相帮助的目的。

（4）**利用教学资源网站**。

选择一个资源充足、更新速度快、服务便捷、可实现上传下载的教学资源网站作为自己的根据地，在收集资料时直接到该站寻找；如果站内寻找不到所需资源再通过搜索引擎搜索，提高效率。例如，搜索初中语文的学习资源，通常会用到以下网站（见表3-19）。

表3-19 语文学习资源网站

编号	网站名称	网站地址
1	国家基础教育资源网	http://www.cbern.gov.cn/derscn/portal/index.html
2	语文新课程资源网	http://www.eywedu.com/
3	中华语文网	http://www.zhyww.cn/
4	中学语文资源网	http://www.ywxxw.com/
5	中学语文教学资源网	http://www.ruiwen.com/
6	新世纪教育网	http://www.xsjjyw.com/

3. 资源设计中容易出现的问题

WebQuest 模式的重点是基于网络资源的主题学习，教师在资源设计中也容易出现问题，尤其是在凸显网络环境支持下的学习资源的特点和属性方面通常会比较困难，产生的问题较多。

例如，在 2013 年人教版语文教材七年级下册第二单元综合性学习《黄河，母亲河》的教学设计中，教师在前期引言和任务设计的基础上，为学生提供了以下在线网址资源，要求学生通过这些资源来完成探究任务。

http：//baike. baidu. com/subview/4479/5224072. htm？fr＝aladdin

http：//ixmd. blogchina. com/jxmd/4767206. html

http：//emuch. net/journal/article. phpid－CJFDTotal－LWZZ20043003

http：//travel. shangdu. corn/china/river/20090309－32800. shtml.

该案例的基本教学目标是：培养学生根据主题收集、整理、筛选资料的能力，引导学生掌握分析运用所得资料的基本方法。但是从该教师为学生提供的这些资源来看，实际存在着很多问题，学生仅靠这些网址是无法完成探究任务的。

（1）**资源提供忽视了学生的主体性**。

资源的提供是为了帮助学生更好地探究，但是教师并不一定需要提供完全的资源，在资源提供的过程中还应该借此机会开发学生的潜力。但是，该案例中教师要求学生仅仅通过提供的资源来开展探究活动，忽视了学生的主体性。教师在为学生提供资源时，要在对资源的期望、感受和体会等前提下，注意发挥学生的主动性和积极性，系统、整体地为学生安排学习资源，如为学生提供一些关键词、搜索引擎等，让学生在教师提供资源的基础上自主寻找所需资源，发挥其主体性。

（2）**资源链接有错误，来源及内容不明确**。

该案例中教师提供的资源仅仅是一连串的网址，没有标注该网址的具体内容，对其中含有的一些视频、文章等信息资源也没有注明来源，而且部分网址在点击时出现错误。这些都是教师在进行资源设计时比较常见的问题。

资源的使用对象是学生，如果仅仅提供一些简单的网址，而且网址来源及内容也不明确，这就并不能为学生的探究活动提供便利，反而会带来很多困扰。学生在正式探究活动开始前，必须先分辨这些资源，对资源内容明确以后才能进行筛选、收集、整理和分析。因此，教师在提供资源前需要对资源进行一定程度的筛选，检查链接是否有误，尽量减少学生不必要的行为活动。具体修改如下。

http：//baike. baidu. com/subview/4479/5224072. htm？ fr = aladdin （百度百科：黄河）

http：//www. doc88. com/p-518675174829. html （黄河历史故事）

http：//www. 5156edu. com/page/11-06-28/67298. html （黄河传说）

http：//blog. sina. com. cn/s/blog_ 4ca3a1fc0100ht10. html （黄河诗句及俗语、谚语）

http：//wenku. baidu. com/view/e8b4f62aed630b1c59eeb562. html？ re = view （黄河俗语和成语）

http：//wenku. baidu. com/view/8e3c21906bec0975f465e281. html （黄河史料）

（3）资源种类形式单一且不全面。

尽管上文第（2）点，对案例中的资源做了修改，但仍然可以看出所提供的资源种类单一且不全面，同时对于学生来说，其能力发展水平并不相同，在探究学习过程中的表现也具有一定的个体差异，这样的资源忽视了学生的个体性，学生仅仅依靠这些资源完成探究任务仍是有一定困难的。因此，在资源设计时，应该考虑结合学生个体需求的不同，设计包括视频、新闻、文章、图片等在内的多样化的资源（可以是在线资源，也可以是非在线资源，主要视具体探究需求而定）。具体修改如下。

①黄河百科（百度百科，网址略）

②黄河新闻

http：//news. hexun. com/2014-06-16/165735740. html （和讯网）

http：//news. china. com. cn/live/2014 － 06/17/content27168331. htm

（中国网）

③有关黄河的历史故事

http：//www. doc88. com/p-518675174829. html （道客巴巴文档分享）

http：//www. tudou. com/programs/view/_mJt8wlfNRA/ （土豆网视频）

http：//v. youku. com/v_show/id_XMzQyNDA1NDEy. html （优酷网视频）

http：//www. 56. com/u29/v_NTk0MjA3ODY. html （56 网视频）

④有关黄河的传说

http：//www. 5156edu. com/page/11-06-28/67298. html （无忧无虑中学语文网）

http：//wenku. baidu. com/link？url＝VsKid9cnw02WZcEk4FMvKLTRtxdDblG9Xu7OEVAHCyJ9GwWHGrh6xsVkhGoKGcNR－vlewt0uaSb6RANWwLHoaSe8gKGJl_1iRwiA4BcqGCe （百度文库）

⑤有关黄河的诗词

http：//blog. sina. com. cn/s/blog_4ca3a1fc0100ht10. html （博客）

http：//www. 56. com/u34/v_OTI5Njk5OTk. html （56 网视频）

http：//www. 56. com/u17/v_NTk0MTgyMjI. html （56 网视频）

⑥黄河成语故事

http：//wenku. baidu. com/view/e8b4f62aed630b1c59eeb562. html？re＝view （百度文库）

⑦黄河污染之殇

http：//v. youku. com/v_show/id_XNTg2MjUwNjcy. html （优酷网视频）

http：//v. ifeng. com/news/mainland/2014006/013bf723-ef77-40d7-a1ea-ddd342e677df. shtml （凤凰网视频）

⑧黄河历史资料

http：//wenku. baidu. com/view/8e3c21906bec0975f465e281. html （百度文库）

http：//www. 56. com/u76/v_OTc3NjA0MDk. html （56 网视频）

⑨有关黄河的图片 （百度图片，网址略）

在实际设计过程中，还可以根据教学过程中的小组子任务或角色分配来设计安排资源列表，如该案例的前期任务设计将探究主题分为了"地形环境"、"黄河故事"、"诗词歌谣"、"黄河现状"这样四个子主题。因此，教师在设计安排资源时可以将所有的资源按照这四个探究主题分别放置在相应的列表中，以便小组能很快查找到自己小组所需的资源。

四、过程设计

在 WebQuest 的过程中，教师要将完成任务的过程分解成循序渐进的若干步骤，并对每个步骤向学生提出短小而清晰的建议，其中包括将总任务分成若干子任务，对每个学生要扮演的角色或者要采用的视角进行描述等。整个过程描述部分应当简短清晰。学生则要明确和分析所探究的问题，然后从多种渠道收集信息，对信息进行分析、综合和评价，得出适当的结论，最后用多种形式呈现自己的作品，交流探究结果。这种学习过程具有较大的自主性和开放性，但它并不因此而排斥外部引导和支持，教师须对学习过程进行必要的设计。

具体而言，探究学习过程设计主要应考虑：①总体框架设计：说明学生总体上应该在多长时间内以何种工作方式完成探究任务，提交何种成果；②活动框架设计：对通向最终问题解决方案的路线进行分析，形成活动框架，这些活动框架可以构成探究路标，指引活动的进行。

1. 总体框架设计

总体框架设计是对整个探究学习过程的一个宏观规划，对活动的具体环节设计起着重要的引导作用。在过程设计之初，要结合教学目标、内容以及探究学习任务，围绕主题，把握探究学习的总体框架，从宏观上对整个探究学习过程进行设计规划，然后在活动框架设计中对具体环节和内容进行细化和完善。如在《戏曲大舞台》探究学习设计中，对总体框架进行规划时，可以先在任务设计的基础上安排课时，具体如下。

整个课程的教学时间预设为四个课时，分两次课堂教学完成。

第一课时主要由各个学习组的小组长负责，以学生个体的自主选择为主要依据，分配不同的角色，学生根据各自的角色和学习资源进行探究。

第二、三课时的主要工作是，小组针对收集到的资料进行筛选，提炼出本组观点，然后使用视频剪辑工具剪辑出几段精彩的唱词，小组讨论该唱词的优美之处，并尝试模仿一小段曲目，最后形成小组的学习成果的PPT。

第四课时，将探究学习成果上传至百会维基进行展示及评价。

然后在此基础上进行整体规划（如图3-8所示），结合前面任务部分内容，利用思维导图对过程总体框架进行设计，主要包括引言、任务、资源、过程、评价、总结，然后在此框架的基础上细化设计。

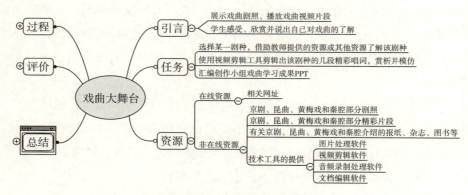

图3-8 《戏曲大舞台》总体框架设计

2. 活动框架设计

（1）探究组织的设计。

探究活动的组织形式根据主题内容、任务类型而定，一般组织形式有个体学习和小组学习。而在WebQuest中，按照学生之间的依赖关系，可将探究活动的组织形式分为自主探究学习与小组合作探究学习两种。关于这两种探究组织形式和组织策略在第一部分第三节已有阐述，此处不再赘述，直接通过《戏曲大舞台》的过程设计案例予以示例说明。

　　本节教学目标要求培养学生借助网络资源提高自主学习能力和合作交流能力。但是探究内容及任务（如资料的汇总和整理、PPT的制作等）并不能完全由学生自主探究完成，更适合采用"小组合作探究学习为主，组内成员分工自主探究为辅"的方式来开展探究活动。具体设计为：

　　①依据就近原则，每组4—6人，进行自由组合，并选出小组长；

　　②组内分工，每组成员明确自己的任务，进行自主探究；

　　③组内成员通过合作、交流、讨论得出探究成果，制作小组汇报PPT演示文稿。

　　（2）探究方法的选择。

　　在探究学习中可以采用的方法是多种多样的，但是面对不同的探究任务、探究内容，应该采取什么样的探究活动方式能够让师生进行探究，是探究学习过程设计中的一个难点。技术支持的探究学习中主要有观察、调查、实验、模拟、资料研究等几种常见的探究方法，教师需要根据探究任务和探究内容进行相应的选择，也可根据具体的活动内容结合多种探究活动方式进行探究。在WebQuest中，通常采用资料分析与调查两种方法。

　　资料分析是学生围绕一定的问题，通过检索和阅读文献资料（这里指记录人类知识的一切载体，包括各种图书、报刊、影片、录音带、录像带、幻灯片、电子文件等），寻找问题答案的过程。而网络环境下的信息资源成为技术支持的探究学习活动文献资料的一个重要组成。

　　调查是学生围绕一定的问题，通过访谈、问卷、测试等形式，有目的、有计划地收集有关研究对象的材料和数据，并据此认识事物的探究方法。一些与实际生活联系紧密的探究任务和探究内容适宜采用这种探究方法。如"水资源及其合理利用"、"火灾原因及其防火和灭火方法"等，可以利用多种方式让学生进行调查，开展探究活动。再如《戏曲大舞台》的过程设计。

　　在本节探究教学设计中，学生以小组为单位选择某一剧种，借助教师提供的资源或其他资源了解该剧种的相关知识，并将资料分类、整理、阅读、总结，形成小组观点。

学生完成本节的探究后，教师布置课后探究任务，要求学生通过调查了解本地的戏曲文化特色，形成研究报告。

（3）技术工具的选择。

教师在确定组织形式、探究方法以后，需要根据具体的活动内容设计技术工具。教师在为学生筛选并提供工具时，要先进行技术支持工具检查。除了要确保学生有条件使用这些工具以外，还需要考虑其他问题，如成本、可用性、年龄适宜性等，尤其是在时间有限的课堂探究学习环境下更要注意这些问题，尽量为学生提供合适、有效的技术支持工具。例如，在《戏曲大舞台》探究学习中，教师主要采用了以下技术工具（见表3-20）。

表 3-20　《戏曲大舞台》WebQuest 教学设计中采用的技术工具

环　节	活　动	工　具
引言	创设情境	视频播放器
过程	小组分工	思维导图
	收集资料	搜索引擎、论坛、教学资源网
	协作交流	QQ 群
	汇总资料	百会维基、文档编辑软件
	制作作品	PPT、视音频编录软件、图片处理软件
评价	自评、他评	评价量规

3. 过程设计中容易出现的问题

在 WebQuest 中，探究学习过程与接受式学习过程并不相同。接受学习是基于陈述性知识，主要通过机械记忆等方法进行学习；探究学习则是基于问题和任务，主要通过发现问题、寻求答案、制订方案等方法来学习。但是探究过程并不是完全交由学生来主宰，而是学生在教师的指导下，以学习任务为基础，按照教师所设计的学习支架或基本步骤，通过不同的形式（如小组合作、讨论交流、个别化学习等）开展探究，进而获得知识技能的掌握和提升。但是，教师在进行探究过程的设计时，往往会出现如忽视学生过程体验、教学组织形式不当等问题，下面我们来看一下过程设计中经常出现的问题以及如何来解决这些问题。

某位教师使用语文教材七年级下册第二单元的综合性学习篇目《黄河，母亲河》作为 WebQuest 的探究主题，下面是这位教师设计探究过程的框架概要。

（1）导入新课，引起兴趣

通过黄河相关影片和导语导入新课，引起学生兴趣。

（2）师生共同制定学习目标

教师通过导语中设置的问题，引出学习目标，并与学生共同制定学习目标。

（3）讨论交流，分享收获

学生开展讨论交流活动，并共同分享彼此的收获，丰富思想。

（4）收集资料，形成观点

学生自主进行资料的收集汇总，然后形成个人看法。

（5）汇报成果

学生对探究成果进行展示，并谈谈自己的感悟，进行总结反思。

探究过程是探究任务的具体体现，是学习目标能够实现的依托。一般探究学习过程的设计是基于学习目标和探究任务而进行设计的，要体现学生的主体性，但该案例中过程的设计似乎没有太多地考虑这些，因此存在以下问题。

（1）**学生主体参与度不足，忽视学生对探究过程的体验**。

WebQuest 注重学生对探究过程的体验，特别强调学生的亲身参与，教师在其中主要是引导学生积极参与到各项活动中，而学生在"做"、"考察"、"实验"、"探究"、"体验"、"创作"等一系列活动中发现和解决问题，体验和感受生活。

但是在该案例中，探究过程结构松散，有关学生进行探究过程体验的部分并不突出，学生主体参与度不足，整个活动过程设计没有体现出学生主动性的发挥，忽视了学生对探究过程体验的重要性。

（2）**探究活动组织方式设计不合理**。

WebQuest 的活动组织形式的设计一般是开放自主的，有个体学习和小组合作学习，有时也是两种方式的结合。如何选择需要视主题内容、任务类型而定。

但是在案例中该教师采用了自主探究的方式，这就存在一定的问题。因为该案例的探究主题是了解和感受黄河文明，主要有总结汇编、创作类等需要多人合作进行才能完成的任务，因而应该更适合采用小组协作探究方式来进行探究，即创立学习小组，建立一种只有小组成员共同努力才能达到个人目标的情境，在这种情境中小组成员共同努力，共同进步。因此，教师可以这样设计——进行小组分工，明确任务：

①全班共分为四个小组，根据小组具体情况选择探究主题，分别为"地形环境"组、"黄河故事"组、"诗词歌谣"组、"黄河现状"组。

②每个小组选出小组长，并做出明确分工，如负责收集文字资料、负责图片收集、负责整理资料、负责设计排版、负责报告发言等。可以一人身兼多职，也可以每人分别负责探究任务中的一项。

③小组成员共同讨论本组探究计划，确定从哪几个方面收集信息，整理资料。

④在开始探究实践前，小组成员阅读评价表，明确探究活动需要达到的目标。

此外，教师分组时还可以从以下几个方面考虑①。

①小组规模。

根据教学实践，年级越低，小组规模就应该越小。一般情况下，小组 3—5 人较为有效，但是这需要教师能够有效监控小组数量。规模过小，必然导致小组数量过多，从而加大了教师监控的难度；规模过大，则小组难以有效地

---

① 康玲玲．小组合作学习中分组问题探讨［J］．吉林教育，2011（9）：128．

开展合作学习。因此，每个小组的规模要根据不同班级、教学的目标以及学生的能力等综合情况而定。

②分组方式。

小组合作学习的分组必须有助于小组成员积极主动地参与学习的过程，并能使小组成员彼此协助，相互支持，共同合作，以提高个人能力，并完成该团体共同的学习目标。在教学活动中，常用的分组方式有学生自由分组和教师指导分组两种方式，每一种方式都有自己的特点。

A. 学生自由分组。

如果让学生自己选择小组，他们往往乐于选择那些熟悉的、相处融洽的伙伴。由于小组成员之间互相了解、彼此信任，因此能彼此之间敞开心扉，推心置腹，坦诚交流。由于学生自由选择组合的基础是其志趣相投、背景相似、性格相近，所以得到的结论往往具有片面性，特别是对于一些发散性的思维问题，可能难以达到教学目的。

B. 教师指导分组。

教师指导学生分组的基础是，教师要掌握每个学生各方面的情况，包括沟通交流能力、性格特点等，否则难以有效地分组。教师指导分组要做到恰当，需要考虑以下几个方面。

a. 组内同质与组间异质问题。

就是尽量把同质的分为一组，即将程度差不多的学生分为一组，有意识地拉大小组间综合能力的差距，即组间异质。在这种分组形式下，每一个小组内部学生的综合能力是相近的，这样对于学困生来说，没有好学生给的压力，也没有歧视，他们会畅所欲言；对于优秀生而言，因为组员间的水平相近，更能够发掘出自身的潜力。但是，这样学困生对问题的理解会停留在一个水平上，不利于他们能力的提升；另一方面，小组间的差距拉大，自然而然地就会在班级内部形成等级现象，优秀组会有自我膨胀的倾向，学困组也不可避免地就会产生自卑心理，不利于整个班级的整体发展。

b. 组内异质与组间同质问题。

就是采用组内异质（使具有不同观点和不同背景的学生分在同一个小组）、组间同质（组与组之间的水平相当）的构成模式。如成绩上"好、中、

177

差"搭配；口若悬河的学生和沉默寡言的学生搭配；性格上活泼好动的学生与内向沉稳的学生搭配。这样不仅有助于小组角色分工，也可以让每一个小组中都有不同学习风格的学生，利用互补优势提高合作学习的质量。另一方面，就是要平衡各小组之间的水平，让每个小组的综合能力相近，从而保证每个小组都处在同一条起跑线上。

c. 分组与学习任务难易程度和教学目标要求。

在小组合作学习时，教师应该根据学习任务的难易程度给学生设计适合而明确的学习目标。目标的设定必须是学生经过自身的努力可以达到的，任务是学生经过自身的努力可以完成的，否则小组合作学习不但达不到预期的目的，而且还可能挫伤学生学习的积极性与主动性。因此，教师要根据各小组的综合能力分配任务。

（3）**探究过程描述简单，角色分工不明确**。

探究过程的设计是学生开展探究学习的参考，是教师为学生提供的学习支架，相当于为学生完成任务的活动指南，学生通过探究过程设计明确自己的角色分工，展开交流互动，进行探究活动等。但是在上述案例中，对于每个环节的描述不够清晰明确，学生无法知道自己究竟要做什么、怎么做。

针对以上问题，修改后的过程设计如下（具体内容详见第四部分第一节）。

①进行小组分工，明确任务
②收集资料，协作交流
③资料汇总，制作作品
④评价总结，分享成果

（4）**缺少探究支架的提供**。

教师作为课堂探究学习的引导者，帮助学生掌握、建构、内化那些能使其从事更高认知活动的技能。这种掌握、建构和内化是与其年龄和认知水平相一致的，一旦获得了这种技能，便可以更多地对学习进行自我调节。在探究过程中，支架的提供是非常有必要的，通过支架调动学生的积极性，发挥其潜能，超越其最近发展区。

在进行探究过程的设计时，可以采用过程设计撰写核对清单，来帮助把握对探究过程设计的合理性（见表3-21）。

表 3-21　"过程"撰写的核对清单①

"过程"的各个方面	是	？	否	备注
1. 角色明确，谁在什么时间做什么事情十分清晰				
2. 各个角色应构成完成工作所必需的整体，而不仅仅是牵强地附加上去的				
3. 逻辑是清晰的（例如，清晰地表述了学习小组是如何形成的）				
4. 充分的资源能够使学生有足够的信息开展他们的学习活动				
5. 为各种互动学习活动提供了充分的活动指南。这些活动可以是学生之间的交互（例如，集体自由讨论），或者是与数据的交互（例如，分析一张照片、采访一位专家）				
6. 对怎样完成或执行任务有充分而详细的指南（例如，建议大纲、样例、格式）				
7. 过程与描述的任务相匹配				
8. 始终如一的表述角度（称呼学生的时候用"你"，而不是"同学们"）				
9. 所用词语和学生的阅读水平相符				
10. 运用项目标记符号和数字编号分割长的文字段落				
11. 链接不能够转移学生的注意力，并导致他们过早地离开学习网页去其他的站点				
12. 较长的角色任务细节用分离的短页来表述				

（备注：当某一项评价是"不是"或者"？"时，就应该针对这一内容进行修改）

五、评价与结论设计

WebQuest 的评价不仅重视学习成果的评价，更重视探究过程的评价。在设计评价时，需要结合教学目标、任务和过程设计，针对不同评价主体（学生自身、教师、同学等）进行多角度、多样化的学习评价。常用的评价方法有以下几种。

量规法简单易用，是教师常用的评价工具之一，它以量化的形式考查学

---

① 改编自：Dodge. "过程"撰写的核对清单［EB/OL］. 柳栋，译. ［2016-04-30］. http：//www. being. org. cn/webquest/processchecker. htm.

生的探究效果。在 WebQuest 评价中按评价主体的不同，对学生探究学习情况进行评价。评价量规可分为三类：自评量规、互评量规和教师评价量规。本书中主要采取这种评价方法对学生的探究学习活动进行评价。

电子学档又称为电子文件夹、电子档案袋。在探究学习中，利用信息化手段呈现电子学档（包含探究过程中对问题的讨论交流、收集的相关资料、探究过程反思、探究成果呈现等），评价探究学习情况。

课堂观察法是一种重要的质性评价方法。教师根据课堂观察量表，观察学生在探究学习活动中表现出来的情感和态度，对学生运用网络的情况、探究学习的投入等进行评价。

具体评价量规的设计已在本书第二部分做了详细介绍，这里不再赘述，本部分将重点关注结论的设计和评价量规设计中容易出现的问题。

1. 结论的设计

（1）**结论的目的**。

通过总结，使学生从知识与技能、过程与方法、情感态度与价值观、21世纪技能等方面知道自己在整个探究学习过程中的收获与不足，促进学生进一步反思、学习、发展，同时为下次 WebQuest 学习在心理和方法上做准备。

（2）**结论的对象**。

WebQuest 的总结有两类：第一类是教师总结，第二类是学生总结。

①教师总结。

探究学习活动结束后，教师一方面可以从学生探究学习的投入程度、探究成果等方面总结探究学习情况；另一方面还可以结合教学设计、教学实施等，总结反思自己在本次 WebQuest 学习活动的设计、组织等方面存在的问题或不足，为今后设计 WebQuest 学习积累经验。

②学生结论。

探究学习活动结束后，教师可以要求学生总结探究学习收获，形成探究学习经验，并将其经验进行拓展应用。

（3）**结论的方式**。

①课堂结论。

教师先总结自己在本次学习中的体会，以及自己有何所得、有何不足；

然后学生个人总结个体在活动中的收获，小组代表总结小组活动的经验教训；最后教师要求学生对本次学习进行延伸。例如，对《戏曲大舞台》探究学习活动做了这样的延伸：

通过本次戏曲探究活动，你对戏曲文化及艺术有了更深一步的认识和体会，那么请你调查了解本地的戏曲文化特色，并形成研究报告。

②课后结论。

教师和学生在探究学习活动结束后反思本次活动，写出对探究活动的体验、获得的经验以及存在的不足，还可以将如何发扬优点、克服问题，通过博客、QQ 空间、好看簿等将反思日记写出来，交流心得体会。

2. 评价设计中容易出现的问题

在探究学习过程中，学生面临的学习任务是相对真实的，具有一定的自主权。在教学前需要通过情境创设、量规提供、学习契约等方式传达教学期望，使学生对自己要达到的目标或结果有明确的认识。评价不仅要明了学生上述能力的状态，更要力图使学生的上述能力得到提高和发展。而在评价的设计中，大多数教师主要在量规设计方面尚存在一定的问题。

例如在《黄河，母亲河》的教学设计中，教师设计了评价量规，并在学生完成探究学习后，利用该量规进行评价。教师设计的评价量规见表3-22。

表 3-22 《黄河，母亲河》评价量规（修改前）

项目	优 秀	良 好	一 般
资料收集	能够明确地围绕保护黄河这一课题，根据自己所担任的角色，围绕主题准确地收集资料，资料丰富	能根据课题研究的要求，较为明确地围绕主题搜集资料，资料较丰富	围绕的课题不明确，收集的资料与课题联系不大，资料不丰富
内容分析	对资料的分析详细透彻，内容充实，能够条理清晰、完整地阐述自己的观点和结论，易于理解	资料翔实、内容充分，但对资料的分析存在不足，需要对资料进行消化、吸收	不能够完成课题，对内容的分析不正确

续表

项目	优 秀	良 好	一 般
成果展示	能用自己的语言对主题进行介绍。论据充足，内容中有自己独特的理解和看法	介绍的内容正确，能引用资料，适当地进行组织，内容中包含一些自己的感受	介绍的内容正确，完全引用资料的内容，没有加工资料，组织不够合理
报告设计	每一张幻灯片在视觉上都有整洁和统一的版面设计，形式新颖，能增强文稿的可欣赏性	幻灯片的版面设计在视觉上效果还可以，具有一定的可读性。	幻灯片的版面设计效果不好，设计太过单调
团队协作	合作目标与责任明确，效率高。讨论充分，相互尊重对方的观点，并能妥善处理矛盾。在陈述过程中，其他成员能补充	合作目标明确，有分工，效率较高。有讨论交流，有时能尊重不同观点，矛盾也能解决	合作有目标，有分工，但不够明确，效率一般。能进行讨论与协商，但不能妥善处理产生的矛盾
教师评价			

该案例中的评价量规主要是从资料收集、内容分析、成果展示、报告设计、团队协作五个方面进行总体评价，但是结合该案例的探究主题、内容、任务等可以发现，它仍然存在一些问题。

（1）**评价维度划分不合理**。

课程标准中提出对学生的评价不仅仅局限于学习结果，对学生的学习过程也要给予评价。探究学习是以学生为主体，让学生通过亲身体验的方式去建构知识、获得知识，因此评价主要是对学生获得知识的过程、表征与结构变化进行评价，更多采用的是形成性评价，在划分评价维度时应整体把握学生的学习过程，围绕教学目标尽可能全面地考虑学生进行探究学习活动的每个环节。

但是在该案例中，教学目标主要是培养学生的资料分析能力和合作创新能力，同时案例设计中采用了很多技术手段。但是在评价维度中并没有体现这些，维度的划分既不全面又不合理，因此需要在对案例中的教学目标、内容及过程等进行整体分析后对该量规进行修改。如可将量规评价维度定为资料的收集、小组合作情况、学习成果的制作与展示和时间管理、技术上的组织五个方面，或者定为资料收集、团队合作和成果展示三个方面——将技术部分的评价融入成果展示中。

（2）**维度对应的评价等级描述不准确，缺乏区分度**。

一般来说，所划分的评价等级及内容目标描述应该是一致的，但是该案例中虽然等级划分为优秀、良好、一般，但是不同维度的具体等级描述却并不一致。例如，在评价资料收集、内容分析和报告设计等方面时，"一般"中所对应的等级描述是完全负面的行为描述，而其他评价维度中"一般"所对应的描述则既有正面的——只是相对"优秀"、"良好"来说稍显逊色，也有负面的。这些都违背了评价的合理性和科学性，评价的信度、效度将降低。

最终修改后的评价量规详见第四部分第一节。

第四部分

技术支持的探究
学习案例

第一节　语文学科案例

一、《黄河，母亲河》——WebQuest 学习案例

【教学目标】

1. 知识目标

了解黄河的发源、历史，感受黄河文明，体会黄河作为"母亲河"是怎样融在中国文化之中的。

2. 能力目标

（1）培养学生根据主题收集、整理、筛选资料的能力，引导学生掌握分析、运用所得资料的基本方法。

（2）培养学生的合作意识，引导学生学会自主、合作学习。

（3）培养学生在综合活动中的创新意识和创造能力。

3. 情感目标

关注母亲河，加强环保意识，激发学生的爱国热情。

【教学环境】

多媒体网络教室、网络广播教学软件、大屏幕投影、百会维基等。

【教学过程】

表 4-1　《黄河，母亲河》教学过程

教学 环节	活　　动	使用 工具
引言	1. 教师播放几组视频 （1）有关黄河各方面的视频片段； （2）冼星海的《黄河大合唱》； （3）《黄河颂》。 2. 导言 自古以来，赞颂黄河的诗文举不胜举，这条奔腾不息的河流，用她甘甜的乳汁哺育了一代又一代的中华儿女，孕育了灿烂的华夏文明。"一把黄土塑成千万个你我，静脉是长城，动脉是黄河。"可以说，只要是中国人，就没有不知道黄河的。人们常常把黄河比喻成摇篮、母亲、屏障等，但是你们真的了解黄河吗？ 今天，让我们做一次黄河历史、文化、现状的巡礼，来捡拾沉淀的黄河文明，追溯过去，正视现在，展望未来，解开我们内心深处的那一个个黄河谜！	视频 播放器
任务	在本次探究学习中请大家完成以下三个任务。 （1）小组选择一个探究主题（探究主题分别是"地形环境"、"黄河故事"、"诗词歌谣"、"黄河现状"），收集并整理相关资料，感受黄河的魅力，主要包括： ①关于黄河发源、地形、沿岸风景、城市等； ②与黄河有关的文化故事、历史、神话、传说等； ③与黄河有关的谚语、成语、古今诗词、歌谣等； ④关于黄河带来的灾难、断流、水土流失、水污染等。 （2）小组进行创作，制作有关保护黄河的宣传作品，可以是 PPT、图画、Word、宣传海报等多种形式。 （3）总结汇编小组资料及作品，形成 PPT 演示文稿，并进行汇报展示，同时将成果展示在百会维基平台上	大屏幕投影展示探究学习任务
资源①	1. 黄河百科 2. 黄河新闻 3. 有关黄河的历史故事 4. 有关黄河的神话 5. 有关黄河的传说 6. 关于黄河的诗词 7. 黄河成语故事 8. 黄河污染之殇 9. 黄河历史资料 10. 有关黄河的图片	百度云共享

---

① 　这里仅显示资源的关键词，相关资源可通过搜索引擎进行链接，具体网址略，后同。

续表

教学环节	活　动	使用工具
过程	1. 小组分工，明确任务 （1）全班共分为四个小组，根据小组具体情况选择探究主题，分别为"地形环境"组、"黄河故事"组、"诗词歌谣"组、"黄河现状"组。 （2）每个小组选出小组长，并做出明确分工，如负责收集文字资料、负责图片收集、负责整理资料、负责设计排版、负责报告发言等。可以一人身兼多职，也可以每人分别负责探究任务中的某一项。 （3）小组成员共同讨论本组探究计划，确定从哪几个方面收集信息，整理资料。 （4）在开始探究实践前，小组成员阅读评价表，明确探究活动需要达到的目标。 2. 收集资料，协作交流 （1）收集阶段：围绕本组探究主题，每个学生根据各自不同的分工对教师所提供的资源中的资料进行阅读、整理。 （2）整理阶段：小组通过讨论交流，整理有用的资料并对资料进行加工处理，最后放置在分类文件夹中。 3. 资料汇总，制作作品 （1）小组成员通过讨论交流，进行资料的筛选、评价，形成本组的观点。 （2）小组成员通过讨论进行奇思妙想，并结合已有资料，设计和制作有关保护黄河的宣传海报。 （3）把小组综合整理出的探究成果制作成 PPT 演示文稿并进行汇报展示。（在汇报过程中，同组其他成员可进行补充发言；而其他小组同学可以提出自己的疑问，现场请教汇报同学，解决自己的疑惑） 4. 评价总结，分享成果 （1）教师提供评价量规，通过自评、组间互评和教师评价，对学生的探究成果进行评价。 （2）小组根据评价意见，修改完善本组 PPT 演示文稿。 （3）小组将过程性资料、修改后的 PPT 演示文稿及评价表上传至百会维基平台与全班共享。 （4）利用图书、报刊和网络资源，收集有关黄河戏剧文化的相关资料，进行筛选整理，形成报告或视频	思维、导图、Mind-Manager 百度等搜索引擎 PS、画图工具、Word、PowerPoint等办公软件
评价	可用于教师点评和学生自评的描述性评价量规 1（见表 4-2） 可用于教师评价的量表式评价量规 2（见表 4-3）	

表 4-2　评价量规 1

评价项目	优　秀	良　好	合　格	不合格
资料的收集	资料收集紧密围绕探究学习主题，能充分支持小组观点； 资料的选择和引用全面、精确、正确无误，能详细注明出处	资料收集能较为紧密地围绕探究学习主题，能够支持小组观点； 资料的选择和引用比较准确，能注明出处	资料收集基本能够围绕探究学习主题，基本能够支持小组观点； 资料的选择和引用基本准确，但有部分资料未注明出处	资料收集没有围绕探究学习主题，基本不能支持小组观点； 资料的选择和引用不够全面准确，且资料未注明出处
小组合作情况	小组内能充分沟通交流，合理分工； 每个成员都能积极主动参与讨论，分享观点； 小组合作氛围融洽	小组内能进行沟通交流，分工较为合理； 大部分成员能够参与讨论，分享观点； 小组合作中偶有冲突，但能成功解决并完成合作	小组内能进行基本的沟通交流，分工基本合理； 部分成员能够参与讨论，分享观点； 对合作中出现的冲突基本能够解决并完成合作	小组内不能进行充分的交流，分工不合理； 成员参与讨论、分享观点的积极性不高； 小组内缺少良好的合作氛围，不能很好地解决合作中出现的冲突
学习成果制作与展示	学习成果能够很好地体现小组探究过程及探究结论； 能够恰当运用图片、视频、数据、案例等多种形式支持探究结论； PPT 内容结构清晰明了，主题明确； PPT 设计排版有特点且美观大方，重点突出； 成果汇报表现力强，语言表达精练，阐述精准	学习成果能够较好地体现小组探究过程及探究结论； 能够较为恰当地运用图片、视频、数据、案例等多种形式支持探究结论； PPT 内容结构较为清晰，主题明确； PPT 设计排版美观，较为突出地表现成果内容； 成果汇报表现力较强，语言表达简单明了	学习成果基本能体现小组探究过程及探究结论； 能够运用一些图片、视频等简单形式支持探究结论； PPT 内容结构一般，主题基本明确； PPT 设计排版呆板，基本能够表现成果内容； 成果汇报有一定表现力，语言表达基本清晰连贯	学习成果无法体现小组探究过程及探究结论； 支持探究结论的资料单一，形式不够丰富； PPT 内容结构不清晰，主题不明确； PPT 设计不美观，成果内容表现也不理想； 成果汇报缺乏表现力，语言表达不够清晰连贯
时间管理	能够针对不同的任务，合理分配时间； 能够很好地按时完成所有探究任务	能够针对不同任务，合理分配时间； 基本能够按时完成所有探究任务	基本能够针对不同任务分配时间； 差点延期，但还是在规定时间内完成了探究任务	面对探究任务，不能够合理地分配时间； 不能够按时完成所有的探究任务
技术上的组织	能够将展示文件存入个人文件夹并备份以防不测，同时上传一份至教师处	能够将展示文件存入个人文件夹但没有备份，同时上传一份至教师处	能够将展示文件存入个人文件夹但没有备份，也忘记上传文件给教师	没有保存可供展示和上传的文件

表 4-3 评价量规 2

评价项目	内 容	很好(5分)	较好(4分)	一般(3分)	较差(2分)	很差(1分)
资料收集	1. 资料收集围绕探究学习主题，能充分支持小组观点					
	2. 资料种类丰富，包括文本、图片、音频、视频等					
	3. 资料收集真实、来源多样，且具有较高的可靠性					
团队协作	1. 小组分工明确，任务分配合理，制定小组分工图					
	2. 在合作过程中能够根据分工图有效规划时间					
	3. 每个成员明确小组任务和个人任务，完成个人任务					
	4. 每个成员都积极主动参与讨论，表达分享个人观点					
	5. 面对组内冲突时，能有组员因势利导，调节好矛盾					
	6. 当组员之间意见相左，有成员做出必要妥协和让步					
成果展示	1. 对资料分析透彻，小组观点正确且论据充分					
	2. 对本组探究主题的相关介绍详细、条理清晰					
	3. 对所举实例分析详细、透彻，条理清晰、准确无误					
	4. 设计的宣传作品具有新意，主题清晰明了					
	5. 能够结合 PPT 用自己的语言对小组成果进行介绍					
	6. PPT 视觉效果简洁、美观，有统一的版面设计					
	7. PPT 素材类型多样，包括文本、图片、音频、视频					
	8. PPT 中文字排版统一、符合要求，有小组特色					
	9. PPT 中图片清晰，与版面色彩搭配恰当					
	10. 能够将 PPT 成果上传至百会维基与全班分享					
总分						

二、《汉字专题》——WebQuest 学习案例

【教学目标】

1. 知识目标

了解汉字的发展、汉字的构造及深厚的文化底蕴。

2. 能力目标

以网络探究的方式培养学生借助网络资源自主学习的能力；以异质分组的方式培养学生的合作能力。

3. 情感目标

通过感受汉字魅力，激发学生对汉字的热爱，培养学生研究汉字的兴趣。

【教学环境】

计算机网络教室。

【教学过程】

表 4-4　《汉字专题》教学过程

教学环节	活　　动	使用工具
引言	1. 播放音频《中国娃》，燃起学生爱国、爱汉语、爱汉字之情 2. 播放《开心辞典》汉字专题答题动画 今天主要考考同学们有关世界文字之最的题目。 （1）当今世界上历史最悠久的语言文字是： A. 日文　　　B. 汉字 （2）当今世界上唯一仍在使用的方块字是： A. 中国汉字　B. 埃及文字 （3）世界上使用人数最多的文字是： A. 英文　　　B. 汉字 （4）当今世界上电脑输入速度最快的文字是： A. 英文　　　B. 汉字 （5）世界上使用最简洁的文字是： A. 日文　　　B. 汉字	音频播放器、视频播放器

教学环节	活　　动	使用工具
引言	3. 导言 汉字是中华文化的载体，是中华智慧的浓缩，是中华文明的精华，其形状之丰润、结构之精美、意境之深邃、韵律之悠扬，是其他文字不可比拟的。在五千年的文明积淀和文字演变中，汉字以其独特的形、意、韵，缔造了书法、诗词（格律）、成语、联谜四大足以令拉丁文字汗颜、令华人华语扬眉的瑰宝。 今天，我们就一起遨游汉字王国，走进网络探究学习"汉字"，感受汉字的有趣、神奇和美丽，了解汉字文化	音频播放器、视频播放器
任务	在本次探究过程中请完成以下任务。 （1）小组从"汉字之史"、"汉字之奇"、"汉字之趣"、"汉字之美"、"汉字之情"、"汉字之尊"六个主题中选择一个主题（见下表），收集整理并分析资料，进而了解汉字深厚的文化底蕴； | 探究主题	探究建议
---	---
汉字之史	汉字的起源、汉字字体演变、汉字演变规律等方面
汉字之奇	汉字的特点、汉字的功能作用、汉字造字法等方面
汉字之趣	与汉字相关的字谜、对联、诗文、谐音、笑话、故事、趣闻等方面
汉字之美	书法、篆刻、音乐、绘画等方面
汉字之情	中国人赞汉字、外国人赞汉字等方面
汉字之尊	汉字的未来、校园错别字、街头错别字等方面 | （2）整理汇编收集的资料，分析并形成小组观点，制作汉字学习成果PPT 演示文稿进行汇报展示，同时将成果 PPT 及过程性资料分享在百会维基平台	
资源	1. 汉字之史 2. 汉字之奇 3. 汉字之趣 4. 汉字之美 5. 汉字之情 6. 汉字之尊	

续表

教学环节	活 动	使用工具
过程	1. 组建小组，制订计划 （1）组建小组：按探究的主题将全班分为 6 个学习小组，并选出组长。 （2）明确任务：根据选择的主题及教师提供的探究内容，确定小组的探究任务。 （3）制订计划：小组讨论制订探究计划，明确分工内容。计划应包含下列内容：资料收集内容、过程管理、PPT 制作等。 2. 小组探究活动 （1）在开始探究前，阅读评价表，明确探究需要达到的目标，并在探究活动结束后使用评价表进行自评、互评。 （2）结合本组探究主题，利用教师提供的资源及网址收集、筛选需要的信息资料。 （3）整理收集到的相关资料，并按类别或内容进行分类。在围绕任务广泛、全面地收集、整理资料的过程中，遇到困难可以求助于老师或者同学。 （4）小组针对收集到的资料进行分析，并对有争议的部分进行讨论、交流，最终形成本组观点。 （5）制作小组汇报的 PPT 演示文稿，PPT 需包含小组分工图、探究主题及概述（结合具体实例说明）、小组活动反思与总结（在制作 PPT 或制作文稿素材时，可以选择使用美图秀秀、PS、文档编辑软件等技术工具）。 （6）各小组将过程性资料及完成的 PPT 演示文稿分享至百会维基平台。 3. 展示及交流成果 各小组派组员向全班汇报展示小组探究活动成果 PPT，师生结合探究学习评价表对探究学习活动进行评价，教师进行总结	
评价	可用于教师点评和学生自评的描述性探究学习评价量规 1（见第 190 页表 4-2） 可用于教师评价的量表式评价量规 2（见表 4-5）	

表 4-5　评价量规 2

评价项目	内 容	很好 （5分）	较好 （4分）	一般 （3分）	较差 （2分）	很差 （1分）
资料收集	1. 资料收集围绕探究学习主题，能充分支持小组观点					
	2. 资料收集类型丰富，包括文本、图片、音频、视频等					
	3. 资料收集真实、来源多样，且具有较高的可靠性					

续表

评价项目	内　　容	很好 (5 分)	较好 (4 分)	一般 (3 分)	较差 (2 分)	很差 (1 分)
团队协作	1. 小组分工明确，任务分配合理，制定小组分工图					
	2. 在合作过程中能够根据分工图有效规划时间					
	3. 每个成员都明确小组任务和个人任务，完成个人任务					
	4. 每个成员都能积极主动参与讨论，表达分享个人观点					
	5. 每个成员能互相尊重对方观点，并对他人观点进行补充					
	6. 能够理性处理组内冲突，达成共识					
成果展示	1. 对资料分析透彻，小组观点正确且论据充分					
	2. 对所选主题的汉字知识介绍详细，条理清晰，准确无误					
	3. 能够运用恰当的实例对所选主题的汉字知识进行介绍					
	4. 能够结合 PPT 用自己的语言对小组成果进行介绍					
	5. PPT 视觉效果简洁、美观，有统一的版面设计					
	6. PPT 素材类型多样，包括文本、图片、视频、音频等					
	7. PPT 中文字排版统一、符合要求，有小组特色					
	8. PPT 中图片清晰，与版面色彩搭配恰当					
	9. 能够将 PPT 成果上传至百会维基与全班分享					

第二节　数学学科案例

一、《勾股定理》——基于几何画板的探究学习案例

【教学目标】

1. 知识目标

（1）理解勾股定理的内容，能用自己的语言总结定理。

（2）理解通过构建图形的方法探究勾股定理的原理。

（3）学会使用多种方法来证明勾股定理。

2. 能力目标

在探索勾股定理的过程中，经历"观察—猜想—验证—总结"的数学思考过程，并体会数形结合和从特殊到一般的思想方法。

3. 情感目标

（1）通过勾股定理的探究过程，体会解决问题的多途径、多视角的方法。

（2）通过小组合作学习，培养主动参与、勇于探究的精神。

【教学环境】

安装几何画板软件的计算机教室。

【教学过程】

（一）创设情境，提出问题

师：相传 2500 年前，毕达哥拉斯在朋友家里做客时，发现朋友家用砖砌成的地面反映了直角三角形三边的某种数量关系（如图 4-1 所示）。我们也来观察图中的地面，看看有什么发现？

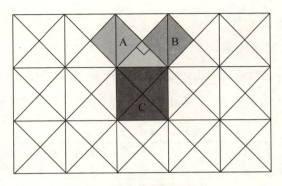

图 4-1 用砖砌成的地面

思考：

（1）S_A、S_B、S_C 之间存在怎样的数量关系？（从图中学生容易得出 $S_A + S_B = S_C$）

（2）图中等腰直角三角形的三边有什么关系？

（学生不难总结得出：等腰直角三角形两直角边边长的平方和等于斜边边长的平方）

（3）一般的直角三角形也有这个性质吗？

（二）布置任务

（1）小组合作，利用几何画板探究直角三角形三条边长间的数量关系；

（2）各小组利用几何画板演示、汇报探究过程。

（三）小组合作探究

1. 组建小组，制订探究方案

（1）按照就近分组的原则，将全班分成 6 组，每组 4—6 人，然后选出每组的小组长；

（2）组内分工，明确每名组员的职责，其中组内分工主要包括：记录探究方案、监控探究过程、演示汇报等；

（3）小组内部交流讨论，制订出本组的探究方案；

（4）在开始探究前，阅读评价量规，明确探究需要达到的目标。

2. 小组开展探究

每个小组按照"提出猜想—制订探究方案—验证猜想—得出结论"的流

程完成探究任务。

3. 展示及交流成果

各小组派一名组员利用几何画板向全班汇报演示探究过程，师生结合探究学习评价表（见表4-6）对探究学习活动进行评价，教师进行总结。

表4-6 探究学习评价表

评价项目	内 容	很好 (5分)	较好 (4分)	一般 (3分)	较差 (2分)	很差 (1分)
分工协作	1. 小组内部分工与责任明确，任务分配合理					
	2. 小组内部制订一定的活动计划及时间安排					
	3. 每个成员都能够明确自身的角色及任务安排					
参与程度	1. 认真参与探究，积极思考，善于发现问题，勇于解决问题					
	2. 积极发言，表达自己的观点					
	3. 积极解决难题，不半途而废					
实验设计	1. 能迅速地完成勾股定理的实验探究设计					
	2. 能够设计多种证明勾股定理的方案					
	3. 小组的实验方案设计科学、合理且具有可行性					
成果展示	1. 测量实验数据正确					
	2. 能合理地构造含有直角三角形证明勾股定理的拼接图形					
	3. 对误差数据、问题数据做出合理且信服的解释					
	4. 能够流利、准确、清晰地表达探究过程及探究结果					
	5. 小组其他成员能够积极补充发言					
动手操作能力	1. 能够熟练操作几何画板作图					
	2. 能够准确利用几何画板中的工具获取数据					
	3. 能够准确利用几何画板中的工具对图形进行变换和平移					

【学生的活动记录】

（一）第一组的探究成果

1. 提出猜想

在一般的直角三角形中，两条直角边的边长分别为 a、b，斜边边长为 c，那么有 $a^2 + b^2 = c^2$。

2. 制订探究方案

（1）**小组讨论**。

组长：在我们开始探究之前，需要制订出探究方案，我们先来讨论一下解决任务的思路。

组员1：首先在几何画板中画出如图 4-2 所示的图形，然后计算出 S_A、S_B、S_C 三个正方形的面积。如果有 $S_A + S_B = S_C$，那么直角三角形 M 三条边长间的数量关系为：$a^2 + b^2 = c^2$。

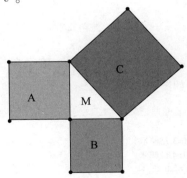

图 4-2 几何画板画图

组员2：可以改变直角三角形 M 的三条边长，观察两个小正方形的面积之和是否等于大正方形的面积。

组员3：你的意思是说，如果两个小正方形的面积之和始终等于大正方形的面积，就表明直角三角形 M 的三条边长间的数量关系为：$a^2 + b^2 = c^2$？

组长：大家都非常对，我们通过等积法来探究直角三角形三条边长的数量关系（如图 4-7 所示。注：图中数字均保留两位小数，有的取近似值，后同）。

199

（2）探究方案。

①利用几何画板画出图 4-2 的图形，度量出直角三角形 M 的三条边长。

②分别度量出三个正方形的面积。

③将两个小正方形面积相加，观察它们的面积之和是否等于大正方形的面积。如果相等，那么就可以得到直角三角形 M 三条边长间的数量关系为：$a^2+b^2=c^2$。

④改变直角三角形 M 三条边的边长，观察个小正方形的面积之和是否等于大正方形的面积，如果依然相等，则表明在任意直角三角形中都有两条直角边的平方和等于斜边的平方的结论。

3. 验证过程

（1）首先画一个直角三角形 M（如图 4-3 所示）。

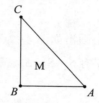

图 4-3　直角三角形

（2）按住 Shift 键选中线段 *AB*、*BC*、*AC*，在菜单栏选择"度量—长度"，得到三条线段的长度（如图 4-4 所示）。

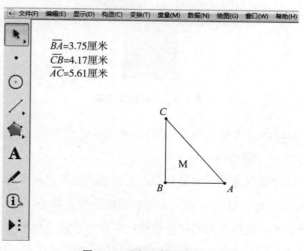

图 4-4　几何画板定义长度

200

（3）分别以 *AB*、*BC*、*AC* 三条边为边长，构造三个正方形（如图 4-5 所示）。

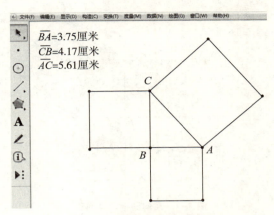

图 4-5 几何画板构造三角形

（4）按住 Shift 键选中其中一个正方形的四个顶点，选择"构造—四边形内部"，然后右击选择"颜色"为正方形填充颜色，另外两个正方形的操作方法相同（如图 4-6 所示）。

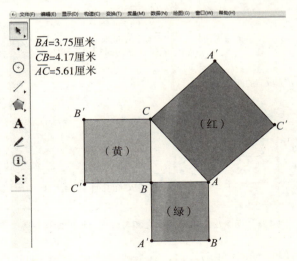

图 4-6 几何画板构造四边形

（5）计算三个正方形的面积。选中一个正方形，在菜单栏选择"数据—计算"，得到该正方形的面积，其余两个正方形的面积计算方法同理（如图 4-7 所示）。

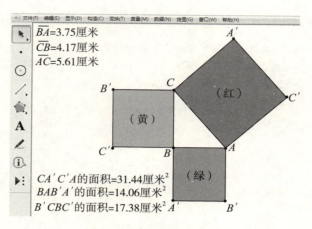

图 4-7　几何画板计算面积

（6）在菜单栏中选择"数据—计算"，选择 $BAB'A$ 的面积 = 14.06 厘米² 和 $B'CBC'$ 的面积 = 17.38 厘米²，得到结果如图 4-8 所示。（两个小正方形面积之和与大正方形的面积相等）

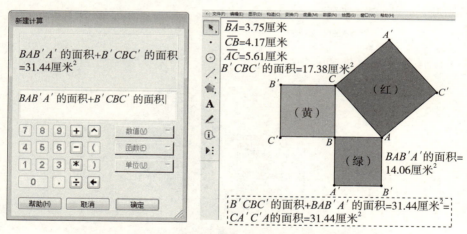

图 4-8　两个小正方形面积之和与大正方形的面积相等

（7）改变直角三角形 M 的边长，观察两个小正方形的面积之和是否等于大正方形的面积（通过改变三角形的边长，发现两个小正方形的面积之和始终等于大正方形的面积，如图 4-9 所示）。

（8）根据构建的图形，利用等积法推导直角三角形 ABC 三条边的数量关系。

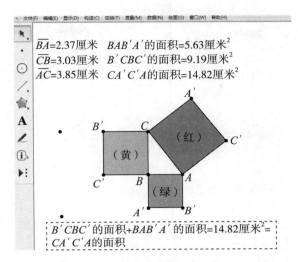

图 4-9 两个小正方形的面积之和始终等于大正方形的面积

设直角三角形的两条直角边的边长分别为 a、b，斜边边长为 c。

因为 $S_黄 + S_绿 = S_红$，$S_黄 = a^2$，$S_绿 = b^2$，$S_绿 = c^2$，所以 $a^2 + b^2 = c^2$。

4. 得出结论

描述结论：在直角三角形中，假设两条直角边边长为 a、b，斜边边长为 c，那么有 $a^2 + b^2 = c^2$。

教师总结：在任意直角三角形中，两条直角边的平方和等于斜边的平方，我们称这个定理为勾股定理。

（二）第二组的探究成果

1. 提出猜想

在一般的直角三角形中，两条直角边的边长分别为 a、b，斜边长为 c，那么有 $a^2 + b^2 = c^2$。

2. 制订探究方案

（1）构造由四个全等直角三角形拼接成的正方形（如图 4-10 所示）。

（2）利用组合面积的原理，得到里面小正方形（很容易得到里面的四边形是正方形）的面积等于大正方形面积减去四个直角三角形的面积。

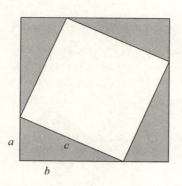

图 4-10　四个全等直角三角形拼接成的正方形

（3）通过建立直角三角形、小正方形、大正方形的面积的等量关系式，得到直角三角形 *ABC* 中边长 a、b、c 的数量关系。

3. 验证过程

（1）在几何画板中画出一个直角三角形 *ABC*，选择"构造—三角形内部"为三角形填充颜色（如图 4-11 所示）。

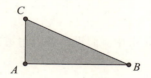

图 4-11　几何画板构造三角形

（2）选中直角三角形 *ABC*，将其复制，粘贴三次，得到与其全等的另外三个直角三角形（如图 4-12 所示），并依次更改它们顶点的标签。

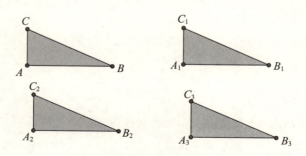

图 4-12　几何画板复制三角形

（3）双击顶点 A_1，选中直角三角形 $A_1B_1C_1$，选择"变换—旋转"将其围绕顶点 A_1 逆时针旋转 90 度（如图 4-13 所示）。

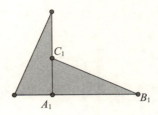

图 4-13　三角形旋转变形

（4）选中原来的直角三角形 $A_1B_1C_1$，选择"显示—隐藏路径对象"将其隐藏，移动直角三角形 $A_1B_1C_1$，使顶点 C_1 与顶点 B 重合（如图 4-14 所示）。

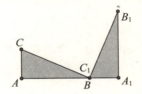

图 4-14　顶点重合

（5）同理将直角三角形 $A_2B_2C_2$ 绕顶点 A_2 逆时针旋转 270 度，将直角三角形 $A_3B_3C_3$ 绕顶点 A_3 逆时针旋转 180 度，并将其移动，使 B_2 与顶点 C 重合、B_3 与 C_2 重合、C_3 与 B_1 重合（如图 4-15 所示）。

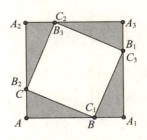

图 4-15　三角形旋转重合

（6）根据构建的图形，利用组合面积的原理，推导直角三角形 ABC 三条边的数量关系。（由三角形全等定理可知，外面的大四边形为正方形，里面的小四变形为正方形）

设直角三角形 ABC 的一条直角边 $AB=b$，$AC=a$，$BC=c$，

因为 $S_{大正方形}=4 \times S_{三角形}+S_{小正方形}$，所以 $S_{小正方形}=S_{大正方形}-4 \times S_{三角形}$。

又因为 $S_{大正方形}=(a+b)^2$，$S_{三角形}=ab/2$，$S_{小正方形}=c^2$，所以 $c^2=(a+b)^2-4 \times ab/2$，$c^2=a^2+b^2$。

4. 得出结论

描述结论：在直角三角形中，假设两条直角边边长为 a、b，斜边为 c，那么有 $a^2+b^2=c^2$。

教师总结：在任意直角三角形中，两条直角边的平方和等于斜边的平方，我们称这个定理为勾股定理。

（三）第三组的探究成果

1. 提出猜想

在一般的直角三角形中，两条直角边的边长分别为 a、b，斜边长为 c，那么有 $a^2+b^2=c^2$。

2. 制订探究方案

（1）构造出由两个全等直角三角形拼接形成的梯形（如图 4-16 所示）。

图 4-16 拼接梯形

（2）根据组合面积的原理，可以看出梯形的面积等于大直角三角形面积与两个小直角三角形面积之和。

（3）建立梯形面积、两个小直角三角形面积、大直角三角形面积的等量关系式，得到直角三角形三条边长 a、b、c 的数量关系。

3. 验证过程

（1）在几何画板中画一个直角三角形 ABC，选择"构造—三角形内部"为三角形填充颜色（如图 4-17 所示）。

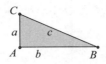

图 4-17 构造三角形

（2）选中三角形 *ABC*，按住 Ctrl+C，Ctrl+V，得到与直角三角形 *ABC* 全等的直角三角形 *DEF*；改变其填充颜色，然后双击点 *E*，选中直角三角形 *DEF*，选择"变换—旋转"将其围绕点 *E* 逆时针旋转 90 度（如图 4-18 所示）。

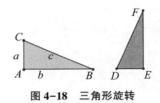

图 4-18 三角形旋转

（3）选中直角三角形 *DEF*，使点 *B* 与点 *D* 重合（如图 4-19 所示）。

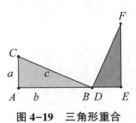

图 4-19 三角形重合

（4）选中点 *C*、点 *F*，选择"构造—线段"，并构造三角形 *CDF* 的内部，填充颜色（如图 4-20 所示）。

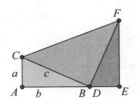

图 4-20 三角形内部构造线段

（5）根据构建的图形，利用面积拼接法推导直角三角形 *ABC* 三条边的数量关系。（根据全等三角形原理，可以证明三角形 *CDF* 为等腰直角三角形，四边形 *CAEF* 为直角梯形）

设直角三角形 ABC 的一条直角边 $AB=b$，$AC=a$，$BC=c$，得到 $AE=a+b$。

因为 $S_{梯形}=2×S_{ABC}+S_{CBF}=2×ab/2+c^2/2=ab+c^2/2$。

由梯形面积公式得：$S_{梯形}=（a+b）×（a+b）/2$，

所以 $（a+b）×（a+b）/2=ab+c^2/2$，

得到：$a^2+b^2=c^2$。

4. 得出结论

描述结论：在直角三角形中，假设两条直角边边长为 a、b，斜边长为 c，那么有 $a^2+b^2=c^2$。

教师总结：在任意直角三角形中，两条直角边的平方和等于斜边的平方，我们称这个定理为勾股定理。

（四）第四组的探究成果

1. 提出猜想

在一般的直角三角形中，两条直角边的边长分别为 a、b，斜边长为 c，那么有 $a^2+b^2=c^2$。

2. 制订探究方案

（1）用四个全等的直角三角形拼接成如图 4-21 所示的五边形。

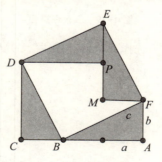

图 4-21　三角形拼接五边形

（2）四边形 $BFED$ 为正方形（利用四个三角形的全等三角形原理可以得出），面积可以求出来，整个五边形的面积可以看作两个全等直角三角形的面积与一个正方形的面积之和。

（3）过点 M 作 AC 的垂线，垂足为 O，五边形的面积可以看作正方形

COPD、正方形 *OAFM*（根据全等三角形原理可以证明两个四边形都是正方形）和两个全等直角三角形的面积之和（如图 4-22 所示）。

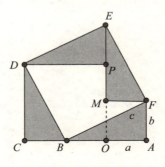

图 4-22 作垂线

（4）由（2）（3）可得正方形 *COPD* 与正方形 *OAFM* 的面积之和等于正方形 *BFED* 的面积，因此就可以建立直角三角形三条边长 a、b、c 的等量关系。

3. 验证过程

（1）利用几何画板画一个直角三角形 *ABC*，构造其内部，并填充颜色（如图 4-23 所示）。

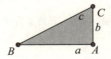

图 4-23 构造三角形

（2）选中直角三角形 *ABC*，将其复制，粘贴三次，得到与它全等的四个直角三角形（如图 4-24 所示），更改新得到的直角三角形顶点的标签。

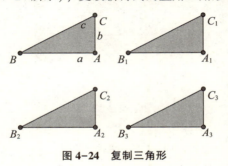

图 4-24 复制三角形

（3）选中直角三角形 $A_1B_1C_1$，双击顶点 A_1，选择"变换—旋转"，使其绕点 A_1 顺时针旋转90度，然后选择将旋转前的直角三角形隐藏（如图4-25所示）。

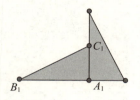

图4-25　旋转三角形

（4）移动直角三角形 $A_1B_1C_1$，使顶点 B_1 与顶点 C 重合，移动直角三角形 $A_3B_3C_3$，使点 C_3 与点 C_1 重合（如图4-26所示）。

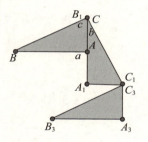

图4-26　三角形重合

（5）选中直角三角形 $A_2B_2C_2$，双击顶点 A_2，选择"变换—旋转"，使其绕点 A_2 顺时针旋转90度，然后选择将旋转前的直角三角形隐藏，再移动直角三角形 $A_2B_2C_2$，使点 B_2 与点 B 重合（如图4-27所示）。

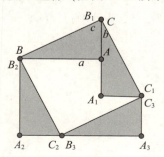

图4-27　变换三角形

（6）过 A_1 作线段 A_2A_3 的垂线，垂足为 O，然后隐藏垂线，同时选中 A_1、O 两点，构造线段（如图 4-28 所示）。

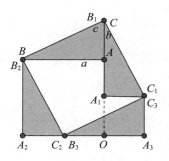

图 4-28　构造垂线

（7）根据构建的图形，利用等积法推导直角三角形 ABC 三条边的数量关系。

设直角三角形 ABC 的一条直角边 $AB=a$，$AC=b$，$BC=c$。

由面积分割法可以看出：$S_{五边形}=S_{C_2C_1CB}+2\times S_{ABC}$，$S_{五边形}=S_{A_2OAB}+S_{OA_3C_1A_1}+2\times S_{ABC}$，

因此可以得出：$S_{C_2C_1CB}=S_{A_2OAB}+S_{OA_3C_1A_1}$。

由于四边形 C_2C_1CB、A_2OAB、$OA_3C_1A_1$ 都是正方形（由全等三角形定理可证），所以有：$c^2=a^2+b^2$。

4. 得出结论

描述结论：在直角三角形中，假设两条直角边边长为 a、b，斜边长为 c，那么有 $a^2+b^2=c^2$。

教师总结：在任意直角三角形中，两条直角边的平方和等于斜边的平方，我们称这个定理为勾股定理。

二、《数据的收集与处理》——基于项目的探究学习案例[①]

【项目主题】

低碳生活我做主。

【项目概述】

1. 选题背景

《义务教育数学课程标准（2011年版）》规定八年级学生要获得适应社会生活和进一步发展所必需的数学的基础知识、基本技能、基本思想、基本活动经验。要经历收集、整理、描述和分析数据的活动；了解数据处理的过程，体会抽样的必要性，能理解平均数的意义、中位数、众数的意义；了解频数和频数分布的意义，能画频数直方图，能利用频数直方图解释数据中蕴含的信息；体会样本与总体关系；能解释统计结果，根据结果做出简单的判断和预测，并能进行交流；通过表格、折线图、趋势图等，感受随机现象的变化趋势。

《数据的收集与处理》是北师大版数学教材八年级下册第五章的内容，主要介绍了什么是平均数、中位数、众数、普查、抽样调查；如何进行数据的收集；如何绘制频数分布直方图和频数分布折线图；如何处理数据，选择合适的调查方法来解决生活中的问题等内容。开展此项目，重点是让学生获得成功的体验和克服困难的经历，增进应用数学的自信心；获得一些研究问题的方法和经验，加强数学统计知识在生活实践中的应用。

2. 项目简介

环境教育宣传中心正在征集《低碳家庭生活指南》，为响应号召，教师设计了以"低碳生活我做主"为主题的项目。在本项目中，班级学生要充分运用统计学的相关知识，以小组为单位，从"吃、穿、行、用"四个方面统计数据，并分析得出家庭碳排放量，然后根据得出的家庭碳排放数据设计出

[①] 改编自英特尔未来教育案例《低碳生活我做主》。

《低碳家庭生活指南》，参加环保教育宣传征集活动。最终项目成果包括所有过程性资料（学生项目计划、统计数据的图表）、活动反思、《低碳家庭生活指南》。本项目将采用多元、多主体的评价方式，对学生的学习过程和项目成果进行评价。

【项目学习目标】

结合课程标准和需重点培养的 21 世纪技能，确定了该项目的学习目标，具体如下：

（1）能根据具体的情境设计出合适的调查方案。

（2）能够在数据分析时理解平均数、中位数、众数的适用范围。

（3）在理解频数、频率等概念的基础上，会列频数分布表，能读懂、绘制频数分布直方图和频数折线图。

（4）通过研究家庭碳排放量的计算过程，具备解决问题的能力，增强小组成员的合作能力；具有乐于探究与发现周围事物奥秘的欲望，树立科学严谨的研究态度。

（5）树立全球观念，明白环境保护、节能减排是每个地球人的责任。

【框架问题】

1. 基本问题

如何利用数据增强说服力？

2. 单元问题

怎样才能让社区居民都了解低碳生活、参与低碳生活？

3. 内容问题

（1）普查和抽样调查的优点和局限性分别是什么？

（2）频数分布的意义和作用是什么？

（3）如何绘制频数分布直方图和频数折线图？

（4）根据数据处理的结果，如何做出合理的判断和预测？

【制订评价计划】

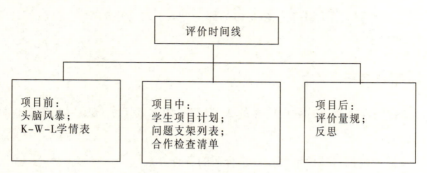

图 4-29 评价时间线

表 4-7 评价过程与目标

评　价	评价过程与目标
头脑风暴	学生用此方法激活旧知；教师用来衡量项目教学准备是否就绪。
K-W-L学情表	教师用此方法了解学生已经知道的（K）、想知道的知识（W），以此来判断教学准备是否就绪，是否需要调整教学策略。项目结束后，教师通过了解学生学习到的知识（L）等内容来对项目进行综合评价。
学生项目计划	学生用来监控小组的任务完成情况，并根据实况进行相应的调整。
问题支架列表	在项目学习的全过程中，教师通过提问来了解学生或小组的项目学习情况、确保学习内容的正确性、提供支架并及时调整教学策略。
合作检查清单	在项目前与学生一起温习检查清单，提示学生在小组工作过程中要利用此检查清单监测自己的合作能力。
评价量规	学生利用参考量规过程中，对学生行为起到及时提醒的作用；还可用于自评和他评。
反思	反思所学知识，反思项目中出现的问题及解决策略，确定新的目标。

[项目学习开展过程]

表4-8 "低碳生活我做主" 项目学习开展过程

阶段	课时	教师活动	学生活动	评价	支架	技术	注意事项	设计思路
第一阶段：课前准备阶段								
	课前	建立教学空间						作为学生学习过程管理和成果展示的网络支持平台
第二阶段（共2个课时）：介绍项目背景、学生分组、填写小组项目计划								
项目前（共2课时）	第1课时	1. 引入主题：展示碳足迹计算器	使用碳足迹计算器计算自己家的碳排放量					创设情境，引起学生的求知欲
		2. 环境教育宣传中心正在征集《低碳家庭生活指南》，我们将以"低碳生活我做主"为主题，设计《低碳家庭生活指南》，向环境教育宣传中心投稿。大家需要充分运用统计学的相关知识，统计数据，并分析走访所在社区家庭，通过计算出家庭碳排放量。大家说说，我们需要收集哪些方面的数据呢？	头脑风暴					

续表

阶段	课时	教师活动	学生活动	评价	支架	技术	注意事项	设计思路
项目前（共2课时）	第2课时	1. 总结头脑风暴结果，安排任务（总任务） 大家说到了……接下来我们将以小组为单位，请同学们从"吃、穿、行、用"这四个方面对家庭日常生活中的碳排放情况进行调查，最后设计出《低碳家庭生活指南》	填写K—W—L学情表				主要来自于学生头脑风暴	在布置子任务前先交代总任务，有助于学生明晰项目过程，便于制订小组项目计划
		2. 分组：全班分为8个小组并选出各组组长，从家庭生活中的"吃、穿、行、用"其中一个角度开展调查。 第1、2组："吃"的低碳化研究。 (1) 我们吃的食物如何分类？ (2) 素食和荤食哪种碳排放量大，能否用数据来说明理由？ (3) 从食物营养构成和其含量角度来分析，一个人每天正常需要摄入肉的能量是多少？食物搭配中需要摄入的能量是多少？由此计算一个人每天最少的碳排放量是多少？ (4) 能不能用一个统计图表来表示一个常人的营养需求？你会选择用什么统计图表？这样做有什么好处？ 第3、4组："穿"的低碳化研究。 (1) 日常生活中的衣服面料一般分为哪几类？其原材料分别是什么？ (2) 这些原材料在生产过程中碳排放量如何？			问题支架： 本次调查选取哪种方式，是抽样调查还是普查？普查和抽样调查的区别是什么？抽样调查的优势在哪里？在选取样本时应该注意哪些方面？你的探究方向适合选择哪种图表进行统计？		每组3~5人	

续表

阶段	课时	教师活动	学生活动	评价	支架	技术	注意事项	设计思路
项目前（共2课时）	第2课时（共2课时）	对身边的流动人群进行衣服面料频数统计，并选择恰当的统计图表来反映具体情况，同时观察这组数据说明了什么？ (3) 你一年大约要添置几件衣服？都是什么面料？碳排放量如何？依据你的穿衣情况估计算家庭的碳排放量。 **第5、6组："行"的低碳化研究。** (1) 你家中的主要交通工具有哪些？ (2) 这些交通工具的碳排放量如何计算？ (3) 多少公里范围内改开汽车为骑自行车较合适？你是如何得出结果的？能否通过数据抽样调查来说明你的理由和依据？ **第7、8组："用"的低碳化研究。** (1) 家中的水表、电表如何读数？如何计量？ 如何体现家庭用水量、用电量、家用天然气的波动情况？绘制恰当的统计图表来直观反映它们的使用情况。 (2) 根据碳排放量的参数计算出你家平均每个月的水、电、天然气碳排放量。 (3) 水、电、天然气作为生活必需品，如何减少才不会影响正常生活质量？						

217

续表

阶段	课时	教师活动	学生活动	评价	支架	技术	注意事项	设计思路
	第2课时	3. 布置任务一 要求学生填写"统计家庭日常生活碳排放量"的项目计划，然后由各组组长在课堂上做汇报，最后将小组项目计划上传至教学空间	完成小组项目计划，并根据教师的指导意见进行修改和完善			Word	填写完毕，上传至教学空间	制订小组项目计划，旨在让各成员明晰项目过程和自身任务
第一阶段（共2个课时）：学生了解项目评价标准，明确任务，开始探究；教师总结学生表现								
项目中（共5课时）	第3课时	1. 介绍项目评价标准	理解项目评价标准				结合学生的意见适当修改	了解项目任务和小组计划，了解项目评价标准有助于规范学生行为
		2. 安排任务二 小组成员利用课下时间进行数据的调查统计，选择恰当的统计图表来直观反映数据的统计情况，并上传至教学空间	根据小组项目计划，开始对家庭中的"吃、穿、行、用"进行数据统计，上传至教学空间			教学空间	上传每天统计的数据至教学空间，为期一周	
	第4课时	1. 教师利用教学空间及时了解各小组学生的调查进展情况，并做出反馈，提醒学生下一阶段该做什么	根据教师反馈做出相应调整	项目计划检查清单		教学空间		发挥教师的引导作用
		2. 重申任务二						重申任务，让学生尽快进入探究活动

续表

阶段	课时	教师活动	学生活动	评 价	支 架	技 术	注意事项	设计思路
项目中（共5课时）	第5课时	**第二阶段（共1个课时）：各组分别开展研究的活动，完成《低碳家庭生活指南》** 1. 引导学生对调查统计的数据进行分析、处理 提出问题：根据绘制的频数分布直方图（频数分布折线图），你能否解决在第2课时中分组研究的任务？ 2. 布置任务三 完成《低碳家庭生活指南》，上传至教学空间。 PPT展示制作要求： （1）图文并茂，排版美观； （2）内容充实，数据真实可靠； （3）结构安排合理。 《低碳家庭生活指南》的内容要点： （1）说明"低碳生活"的概念； （2）从"吃、穿、行、用"方面说明低碳生活的重要意义，并配以生动形象的图片； （3）呈现调查统计图表，并做简要分析； （4）根据调查结果，给出减少碳排放量的合理建议	小组合作绘制频数分布直方图和频数分布直方图（频数分布折线图），注意对平均数、众数、中位数的分析 根据资料的收集和数据的处理，各组展开讨论，共同完成《低碳家庭生活指南》的制作	合作技能检查表				教师起到引导的作用

219

续表

阶段	课时	教师活动	学生活动	评价	支架	技术	注意事项	设计思路
	第三阶段（共2个课时）：项目成果展示、评价							
项目中（共5课时）	第6课时	1.布置任务四 成果展示、互评	展示并介绍《低碳家庭生活指南》	评价量规				
	第7课时	2.点评、总结，布置任务五 进入社区进行低碳生活的宣传活动，填写个人反思报告，并上传至教学空间				教学空间		
	收尾阶段：上传所有未上传资料							
项目后		提醒、监督学生上传资料；反思	写反思报告；上传所有资料			教学空间		

资源
1. 低碳网
2. 低碳生活百度百科
3. 各种食物营养成分表

第三节　英语学科案例

一、*My name's Gina*——基于项目的探究学习案例

【项目主题】

结交新友，分享中西方文化差异。

【项目概述】

1. 选题背景

《义务教育英语课程标准（2011 年版）》规定七至九年级分别完成三、四、五级目标，其中三级目标规定：对英语学习表现出积极性和初步的自信心；了解世界和中西方文化的差异。"文化意识"模块明确要求学生能恰当使用英语中不同的称谓语、问候语和告别语；了解、区别英语中不同性别常用的名字和亲昵的称呼；了解英语国家正式和非正式场合中服饰和穿戴习俗；了解英语国家的饮食习俗；对别人的赞扬、请求等做出恰当的反应。

本单元是人教版英语教材 *Go for it* 七年级上册的第一单元，以 "making new friends" 为主要话题来学习 "What's your name? My name is… I'm … What's your telephone number? My first/last name is …" 等句型。在学生学习完 Section A 后开展此项目，重点是让学生能在实际生活中灵活应用前面所学的知识，并进一步了解中西方文化的差异。

2. 项目简介

为鼓励学生走出课堂进行英语交流，了解中西方文化的差异，响应学校英语角征集有关西方文化活动方案的号召，教师设计了以 "结交新友，分享

中西方文化差异"为主题的项目。在本项目中，班级学生将策划活动方案，最终项目成果需要包括：活动方案、所有过程性资料（学生项目计划、中西方文化差异文档资料、合作技能检查清单）。本项目将采用多元、多主体的评价方式，对学生的学习过程和项目成果进行评价。

【项目学习目标】

结合课程标准和所需重点培养的 21 世纪技能，确定该项目的学习目标如下。

（1）能正确、灵活地使用 What's your/his/her name? My/His/Her name is … I'm … What's your telephone number, Gina? My/His/Her first/last name is … 等句式开展口头交流；

（2）通过中西方文化差异典型示例的收集及分享活动，具备从多渠道（网络、教师、家长、社区等）获取、筛选、判断、整理信息的能力，增强小组成员的合作能力；

（3）在资料收集、活动设计、成果展示的过程中，具备跨文化学习意识。

【框架问题】

1. 基本问题

How do we get along better on the earth?（地球人，我们如何更好地相处？）

2. 单元问题

（1）To make new friends in the "English Corner", what can we do?（如何在"英语角"里交朋友？）

（2）What is Culture Difference?（文化差异表现在哪些方面？）

3. 内容问题

（1）How to introduce yourself and ask someone's name and telephone number?（怎样介绍自己、询问他人姓名和电话号码？）

（2）What is the meaning of this sentence in China and English-speaking countries? For example："Have you had your dinner?"（"您吃了没？"等典型示例在

中国和英语国家各表示什么含义?)

【制订评价计划】

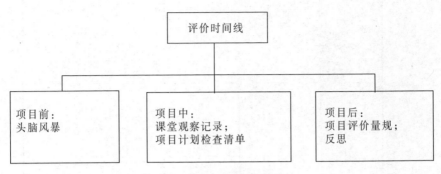

图 4-30　项目评价时间线

表 4-9　项目评价过程与目标

评　　价	评价过程与目标
头脑风暴	学生用此方法激活旧知；教师用此方法来衡量项目教学准备是否就绪
问题支架列表	在项目学习的全过程中，教师通过直接观察或间接观察（通过提问来了解学生或小组的项目学习情况）来记录学生学习情况、确保学习内容的正确性、提供支架并及时调整教学策略
项目计划清查清单	学生用来监控小组的任务完成情况，并根据实况进行相应的调整
合作检查清单	在项目前与学生一起温习检查清单，提示学生在小组工作过程中要利用此检查清单监测自己的合作能力
评价量规	学生参考量规学习，对其行为能起到及时提醒的作用，还可用于自评和他评
反思	反思所学知识；反思项目中出现的问题及解决策略；确定新的目标

[项目学习开展记程]

表 4-10　"结交新友，分享中西文化差异"项目学习开展过程

阶段	课时	教师活动	学生活动	评价	支架	技术	注意事项	设计思路
第一阶段：课前准备阶段								
	课前	建立教学空间						作为学生过程管理和成果展示的平台
第二阶段（共1个课时）：介绍项目背景；学生分组选择研究内容，填写小组项目计划								
项目前（共1课时）	第1课时	1. 介绍项目背景 学校"英语角"正在征集有关中西文化的活动方案。大家将策划以"结交新友，分享中西方文化差异"为主题的项目活动。活动方案被采纳后，我们班会会合作办方，全权负责此次活动的开展。大家说一说：在活动现场，我们如何结交新朋友，又该如何分享中西方文化的差异，才能使大家觉觉既有趣活动又有意义？	讨论分享	头脑风暴	问题支架：教师用提问的方式来引导学生分析问题（如：自我介绍包括哪些内容？如何询问别人的姓名和电话号码？）分享前应该明确中西方文化差异表现在哪些方面，然后再考虑活动的趣味性）	教学空间："英语角"；通知，确定方案主题	让学生明晰三点：为什么要做？主要做什么？做完后能怎么样？	根据校园活动创设真实的项目情境，让学生在真实情境中解决问题

续表

阶段	课时	教师活动	学生活动	评价	支架	技术	注意事项	设计思路
项目前（共1课时）	第1课时	2. 总结头脑风暴结果，安排任务（总任务）大家说到了……接下来我们将以小组为单位，拿出"如何交到更多朋友"的方案，并从交际语言、饮食习俗、服饰穿戴、节日、颜色文化等方面任选其一，根据各条件的示例）在后面的几节课中查找相关素材并将示例设计成具有趣味性的活动。待各小组共同确定活动形式后，由各组组长共同完成电子版的"活动方案"，并在周一上课时进行活动预演			案例支架：e.g.: Have you had your dinner? What's the meaning of this sentence in China and English-speaking countries?	思维导图：任务及案例支架	主要来自于学生头脑风暴	在布置子任务前先交代任务，有助于学生明晰项目过程，便于制订小组项目计划
		3. 分组（4~6人/组）						
		4. 布置任务——要求学生填写小组项目计划，并上传至教学空间	完成小组项目计划			Word	填写完毕，上传至教学空间	制订小组项目计划让各成员明晰项目过程和自身任务
第一阶段（共2个课时）：学生了解项目评价标准，明确任务，开始探究；教师监控并引导学生学习过程；示范合作技能								
	第2课时	1. 介绍项目评价标准	理解项目评价标准				结合学生的意见可适当修改	了解项目过程和小组项目评价后，了解项目评价标准有助于规范学生行为

225

续表

阶段	课时	教师活动	学生活动	评价	支架	技术	注意事项	设计思路
项目中（共4课时）	第4课时	2. 安排任务一 根据项目计划，小组成员利用一节半课时的时间寻找中西方差异典型示例，用 Word 或 MindManager 进行整理，并上传到教学空间	练习		资源列表 案例支架：示例 Have you had your dinner? 在中国问候语，在西方面见面问表示"你想请人家吃饭"	Word 或 Mind-Manager 教学空间		
		3. 监控各小组和个体的学习过程，用提问或建议的方式引导学生	搜索、讨论	观察、项目计划检查清单、合作检查清单	根据具体情况，提供问题支架	PPT展示各小组探究任务		发挥教师的引导作用
		4. 总结各组表现，提醒学生下一阶段该做什么	上传资料		支架：提醒查看项目计划，核查完成了什么？有需要调整的吗？下一步该做什么？	教学空间		发挥教师的引导作用
		5. 重申任务二 下课前，将整理好的文档上传到教学空间			略			教授新课时，应着重申任务，让学生尽快进入探究活动中
		6. 根据合作中出现的问题，有针对性地示范合作技能						示范合作技能，让学生更形象地理解合作检查清单中的内容，有助于培养学生的合作能力

226

续表

阶段	课时	教师活动	学生活动	评价	支架	技术	注意事项	设计思路
项目中（共4课时）	第4课时	7. 监控小组和个体的学习过程，用提问或建议的方式引导学生，并确保学生梳理内容的正确性	继续完成上节课的差异梳理任务		支架：提醒查看项目计划，核查完成了什么，下一步该做什么	维基：上传小组成果	梳理结果的上传及日志的撰写在课下进行	发挥教师的引导作用
		第二阶段（共1个课时）：集体头脑风暴，确定活动形式；各组分别设计相应的活动						
	第4课时	8. 布置任务三：请以小组为单位讨论活动形式，10分钟后各组派代表汇报欲采用的活动形式及理由，共同确定活动类型，然后各组各自设计包括活动的内容，然后各组分别设计相应的活动。	积极倾听					
			学生讨论					
		9. 用提问或建议的方式引导学生	将梳理的知识设计成活动	合作技能检查表	问题支架			
		10. 布置任务四：各组长讨论，完成"活动方案"，并根据活动方案组织组员进行排练，下节课进行去英语角的预演	完成活动方案					
			排练预演				课下进行	为检验活动方案是否有可行性

续表

阶段	课时	教师活动	学生活动	评价	支架	技术	注意事项	设计思路
项目中（共4课时）	第三阶段（共1个课时）：项目成果展示							
		11. 组织学生预演	活动预演	项目评价量规				
	第5课时	12. 点评、总结、布置任务五，根据预演中出现的问题，修改活动方案，并上传至教学空间	修改活动方案，并上传	项目评价量规，课堂观察记录				
		13. 布置任务六，填写反思报告，并上传至教学空间						
项目后	收尾阶段：上传所有未上传资料	提醒、监督学生上传资料	写反思报告，上传所有资料					
				资源		教学空间		

1. 交际语言
2. 颜色文化
3. 饮食习俗
4. 节日
5. 服饰和穿戴习俗

二、*How do you make a banana milk shake?* ——基于项目的探究学习案例

【项目主题】

地球人都吃什么——探索世界美食，体会饮食文化异同。

【项目概述】

How do you make a banana milk shake? 是人教版英语教材 *Go for it* 八年级上册第七单元的教学内容。本单元主要通过描述一些食物的制作方法来学习 first，next，then，finally 等副词的使用，及使用 How many …/How much…/ Do we need…句型对数量进行询问。为进一步提高学生对中外文化异同的敏感性和鉴别能力，本项目将以"探索世界美食，体会饮食文化异同"为主题，要求学生通过制作各国美食来体会中外饮食文化的异同。最终项目成果需要包括：所有过程性资料和以"中外饮食文化异同"为主题的作文、反思报告。

【项目学习目标】

结合课程标准和所需重点培养的 21 世纪技能，确定该项目的学习目标如下。

1. 课程标准

《义务教育英语课程标准（2011 年版）》规定七至九年级分别完成三、四、五级目标，其中四级目标规定：能就熟悉的生活话题交流信息和简单的意见。能尝试使用不同的教育资源，从口头和书面材料中提取信息，扩展知识，解决简单的问题并描述结果。能在学习中互相帮助，克服困难。在学习和日常交际中能注意到中外文化差异。在"文化意识"模块中，明确要求学生了解英语国家的饮食习俗。

2. 21 世纪技能

合作技能。

3. 学习目标

（1）掌握与食物相关的词，如 milk，shake，bread，salt，butter，teaspoon 等；

（2）能熟练使用 first，next，then，finally 等副词描述食物的制作过程；

（3）能使用句型 How many…/How much…/Do we need…对数量进行询问；

（4）通过交流食物的制作过程，培养语言综合运用能力；

（5）通过实践，体会世界饮食文化的异同，提升跨文化学习的意识。

【框架问题】

1. 基本问题

地球人都吃什么？

2. 单元问题

世界饮食文化有什么异同？

3. 内容问题

（1）世界各国的代表性食物分别有哪些？如何制作？

（2）各国的餐桌礼仪如何？

（3）各国的餐具都是什么？

【制订评价计划】

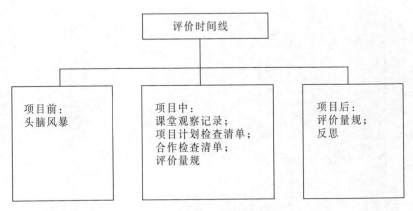

图4-31 项目评价时间表

表4-11 项目评价过程与目标

评 价	评价过程与目标
头脑风暴	学生用此方法激活旧知；教师用此方法来衡量项目教学准备是否就绪
课堂观察记录	在项目学习的全过程中，教师通过直接观察或间接观察（通过提问来了解学生或小组的项目学习情况）来记录学生学习情况、监控项目进展、提供支架并及时调整教学策略
项目计划清查清单	学生用来监控小组的任务完成情况，并根据实况进行相应的调整
合作检查清单	在项目前与学生一起温习检查清单，提示学生在小组工作过程中要利用此检查清单监测自己的合作能力
评价量规	学生参考量规学习，对其行为能起到及时提醒的作用，还可用于自评和他评
反思	反思所学知识；反思项目中出现的问题及解决策略；确定新的目标

231

[项目学习开展过程]

表4-12 "地球人都吃什么"项目学习开展过程

阶段	课时	教师活动	学生活动	评价	支架	技术	注意事项
项目开始前（共1课时）		**第一阶段：课前准备**					
		1. 建立维客 2. 布置预习	预习课文				课下完成
		第二阶段（共1个课时）：介绍项目主题，学生分组选择探究内容，填写小组项目计划（1个课时）					
	第1课时	1. 播放《舌尖上的中国》片段，创设情境	观看视频			视频播放器	
		2. 大家想想，地球上的外国人都吃什么呢？	头脑风暴				
		3. 大家说了这么多国家各具特色的美食，可见世界各国饮食存在很大的差异					
		4. 今天我们将通过制作美食来感受不同国家的饮食文化					
		5. 分组	小组选择探究内容		问题支架	教师使用Mind-Manage展示学生头脑风暴结果	每组3—5人
		6. 请各组选择一个国家最具代表性的美食，课下完成制作，周五与大家一起品尝，体会中外饮食文化的异同					在周五前完成食物制作，周五上课需要展示
		7. 提供学生项目计划模板	完成项目计划		项目计划模板	Word	将项目计划上传至维客
		第一阶段（共2个课时）：学生根据本组选择的国家和美食，搜索梳理菜谱，饮食文化资料，教师监控并引导，示范合作技能					
	第2、3课时	1. 介绍项目评价标准	理解项目评价标准				教师结合学生的意见，对评价标准准当修改
		2. 教授MindManage的基本操作，写日志及上传视频的方法	练习			MindManage；维客	如果学生已经掌握，就不需要再教

续表

阶段	课时	教师活动	学生活动	评 价	支 架	技 术	注意事项
项目中（共4课时）	第2、3课时	3. 教授有效的搜索技能，提供参考资料	搜索、讨论，梳理资料，填写饮食文化对比表	课堂观察记录、项目计划、检查清单，合作检查清单	问题支架		将过程性资料上传至维客
		4. 监控小组和个体的学习过程，用提问或建议的方式引导学生					
		5. 针对合作中出现的问题，有针对性地教授合作技能	查看项目计划，核查完成了什么？有需要调整的吗？下一步该做什么？	同上	项目计划		
		6. 总结各组表现，提醒学生下一阶段该做什么					
	第二阶段：（课下完成）制作食物	在维客上提醒学生需要注意的事项	在家制作食物成品			网络环境	课下完成
	第三阶段（共2个课时）：成果展示						
	第4课时	点评	项目成果展示：选择感兴趣的一个小组，相互交流，品尝食物	评价量规	饮食文化对比表		将饮食文化对比表上传至维客
	第5课时	点评	撰写以世界饮食文化为主题的作文并展示				将作文上传至维客
项目后		提醒、监督学生上传资料、作文、反思	在维客上上传资料、作文、反思			维客	

233

第四节　化学学科案例

一、《探究质量守恒定律》——基于实验的探究学习案例

【教学目标】

1. 知识目标

通过对探究实验中化学反应物、生成物质量的测定、分析推理，使学生学会并应用质量守恒定律。

2. 能力目标

（1）通过对探究实验的观察和操作，培养学生动手实验能力及观察分析能力。

（2）通过探究学习活动，使学生初步认识科学探究的意义和基本过程，知道如何提出问题、设计实验探究方案、进行探究活动，培养学生定量研究和逻辑分析的能力。

3. 情感目标

培养学生的合作意识及勤于思考、严谨求实、勇于创新和实践的科学精神。

【教学环境】

安装有化学虚拟实验室软件的计算机教室。

【教学过程】

（一）导入新课

教师利用化学虚拟实验室演示有关化学反应的实验，并引导学生思考（如图 4-32、图 4-33 所示）。

234

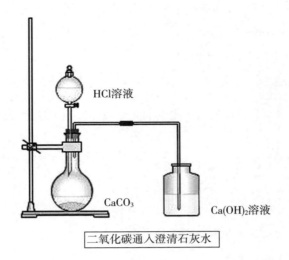

图 4-32　虚拟实验室演示二氧化碳通入澄清石灰水实验

实验室制氧气

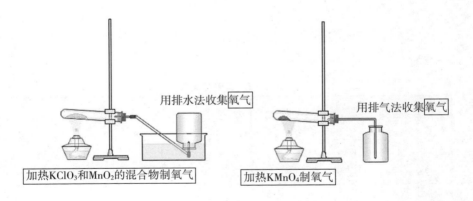

图 4-33　虚拟实验室制氧气实验装置

师：观察实验，回顾之前学过的化学反应，说说这些化学反应中产生了怎样的变化？

生：化学变化过程中有新的物质生成，也就是化学变化中的分子被分成原子并重新组合成了新的分子。

师：物质经过了化学反应，生成新的物质，那么在化学反应中反应物与生成物的质量之间有什么样的关系呢？

（学生通过讨论提出自己的猜想）

（二）布置任务

（1）学生以小组为单位从以下提供的化学反应中任选一种设计实验方案来验证猜想。

可参考的化学反应：

- 实验室制取氧气（使用氯酸钾制取氧气）
- 实验室制取氧气（使用高锰酸钾制取氧气）
- 铁和盐酸的反应
- 红磷的燃烧
- 铁和硫酸铜的反应
- 镁条的燃烧

（2）利用虚拟实验室开展小组探究，收集实验数据，完成表格（见表4-13）。

表4-13 实验数据收集

化学反应方程式				
	反应前		反应后	
	反应物 质量（g或mol）	生成物 质量（g或mol）	反应物 质量（g或mol）	生成物 质量（g或mol）
实验 药品				
①				
②				

（3）分析实验数据，验证猜想，将得出的实验探究结论及探究实验过程资料分析整理后上传至百度网盘中，利用抓图视频软件录制实验探究过程并进行汇报。

（三）学生小组探究

学生分组讨论确定需要进行验证的化学反应（每个小组选择两个化学反应），并制订实验探究方案，利用虚拟实验室进行化学反应探究实验，测量相关的数据（例如反应物、生成物的质量），分析数据，验证猜想，通过自主探究得出质量守恒定律，并将实验表格与实验结果以文档形式保存，上传至百度网盘中与大家共享，同时利用抓图视频软件将实验探究过程保存。

在实验结束后对实验结果中的误差或问题数据进行讨论分析。

教师在学生自主探究过程中引导学生进行实验数据的收集，了解学生的学习进程；在学生探究实验结束后，组织各小组进行探究过程及结果的展示、汇报小组探究过程。

（四）学生成果展示

1. 实验方案设计

每个小组选择已经学过的一些化学反应，进行实验方案设计，并填写下面的实验探究方案表格（见表4-14）。

表4-14　实验探究方案

化学方程式	
实验目的	
实验原理	
实验用品	
实验药品	
实验装置图	
实验现象记录	
实验结果处理	
问题与讨论	

2. 实验探究过程展示

每个小组利用虚拟实验室进行实验的整个过程展示，包括实验数据、数据分析、实验截图、实验过程视频等的展示。

3. 得出结论

通过实验探究过程的展示、数据的分析，总结并向其他小组汇报本组的实验结论。

【评价方案】

评价的维度见表4-15。

4-15　课堂学习评价表

评价项目	评价内容	很好(5分)	较好(4分)	一般(3分)	较差(2分)	很差(1分)
团队合作	1. 每个成员都愿意且主动参加组内合作探究活动					
	2. 讨论中，都能积极倾听他人想法，不随意插嘴打断					
	3. 每个成员都能积极发言、表达自己的观点					
	4. 当讨论偏离主题时，能有小组成员提醒大家回到主题中来					
	5. 当组员之间意见相左，有成员做出必要的妥协和让步					
	6. 面对组内冲突，能有组员因势利导，调解矛盾					
	7. 认真参与探究，积极思考，善于发现问题，勇于解决问题					
	8. 小组成员能够互相包容彼此错误，有良好的合作意识					
任务分工	1. 小组内部分工明确、任务分配合理					
	2. 小组内部制订一定的活动计划及进行时间安排					
	3. 小组每个成员能够明确自身角色及任务安排					

评价项目	评价内容	很好 (5分)	较好 (4分)	一般 (3分)	较差 (2分)	很差 (1分)
成果展示	1. 小组实验结果分析所得出的结论具有可信性					
	2. 小组汇报内容体现了所有小组成员的综合观点					
	3. 小组的实验方案设计科学、合理且具有可行性					
	4. 对误差数据、问题数据做出合理且信服的解释					
	5. 整个实验探究成果展示报告完整、科学、合理且具可信性					
	6. 汇报展示时能够准确描述本小组的探究活动过程					
技能应用	1. 会虚拟实验室的基本操作					
	2. 能够根据教师指导对虚拟实验室中各种属性做相应修改					
	3. 能够截取清晰准确的实验探究过程图					
综合评价	小组评价等级		任课教师评价等级		教师寄语:		

【课后迁移应用】

练习：判断对与错。

（1）因为"质量守恒"，所以煤燃烧后产生的煤渣的质量一定和所用煤的质量相等。

（2）澄清的石灰水通入二氧化碳后，质量增加违背了质量守恒定律。

（3）根据质量守恒定律，5 g 食盐溶解在 95 g 水中，得到 100 g 食盐水。

【学生的活动报告】

1. 实验方案设计

本小组的猜想是"化学反应前后物质的总质量是相同的"，为了验证这一猜想，小组内部讨论交流后，选择利用高锰酸钾制取氧气的化学反应进行探究实验。

设计的实验方案如下：

表4-16 实验方案设计

化学方程式	高锰酸钾 $\xrightarrow{\text{加热}}$ 锰酸钾+二氧化锰+氧气↑ （$2KMnO_4 \xrightarrow{\quad} K_2MnO_4+MnO_2+O_2$）↑
实验目的	实验探究化学变化前后物质质量的关系
实验原理	化学反应的过程，就是参加反应的各物质（反应物）的原子，重新组合而生成其他物质的过程。在化学反应中，反应物不管进行怎样的反应过程，都不能够消除物质，只是改变了物质的原有形态或结构。可以利用虚拟实验室收集化学反应前后反应物与生成物质量的实验数据，然后通过分析实验数据，验证质量守恒定律
实验用品	酒精灯、铁架台、铁夹、试管、导管、集气瓶
实验药品	$KMnO_4$固体
实验装置图	用排气法收集氧气 加热$KMnO_4$制氧气 <p align="center">图4-34 实验装置图</p>
实验现象记录	
问题与讨论	

注：由于探究实验在虚拟实验室环境中进行，部分实验现象无法通过虚拟实验看到。

2. 实验探究过程展示

（1）**实验室制取氧气化学反应实验探究过程**。

①新建一个实验项目。

②根据实验方案中需要验证的化学反应，添加实验反应器件及化学药品。

③设置"实验数据曲线"中的参数，便于实验数据测量（如图4-35所示）。

图4-35 设置实验参数

④运行实验，点燃酒精灯，进行化学反应（如图4-36所示）。

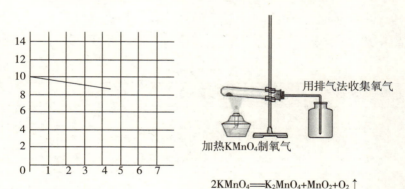

用排气法收集氧气

加热$KMnO_4$制氧气

$$2KMnO_4 = K_2MnO_4 + MnO_2 + O_2 \uparrow$$

$KMnO_4$的质量为8.6 g

K_2MnO_4的质量为0.875 g

MnO_2的质量为0.386 g

O_2的摩尔质量为0.00284 mol

图4-36 实验运行

⑤实验数据记录与计算。

实验中的初始实验数据为：$2KMnO_4$的质量为 10 g，K_2MnO_4 和 MnO_2 的质量为 0 g，O_2 的摩尔质量为 0 mol，在表格中将该数据进行记录。

反应前反应物与生成物的质量实验数据记录如下（见表 4-17）。

表 4-17 实验数据记录 1

化学反应方程式				$2KMnO_4 \xlongequal{\quad} K_2MnO_4 + MnO_2 + O_2\uparrow$			
	反应前				反应后		
	反应物质量（g 或 mol）	生成物质量（g 或 mol）			反应物质量（g 或 mol）	生成物质量（g 或 mol）	
实验药品	$KMnO_4$	K_2MnO_4	MnO_2	O_2	$KMnO_4$	K_2MnO_4	MnO_2
①	10 g	0 g	0 g	0 mol			

然后通过化学虚拟实验室进行实验室制取氧气的化学反应实验，并获得实验数据。在实验过程中可随时点击暂停实验，获得化学反应过程中逐渐变化的实验数据并将其记录在表格中。例如，当 $KMnO_4$ 质量变为 8.61 g 时，K_2MnO_4 的质量变为 0.866 g，MnO_2 的质量变为 0.382 g，O_2 的摩尔质量变为 0.00282 mol（若数据过小，可重新设定实验药品的质量），并保存（见表 4-18）。

表 4-18 实验数据记录 2

化学反应方程式				$2KMnO_4 \xlongequal{\quad} K_2MnO_4 + MnO_2 + O_2$			
	反应前				反应后		
	反应物质量（g 或 mol）	生成物质量（g 或 mol）			反应物质量（g 或 mol）	生成物质量（g 或 mol）	
实验药品	$KMnO_4$	K_2MnO_4	MnO_2	O_2	$KMnO_4$	K_2MnO_4	MnO_2	O_2
①	10 g	0 g	0 g	0 mol	8.68 g	0.822 g	0.363 g	0.00273 mol
②	8.68 g	0.822 g	0.363 g	0.00273 mol	8.61 g	0.866 g	0.382 g	0.00282 mol
③	8.61 g	0.866 g	0.382 g	0.00282 mol	7.98 g	1.26 g	0.554 g	0.00343 mol

小组成员分别对多组数据进行计算，寻找数据间的关系，探究质量守恒定律。例如，第一组实验数据中反应前 $KMnO_4$ 的质量是 10 g，生成物 K_2MnO_4 和 MnO_2 的质量均为 0 g，O_2 的摩尔质量也为 0 mol，通过计算反应前的物质总质量是 10 g。根据反应后得出的数据 K_2MnO_4 和 MnO_2 的质量为 1.185 g，O_2 的

摩尔质量为 0.00273 mol，约为 0.092 g，而剩余的反应物 $KMnO_4$ 质量为 8.68 g，即反应后的所有物质的总质量为 9.957 g，可以发现反应后与反应前物质的总质量是基本相同的（在误差允许的条件下）。

3. 得出结论

在第一个化学实验中，从数据中发现，反应前和反应后的质量并不是完全相同的，而是存在一定的误差，通过小组讨论、资料查找和原因分析发现，是由于实验的生成物中有气体氧气产生，在收集过程中并不是完全被收集的，另外还有一些空气掺杂，因此会产生一定的误差。但是通过总体数据分析，基本可以验证本组猜想"化学反应前后物质的总质量是相同的"。即：化学反应前后原子的种类没有改变，数目也没有增减，表现为总质量保持不变。

二、《酸雨》——WebQuest 学习案例

【教学目标】

1. 知识目标

（1）认识酸雨及酸雨在生活实际中的危害。

（2）说出引起酸雨的原因及解决措施。

2. 能力目标

通过探究学习活动，培养学生的合作学习能力及利用互联网检索信息，整理、分析资料，归纳总结观点等能力，提升学生的信息素养。

3. 情感目标

培养学生实事求是的科学态度，让学生认识掌握科学知识的重要性。

【教学环境】

安装有化学虚拟实验室软件的计算机教室。

【教学过程】

表4-19　《探究质量守恒定律》教学过程

教学环节	活　动	使用工具
引言	树木为什么死去？湖里为什么没有鱼？爸爸的小车为什么黯然失色？每年春天校园里难闻的臭鸡蛋味是哪里来的？这些问题的答案很简单——酸雨，是酸雨造成了今天这么多严重的环境问题。答案虽简单，但解决酸雨的问题可不容易。 你生活的城市酸雨问题非常严重，当地的一个公民组织邀请了你们来调查酸雨。在你们当中有化学家、生物学家、健康专家和经济学家。面对酸雨问题，你们将一起研究，并提出解决酸雨问题的一些建议	大屏幕广播
任务	以小组为单位，每个小组选择扮演一个角色，要从所扮演角色的角度来研究问题。 任务一：选择小组角色（化学家、生物学家、健康专家、经济学家），从角色角度出发，借助教师提供的资源或其他资源了解相关知识，并将资料分类整理，形成小组观点。 任务二：汇编小组资料，形成小组所选探究主题的相关内容介绍文档，并根据文档内容制作探究成果 PPT，上传共享至百度网盘中，同时在全班汇报展示	
资源	一、预设学习资源 1. 化学家 2. 生物学家 3. 健康专家 4. 经济学家 二、相关学习资源 除了教师提供的与探究学习相关的资源外，学生根据探究主题和需求，自己寻找资源以便更好地完成探究活动。 例如，在本节教学中，学生如果选择的角色是"化学家"，那么在寻找资源时可以以"酸雨中的化学物质""酸度"等为关键词进行搜索	
过程	1. 划分学习小组，组员角色分工 全班学生根据个人兴趣和意愿分成四个学习小组，并选择扮演的角色，分别为化学家、生物学家、健康专家和经济学家； 小组内推举一个组长，并根据角色和需要进行适当的分工，选择好角色后，在进行体验和探究时，主要解决以下问题。 （1）化学家。 什么是酸雨？ 什么化学物使雨变酸，这是怎么发生的？ 这些化学物来自何处？ 我们如何测量雨的酸度？什么是酸度？ 描述 pH 值的范围，并列出与 pH 值各个水平相应的东西。 正常雨的酸度是多少？酸度到什么程度就有危险了？	思维导图；MindManager 软件

续表

教学环节	活　　动	使用工具
过程	（2）生物学家。 酸雨对树木和土壤造成什么影响？ 酸雨对树木和土壤造成的后果对我们有何影响？ 湖水和水生植物组织变酸会出现什么情况？ 酸的水源对我们有何影响？ 我们这个地区的水生植物是否受到酸雨的影响？如果是，已到什么程度？ 水生植物受到酸雨侵害的危险信号是什么？ （3）健康专家。 酸雨怎样危害人类健康？ 酸雨对人类有哪些直接危害？有没有与酸雨有关的健康问题？ 酸雨对人类有哪些间接危害？ 酸雨影响我们的食品来源、水和空气吗？ 酸雨对人们的影响造成什么后果？ （4）经济学家。 酸雨对建筑材料有影响吗？ 酸雨对建筑有影响吗？ 酸雨对道路、公路和桥梁有什么影响？ 酸雨对金属制品，如机动车、火车、公共汽车以及其他交通工具有什么影响？ 对酸雨造成的影响，我们要付出多少代价？ 酸雨对渔业、林业和农业带来什么经济上的后果？ 注：在查找各自需要的信息时，要找出解决酸雨带来的问题的办法。 2. 自主阅读、整理、分析材料，得出结论，自我评价 （1）在自主探究开始前，打开探究学习活动评价量规，仔细阅读，明确探究活动评价标准。 （2）每组学生根据各自不同的分工对本组对应的"资源"栏目中所提供的资料进行阅读、分析、整理和筛选，提取可以帮助自己得出结论的有效信息，保存在自建的 Word 文档中备用。（帮助指南：快速阅读技巧、高效搜索技巧） （3）完成个人探究学习得出结论后，以反思的形式将自己的探究结论记录在探究报告反思模块中。 3. 小组合作学习讨论，学习成果制作与小组内互评 （1）在开始小组合作学习讨论之前，打开探究学习活动评价量规（小组部分），仔细阅读，明确评价标准。 （2）讨论小组成员收集的资料，共享资源，积极合作，整合材料，汇总形成本小组的探究学习观点。（帮助指南：可以参考资源列表中的头脑风暴法集体讨论指南，并用思维导图 MindManager 记录） （3）制作 PPT，完成小组学习报告等探究成果。（帮助指南：可以参考研究报告模版） （4）完成探究学习成果之后，小组内互评，根据探究学习活动评价量规，对小组项目予以评价。	班级 QQ 交流群交流；百度网盘分享资料

续表

教学环节	活　　动	使用工具
过程	4. 学习成果展示 小组之间相互交流，分享探究成果。 （1）各小组将制作的研究报告（或 PPT）上传到百度网盘，并派一名代表上台展示汇报。 （2）全体组员对本小组的探究报告进行答疑，对其他小组的探究报告进行质疑，以集体回答观众问题的方式回答一两个问题。 （3）在每一组展示完毕后，教师都要进行简短的总结和点评，各组学生根据探究学习活动评价量规，对学习成果项目进行小组互评	图片处理软件、文档编辑软件； 百度网盘
评价	探究学习评价表	
总结	（1）教师对整个探究学习活动进行总结，并鼓励学生总结经验并进行扩展应用，学生总结探究学习经历与体会。 （2）教师布置课后探究任务，要求学生调查了解酸雨在其他方面的应用（除本节课提到的），并形成研究报告，将其上传至百度网盘与全班共享、交流	

第五节　物理学科案例

一、《探究单摆的周期与哪些因素有关》——基于虚拟实验室的探究学习案例

【教学目标】

1. 知识目标

（1）观察演示实验，知道单摆的周期与振幅、摆球的质量无关。

（2）能口述单摆的周期与摆长、重力加速度的关系，牢记单摆的周期公式，并能运用其进行相关的计算。

2. 能力目标

（1）培养运用实验探究未知知识的能力。

（2）学会用图像法分析实验数据，得出各量之间的关系。

3. 情感目标

（1）感受物理实验的严谨，体会科学工作的艰辛。

（2）感受由未知到已知的喜悦和成功感。

（3）利用网络进行信息共享，让学生体会到交流、合作的重要性。

【教学环境】

安装有物理虚拟实验室的计算机教室。

【教学过程】

（一）导入新课

师：我们已经知道，在偏角很小的情况下（如小于5°），单摆做简谐运动。那么单摆的周期可能会与哪些因素有关呢？

生：摆球的质量、摆长、重力加速度。

师：你想知道它们之间有什么关系吗？当研究一个量与另一个量的关系时，我们要排除其他量的影响，即控制其他量都一样的情况下来研究这两个量的关系，这种方法叫控制变量法。我们在学习牛顿第二定律 $F=ma$ 时，已经用过这种方法。今天我们在控制变量法的基础上，利用物理虚拟实验室来研究单摆周期与各个量的关系。

（二）安排任务

要求学生利用虚拟实验室自主探究完成下表（见表4-20）。

表4-20　自主探究实验表

在×××情况下								
质量（m）								
周期（T）								
得出结论：								
在×××情况下								
摆长（l）								
周期（T）								
得出结论：								
在×××情况下								
重力加速度（G）								
周期（T）								
得出结论：								

（三）学生自主探究

学生利用虚拟实验室，测量八组不同小球质量，不同摆长，不同重力加速度对应的周期，并根据这些数据，用 Excel 软件做出 T 与小球质量、摆长、重力加速度的关系图。

教师到学生中去指导实验，帮助学生解决在探究过程中遇到的问题及困难，待大多数学生完成探究、得出实验结论后，挑选几名学生向大家简述探究过程。

（四）教师引导探究

通过以上实验和分析知道 $T \propto \sqrt{l}$，$T \propto \dfrac{1}{\sqrt{g}}$，

$$即：T \propto \sqrt{\frac{1}{g}}；也即：T = K\sqrt{\frac{1}{g}}。$$

将前面所测的一组数据代入上式，可得 $K = 6.28 \approx 2\pi$，所以，单摆的周期公式为：

$$T = 2\pi\sqrt{\frac{1}{g}}$$

早在 17 世纪，荷兰物理学家惠更斯研究了单摆的振动，并且确定了单摆的周期公式为：

$$T = 2\pi\sqrt{\frac{1}{g}}$$

有了这条公式之后，我们就知道可以通过改变摆长来调节周期，计时就很方便。也可以用单摆准确地测定当地的重力加速度，因为 T 与 l 都容易测定。

（五）学生成果展示

1. 实验步骤设计

（1）新建一个实验项目，根据具体的实验要求，设置实验环境参数。

（2）添加单摆球体和摆线，并进行参数设置。

（3）设置"实验数据曲线"中的参数，便于实验数据测量。

（4）改变小球的质量、单摆的摆长、重力加速度，测量单摆的周期。

（5）实验数据记录与计算。

（6）保存仿真实验，以及生成各种类型的课件。

2. 完成数据表、关系图

用控制变量法完成下表。

表 4-21　周期与质量的关系

在重力加速度为 9.8 m/s² 、摆长为 25 m 的情况下							
质量（m）	5 kg	10 kg	15 kg	20 kg	25 kg	30 kg	35 kg	40 kg
周期（T）	10 s	10 s	10 s	10 s	10 s	10 s	10 s	10 s
得出结论：周期与小球质量无关							
在重力加速度为 9.8 m/s² 、小球质量为 10 kg 情况下							
摆长（l）	10 m	15 m	20 m	25 m	30 m	35 m	40 m	45 m
周期（T）	6.5 s	8 s	9 s	10 s	11 s	12 s	13 s	13.5 s
得出结论：周期与摆长成正比的定性关系							
在小球质量为 10 kg、摆长为 25 m 情况下							
重力加速度（g）	9.8 m/s²	8.8 m/s²	7.8 m/s²	6.8 m/s²	5.8 m/s²	4.8 m/s²	3.8 m/s²	2.8 m/s²
周期（T）	10 s	10.5 s	11.3 s	12.1 s	13 s	14.5 s	16.2 s	19 s
得出结论：周期与重力成反比的定性关系							

用图像法进行数据分析可以得出周期与质量、摆长的关系（如图 4-37、图 4-38 所示）；还可以得出加速度与周期的关系（如图 4-39 所示）。

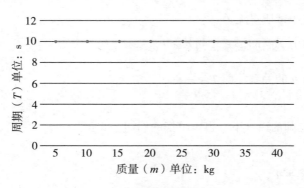

图 4-37　周期与质量的关系

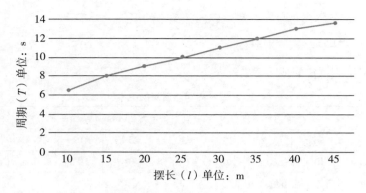

图 4-38　周期与摆长的关系

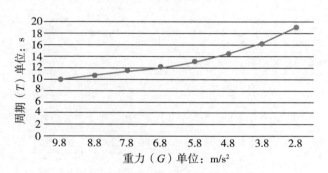

图 4-39　重力加速度与周期的定量关系

3. 得出结论

（1）T 与小球质量无关；

（2）T 与 L 之间的关系，即 $T \propto \sqrt{l}$；

（3）T 与 g 的关系，即 $T \propto \dfrac{1}{\sqrt{g}}$；

（4）在老师的引导下，得出单摆的周期公式：$T = 2\pi \sqrt{\dfrac{1}{g}}$。

【评价方案】

教学评价是课堂教学的重要环节，它能及时向教师和学生反馈教学结果。学生完成自主探究学习后，通过评价量规（见表 4-22）对学生探究能力进行评价，能让学生了解自己的长处和短处，使他们在学习中及时进行自我矫正。

表 4-22 课堂学习评价表

指标	起步	发展中	完成	典范	得分
软件运用能力（20分）	需要别人的指导才能勉强操作各个步骤，动作慢，领会慢	能在教师或同学的指导下按要求完成各项操作	能迅速掌握课件的操作方法，独立完成各项操作	不仅能独立迅速完成各项操作，还能指导别人	
观察能力（20分）	在他人的指导下勉强进行有目的的观察	能在教师或同学的指导下进行有目的的观察	能独立进行有目的的观察	不仅能独立地进行有目的的观察，还能指导别人进行观察	
实验设计能力（20分）	在他人的指导下，能够进行实验设计、测量，但速度慢，误差大	能在他人的指导下，完成实验设计及各项实验测量	能独立完成各项实验设计及测量	能独立、迅速地完成实验设计及各项实验测量，还能帮助别人寻找错误	
数据分析能力（20分）	在他人的指导下，能够对实验数据进行分析，但速度慢	能在他人的指导下，进行数据分析	能独立地对实验数据进行分析	能独立、迅速地进行数据分析，并指导他人进行数据分析	
归纳总结能力（20分）	在他人的启发下，能归纳总结出规律，但不够准确	能在他人的启发下，归纳总结出规律	能独立地归纳总结出规律，语言准确、简练	不仅能独立、迅速地总结出规律，还能启发其他同学进行总结归纳	

二、《探究电流与电压、电阻的关系》——基于虚拟实验室的探究学习案例

【教学目标】

1. 知识目标

（1）知道研究电流同电压、电流同电阻关系的实验方法，并能绘制实验电路图。

（2）学会使用控制变量法来研究电流与电压、电阻的关系。

（3）理解欧姆定律，能利用欧姆定律进行简单的计算，解决简单的实际问题。

2. 能力目标

（1）通过虚拟实验室探究电流同电压、电阻的关系，让学生经历科学探究的过程；体会用"控制变量法"探究物理规律的思路。

（2）通过实验、分析和探索的过程，提高根据实验数据分析、总结物理规律的能力。

（3）进一步培养有关电路连接和电学实验操作的能力。

3. 情感目标

（1）体验探究自然规律的曲折和乐趣，激发好奇心，增强学习的兴趣和克服困难的信心。

（2）通过实验探究，培养实事求是的科学态度、学习物理的兴趣和热爱科学的精神。

【教学环境】

安装有物理虚拟实验室的计算机教室。

【教学过程】

（一）引导回忆、复习旧知

教师通过调光台灯开关，并转动旋钮，让学生观察台灯变亮（或变暗）。引出问题：台灯的亮度发生变化说明通过灯泡的电流是怎样变化的？

教师根据学生的回答对电流、电压和电阻三个物理量进行复习，说明电压是形成电流的必要条件，电阻表示导体对电流阻碍作用。进而提出问题：电流的变大或变小会与电压和电阻这两个因素有关吗？

（二）讲授新知、提出问题

教师通过展示下面两个实验引导学生得出答案。

教师演示（利用金华科仿真物理实验室）：把2.5 V的小灯泡与两节干电池、滑动变阻器、开关串联，并在小灯泡上并联一个电压表，组成一个闭合电路，闭合开关，请学生观察调节滑动变阻器时电压表示数及小灯泡的亮度（如图4-40所示）。

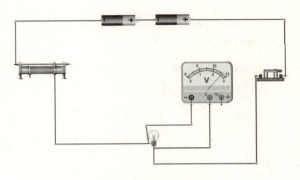

图 4-40　实验演示

教师根据学生的回答总结实验现象，通过调节滑动变阻器使电压发生变化。当电压较大时小灯泡就会较亮，这说明此时通过小灯泡的电流也较大。进而，教师让学生猜想电流与电压可能是一种怎样的关系。（学生提出猜想：电压越高，电流可能会越大）

教师让学生记下自己的猜想，并展示下一个实验。

教师演示（利用物理仿真实验室）：分别把 2.5 V 的小灯泡与两节干电池、滑动变阻器、开关、电流表串联组成电路。闭合开关，请学生观察调节滑动变阻器时电流表的示数和小灯泡的亮度（如图 4-41 所示）。

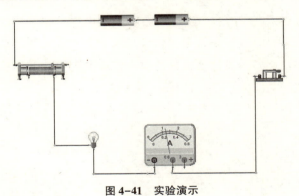

图 4-41　实验演示

（学生回答观察到的实验现象）

教师根据学生的回答总结实验现象，当滑动变阻器移到阻值较大位置时，电流表读数变小，小灯泡变暗；当滑动变阻器移到阻值最小位置时，电流表读数变大，小灯泡变亮。

教师通过提供问题支架"滑动变阻器起到了什么作用？"，引导学生思考得出电阻发生变化，小灯泡两端的电流也会发生变化，进而让学生猜想电阻与电流具体是怎样的关系。（学生猜想：电阻越大，电流越小）

通过实验，教师总结导体电流的大小跟导体两端的电压和电阻这两个因素有关，并引出问题：电流与电压、电阻是怎样的关系呢？请学生利用所学的知识进行思考，并根据前面的猜想，利用仿真实验室进行探究验证。

（三）布置任务

师：通过前面的实验，我们知道电流受电压和电流两个因素的影响。如果两个因素同时变化（如在改变电压的同时，也改变电阻），就不能判断电流变化是哪个变量引起的。那么应该采用什么方法进行实验呢？大家回想一下我们在探究决定电阻大小的因素时采用了什么方法？

（学生头脑风暴）

教师根据学生的回答给出控制变量法概念，并引导学生制作记录电流与电压、电阻关系的数据表，告知学生在一个变量（电压或电阻）保持不变的前提下，记录每次实验所测得的电流与电压或电流与电阻的数值。同时告知学生，如果想测得电流与电压、电阻之间的关系，需要设计能够同时测量电压和电流的电路图，在设计实验电路的时候应考虑以下问题：①怎样测量定值电阻两端的电压 U 和定值电阻中的电流 I 呢？②怎样保持导体的电阻 R 不变呢？③通过什么方法改变定值电阻两端的电压 U 呢？接着教师布置以下任务。

（1）学生以小组为单位，交流讨论探究电流与电压、电阻的关系的实验方案（见表4-23）。

表4-23　实验方案

小　　组	小组成员
实验名称	
实验目的	
实验猜想	
实验仪器和器材	
实验步骤	

续表

小 组	小组成员
实验电路图	
实验数据记录与处理	

（2）小组根据设计的实验方案，利用虚拟实验室开展探究进行实验数据测量。

（3）利用 Excel 分别对数据表 1（略）中三组电压不同的实验数据进行处理，输出形成电流与电压的图像；分别对数据表 2（略）中三个电阻不同的实验数据进行处理，输出形成电流与电阻的图像。

（4）各小组利用虚拟实验室演示、汇报探究过程。

（5）课下填写实验报告并上传至网盘，与全班同学一起分享交流。

（四）小组合作探究

1. 组建小组，制订探究方案

（1）按照就近的原则进行分组，每组 4—6 人，然后选出每组的小组长。

（2）组内进行分工，明确每名组员的职责，其中包括记录实验数据、演示汇报等。

（3）小组交流探讨，制订实验方案。

在小组内部交流讨论的过程中，每个小组利用思维导图记录每位组员对实验方案提出的意见，进而完成实验方案的设计。

（4）在开始探究前，阅读评价量规，明确探究需要达到的目标。

2. 小组开展探究活动

小组根据设计的实验方案，利用仿真实验室开展探究，进行实验数据测量，并利用 Excel 对测得的数据进行处理，根据得出的数据图像，总结电流与电压、电阻之间的关系。

（五）成果展示、评价总结

（1）各小组代表结合本组的实验方案，展示探究过程，汇报探究结论。

（2）教师在学生汇报的基础上进行总结，引出欧姆定律，对欧姆定律公

式 $I=\dfrac{U}{R}$ 进行重点讲解。

（3）师生结合探究学习评价表（见表4-24）对探究学习活动进行评价。

表 4-24　评价量规

评价项目	内　　容	很好(5分)	较好(4分)	一般(3分)	较差(2分)	很差(1分)
小组合作	1. 小组内部分工与责任明确，任务分配合理					
	2. 每个成员都能够明确自身的角色和任务安排					
	3. 每个成员都积极主动参与讨论，表达、分享个人观点					
	4. 讨论中，都能积极倾听他人想法，不随意插嘴打断					
	5. 当讨论偏离主题时，有成员提醒大家回到主题中来					
	6. 当成员间意见相左时，有成员做出必要的妥协和让步					
	7. 面对组内冲突时，有成员能因势利导，调节矛盾					
	8. 认真参与探究，积极思考，善于发现问题，勇于解决问题					
	9. 小组成员能互相包容彼此的错误，有良好的合作意识					
实验设计	小组的实验方案科学、合理且具有可行性					
成果展示	1. 正确分析电流与电压、电阻的关系					
	2. 对误差数据、问题数据做出合理且信服的解释					
	3. 能够流利、准确、清晰地表达探究过程及探究结果					
	4. 小组其他成员能够积极补充发言					
动手操作能力	1. 能够熟练操作仿真实验室					
	2. 实验操作准确规范					
	3. 能够恰当利用仿真实验室获取数据					

续表

评价项目	内　　容	很好(5分)	较好(4分)	一般(3分)	较差(2分)	很差(1分)
时间管理	1. 能够根据任务的难易程度，合理分配探究时间					
	2. 能够准时完成探究任务					
	3. 有效利用探究时间，有很强的时间管理意识					

第六节　地理学科案例

一、《荒漠化的防治》——基于 Google Earth 的探究学习案例

【教学目标】

1. 知识目标

（1）知道荒漠化的含义及其表现形式。

（2）了解西北地区的位置、范围、自然特征及其成因，能说明荒漠化发生的自然原因和人为因素。

（3）了解我国荒漠化治理的对策和措施。

2. 能力目标

（1）通过 Google Earth（GE）的计算方法，学会基本的地理测量方法。

（2）应用 GE 提供的卫星地图，学会读图、析图的方法，学会思考各种自然和人文景观之间的整体性联系。

（3）通过对荒漠化防治的总体思路、具体措施的论证，学会对信息进行综合与分析，并能利用实证的方法解决具体的地理问题。

（4）能使用 GE 来看地球任一地区地形坡面图。

3. 情感目标

（1）认识到人类的生存和发展与环境有密切关系。通过对西北地区荒

漠化成因的分析，能认识到不合理的人类活动是荒漠化形成的决定性因素，若要实现区域的可持续发展，人地协调是关键，从而树立正确的人地协调观。

（2）树立正确的环境观和可持续发展观，明白可持续发展的重要性，愿意为更美好的环境做出适当的行动。

【教学环境】

安装有 GE 软件的计算机教室。

【教学过程】

（一）情境创设，提出问题

楼兰属于西域三十六国之一，与敦煌邻接，位于现今新疆塔里木盆地东部的罗布泊及其邻近地区，与汉唐文化密切相关。鼎盛时期人丁兴旺、车马喧闹，然而在 4 世纪，楼兰文化戛然而止。古时的楼兰曾经是沙漠中的绿洲，树木参天，水草丰盛，居民以渔牧为生，是屯田的场所，兵家必争的军事要塞，也是丝绸之路上的重镇，为东西方商贸往来和文化交流做出了重大贡献；如今我们看到的景象却是一片荒漠。（利用 Google Earth 展示楼兰古今对照图，引出课题）

为什么楼兰会从一片水草丰盛的绿洲变成了荒漠？

（学生思考）

（二）讲解概念

什么是荒漠化？顾名思义："化"在中文中是一种使动用法，"荒漠化"可理解成"使……变成荒漠"，其实质是土地退化，其表现有下面几种。

1. 石质荒漠化

原来岩石地带的植被遭破坏而形成岩石裸露的地表，在水、风的侵蚀和搬运等外力作用下，该地出现水土流失、沙化的现象（如图 4-42 所示）。这在我国主要发生在南方石灰岩地貌发育典型的地区，如云南省、广西壮族自治区、贵州省等。

图 4-42　石质荒漠化

【图片解读】对比贵阳省 2002 年和 2008 年某地卫星图片，可以看出地表植被破坏严重，岩石裸露地表，长期受外力作用，该地将会出现水土流失，最终导致土地退化的石质荒漠化现象。

2. 土地沙漠化

狭义的荒漠化（即沙漠化）是指在脆弱的生态系统下，由于人为过度的经济活动破坏了其平衡，使原非沙漠地区出现了类似沙漠景观的环境变化过程。如现今楼兰地区所处的环境就是如此（如图 4-43 所示）。

图 4-43　土地沙漠化

【图片解读】图 4-43 的左图为楼兰遗迹"三间房"，结合古城卫星图片可以看出此地及周边地区现在是荒漠一片，而此地原本是水草丰美，这种变化过程就被称为荒漠化。

3. 土壤次生盐渍化

由于干旱或不合理的灌溉，干旱、半干旱地区中盐类物质富集在地表，如罗布泊地区。

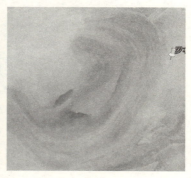

图 4-44 土壤次生盐渍化

【图片解读】图 4-44 的左图为罗布泊的盐渍化土壤，右图中的耳朵的样子是在湖水退缩的过程中形成的，就是每年、每个季度、每个月、每天湖泊在干涸过程中留下来的痕迹。

（三）布置任务

（1）以小组为单位，利用 Google Earth 来探究西北地区的自然特征（教师首先播放一篇关于罗布泊的新闻，提出问题："为什么罗布泊年降水量不足 10 毫米，为什么它的蒸发能力很强？"在学生思考的基础上，教师指导学生利用 Google Earth 来探究罗布泊年降水量不足 10 毫米、蒸发能力强的原因，从而得出西北地区的自然特征），并用 Google Earth 展示探究过程。

（2）结合网络资源，整理分析西北地区荒漠化的原因，并用因果在线工具绘制出来。

（3）根据荒漠化的原因，结合网络资源，总结防治荒漠化的措施。

（4）结合前三个任务，完成探究报告，并上传至班级 QQ 群，全班分享、交流、讨论。

相关资源列表：

- 关于罗布泊楼兰古城的资料
- 西北地区荒漠化的成因
- 荒漠化应采取的措施

（四）小组探究

1. 组建小组，制订探究方案

（1）按照就近分组的原则，将全班分成 6 组，每组 4—6 人，然后选出每组的小组长。

（2）小组内部交流讨论，制订出本组的探究方案。

（3）组内分工，明确每名组员的职责，其中组内分工主要包括：记录探究方案、监控探究过程、演示汇报等。

2. 小组合作探究

（1）在开始探究前，阅读评价量规，明确探究需要达到的目标。

（2）每个小组按照"明确探究任务—制订探究方案—开展探究—得出结论"的流程开展探究学习。

（五）成果展示，评价总结

每个小组进行完探究活动后，派代表利用 Google Earth 汇报展示他们的探究过程，师生结合探究学习评价量规（见表 4-25）对探究学习活动进行评价，在此基础上教师对小组的探究过程、学生表现、探究结果等进行总结。

表 4-25 《荒漠化的防治》探究学习评价量规

评价项目	内　　容	很好（5分）	较好（4分）	一般（3分）	较差（2分）	很差（1分）
任务分工	1. 小组内部分工与责任明确，任务分配合理					
	2. 每个成员都能够明确自身的角色及任务安排					

续表

评价项目	内　　容	很好 (5分)	较好 (4分)	一般 (3分)	较差 (2分)	很差 (1分)
团队合作	1. 讨论中，小组成员都能积极倾听他人想法，不随意插嘴打断					
	2. 成员能积极发言，表达自己的观点					
	3. 当讨论偏离主题时，有成员提醒大家回到主题上来					
	4. 组员间因意见相左时，有成员做出必要的妥协和让步					
	5. 面对组内冲突，引发激烈辩论或人身攻击时，能有组员因势利导，调节好矛盾					
	6. 认真参与探究，积极思考，善于发现问题，勇于解决问题					
	7. 小组成员能互相包容彼此错误，有良好的合作意识					
	8. 面对困难或疑难问题，小组成员能够通过合作想办法解决					
成果展示	1. 积极主动参与报告发言					
	2. 收集到的资源与探究内容相关，符合要求					
	3. 能够用流利、清晰的语言，表达探究结果					
	4. 探究报告论述清楚，有条理，组织严密，内容完整					
	5. 小组其他成员能够积极补充发言					
软件操作	1. 能够掌握 Google Earth 的基本操作					
	2. 能够准确利用 Google Earth 中的各种功能获取数据					
	3. 积极探索 Google Earth 软件的其他功能					

（六）课后作业

课后，让学生借助 GE，跳出中国看看世界其他地区的荒漠化现象，比如非洲萨赫勒地区。师生利用 GE 的历史图层，穿越到非洲 1955 年，对比昨日和今日此地区的植被覆盖情况，了解其荒漠化的程度，引起对荒漠化现象的重视。

【学生小组探究报告】

（一）探究任务

（1）楼兰古城从一片繁华变成现今的沙漠的原因。

（2）西北地区荒漠化的成因及保护措施。

（二）探究计划

借助网络，集体阅读关于罗布泊的新闻，知道罗布泊由一片湖泊变成了现在的干涸状，而且罗布泊年降水量不足 10 毫米，但它的蒸发能力很强，超过 4800 毫米。针对这两个现象，在教师的指导下我们确定了以下四个活动来寻找原因。

活动 1：测量罗布泊曾经的水域面积，与现今 40°N 附近的银川比较，在景观方面有何不同？

活动 2：利用 GE 画出中国季风区与非季风区的分界线，结合西北地区的位置，判断罗布泊的降水状况。

活动 3：利用测量工具，测量罗布泊距离海洋的距离，并利用 GE 显示地形剖面图。

活动 4：利用气象图层，观察罗布泊地区的昼夜温差。

在此基础上，我们查阅相关资料，整理、分析西北地区荒漠化的原因有哪些，然后观看视频，结合课本，总结出防治荒漠化的措施，从而得出探究结果。

（三）探究过程

1. 探究活动

我们小组先阅读了一则关于罗布泊楼兰古城的新闻，其中有这么一段："中央气象局乌鲁木齐沙漠气象研究所在哈密至罗布泊镇，安装了 3 个自动气象站，发现罗布泊年降水量不足 10 毫米，蒸发能力则超过 4800 毫米，曾几次用仪器测到空气相对湿度为零的记录。因此，罗布泊地区是亚洲内陆区域干旱中心。"由此段内容，我们想到了以下两个问题：①罗布泊年降水量不足10毫米的原因是什么？②蒸发能力超过4800毫米的原因是什么？

针对以上两个问题，我们利用GE做了以下几个活动。

【活动1】测量罗布泊曾经的水域面积，与现今40°N附近的银川比较，在景观方面有何不同？

（1）使用搜索功能，输入罗布泊坐标（90°40′43.47″E，40°7′29.27″N），找到罗布泊的位置。

（2）使用"工具"菜单下"标尺"中的"多边形"功能，可以测算出罗布泊曾经最大的水域面积，读出数据约为1820km²，大致与安徽巢湖面积相当（如图4-45所示）。

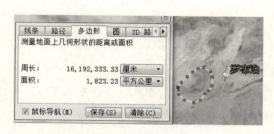

图4-45　计算水域面积

（3）在搜索中输入"宁夏　银川"，同时，选择"视图—网格"，显示地理经纬度，确定银川的纬度位置与罗布泊的纬度相当（40°N附近），但地理景观完全两样，一地是荒漠，一地是良田。

【活动2】利用GE画出中国季风区与非季风区的分界线，结合西北地区的位置，判断罗布泊的降水状况。

（1）点击 ⊕ 还原图像——降水的不同导致地表植被出现差异；点击 ⚓⁺ 添加路径，大致可以画出中国季风区与非季风区的分界线。

（2）点击叠加图层 ▨⁺，叠加"西北地区地形及位置示意图"，得出结论：罗布泊处于非季风区，降水少，由于贺兰山阻挡了东南季风的前进；银川位于迎风坡，降水多，因此为农业的发展提供了充足的灌溉水源，因而农田广布。进一步看图又发现，也正因为山脉和青藏高原的阻挡，来自于海洋的暖湿气流难以到达，因而罗布泊地区降水极少。

【活动3】利用测量工具，测量罗布泊距离海洋的距离，并利用 GE 显示地形剖面图。

点击"标尺—路径"，可测量出罗布泊距渤海的直线距离为 2437 km，由此可以看出罗布泊距海远，受海洋影响小，因而降水少。然后在所画曲线上点击右键——显示高度配置文件，直接显示出地形剖面图。由此可以判断，我国的夏季风由于地形的阻挡，难以深入内陆地区。

【活动4】利用气象图层，观察罗布泊地区的昼夜温差。

点选气象图层，点击图中的气温图标，显示如图 4-46 所示，可得出结论，罗布泊昼夜温差达到20°，昼夜温差大。结合必修1所学知识，由于温差大，推断此地气压差大，形成的风力也就大，从而从一个方面解释该地水分蒸发量大的原因。

图 4-46 气温图标

2. 活动小结

通过活动1—3可以解释罗布泊降水少的原因，一是海陆位置：西北地区位于 35°N—50°N，远离海洋，深居亚欧大陆内部。二是地形因素：位于我国地势第二阶梯，海拔高，以高原、山地和盆地为主。通过活动4，从该地昼夜温差大可推断出风力大，从而解释该地水分蒸发旺盛的原因；当然，该地为温带大陆性气候，夏季高温，也是水分蒸发量大的重要原因之一。最终得出结论，干旱是西北地区最为显著的自然特征。

通过资料我们知道，楼兰古城位于罗布泊附近，由于罗布泊的海陆位置、地形、昼夜温差及气候等因素，该地的降雨量少、蒸发量大，所以楼兰古城从一片繁华变成了沙漠。

3. 分析西北荒漠化的成因

结合课本及网页中关于西北地区荒漠化的原因的文章，利用在线工具"因果图"，绘制出其成因图（如图 4-47 所示）。

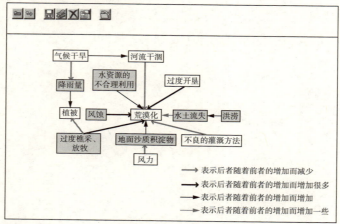

图 4-47　西北地区荒漠化成因图

由上图可以看出：

（1）气候干旱导致河流干枯，从而导致荒漠化。

（2）气候干旱，说明降雨量减少，从而影响植被的生长，促使植被数量减少；另外，过度樵采等因素也会促使植被数量减少。植被能保护土地的流失，所以植被的减少直接影响着水土流失的程度，而水土流失又会导致荒漠化的形成。同时，风蚀的力度也会受到植被的影响。

（3）地面沙质积淀物、荒地、过度开垦等因素也会对荒漠化的形成产生影响。

总体来看，造成荒漠化的原因主要有两类：一类是自然原因，如气候干旱、降雨量少、风蚀力度较大、洪涝等因素。自然原因是荒漠化的基础和潜在因素。二是人为原因，如过度放牧、过度樵采、过度开垦、水资源的不合理利用等。人为原因是荒漠化的主要因素，所以要想预防荒漠化主要还是要从我们人类自身做起。

4. 总结荒漠化防治措施

观看荒漠化防治的视频，总结出以下几个措施来防治荒漠化。

（1）合理利用水资源：①在农作区，主要是改善耕作和灌溉技术，推广节水农业，避免土壤的盐碱化；②在牧区草原，减少水井的数量，以免畜生的大量无序增长；③在干旱的内陆地区，要合理分配河流上、中、下游水资源，既考虑上、中游的开发，又要顾及下游生态环境的保护。

（2）利用生物措施和工程措施构筑防护体系。①干旱地区的绿洲地区：a. 应在绿洲外围的沙漠边缘地带进行封沙育草；b. 在绿洲前沿地带营造乔、灌木结合的防沙林带（积极保护、恢复和发展天然灌草植被）；c. 在绿洲内部建立农田防护林网，组成一个多层防护体系。②在缺乏水源的地区：利用柴草、树枝等材料，在流沙地区设置沙障工程，拦截沙源，巩固流沙，阻挡沙丘前移。

（3）调节农、林用地之间的关系——宜林宜地、宜牧则牧：①现有林地应该作为防护林的一部分，不能再毁林开荒；②绿洲边缘的荒地与绿洲之间的灌草地带，不能盲目开垦，主要用于种树种草，发展林业与牧业；③对已造成荒漠化的地方，应退耕还林、退耕还牧。

（4）采取综合措施，多途径解决农牧区的能源问题：解决农牧民的能源问题的途径有营造薪炭林、兴建沼气池、推广省柴灶等。

（5）控制人口增长：控制人口过快发展，提高人口素质，建立一个人口、资源、环境协调发展的生态系统，这对荒漠化的防治有着重要意义。

二、《大洋和大洲》——基于 Google Earth 的探究学习案例

【教学目标】

1. 知识目标

（1）能够说出海陆分布的特征。

（2）掌握七大洲和四大洋的分布。

（3）能够辨别出大陆、半岛、岛屿、大洲、海峡、海、大洋等概念。

2. 能力目标

（1）借助 Google Earth，通过直观形象的观察，学会在地球上辨别出大陆、半岛、海峡等地理事物。

（2）通过利用 Google Earth，培养阅读图文和进行空间想象的能力。

3. 情感目标

激发学生学习地理的热情以及热爱人类家园——地球的感情。

【教学环境】

安装有 Google Earth 的计算机教室。

【教学过程】

（一）创设情境

师：（展示奥运五环图）同学们，你们知道这五个环代表什么吗？

生：五大洲。

师：那你们能说出是哪五大洲吗？

生：亚洲、非洲、欧洲……

师：对，今天我们就一起来探究地球上的大洲和大洋的有关知识。

（二）讲解新课

师：进入太空的世界第一人加加林登入太空后，拍下一张从太空看地球

的图片，现在我们来看看，从太空看地球是什么样子的。（同时利用 Google Earth 展示地球面貌图）

师：同学们仔细观察，我们看地球上都有什么颜色呢？

生：蓝色、绿色、土褐色。

师：那你们知道它们都代表什么吗？

生：蓝色代表海洋，绿色和土褐色代表陆地。

师：你们说得很对。那你们知道海洋和陆地的分布特征吗？

（学生思考）

师：大家再仔细看，陆地有着大小不同的形状，有的在海里，有的一半在海里一半在陆地上；海洋的颜色也不同，有的深，有的浅，这是为什么呢？它们代表什么？

（学生思考，教师利用 Google Earth 让学生理解大陆、半岛、岛屿、海、海峡、海洋等地理事物）

师：同学们，我们已经知道地球分为陆地和海洋两部分，而且也认识到地球上的各种形状代表什么，那你们能说出海洋和陆地的分布有什么特征吗？你们知道七大洲、四大洋的位置和分布吗？

（学生思考）

师：现在就让我们利用 Google Earth 来了解、认识这些大洲和大洋吧！

（教师引导学生利用之前学习地球仪的方法来开展探究活动）

（三）布置任务

（1）以小组为单位，结合课本内容，利用 Google Earth 探究：海洋和陆地的分布特征，以及七大洲、四大洋的位置，并勾勒出它们的形状。

（2）各小组利用 Google Earth 演示、汇报探究过程，完成探究报告并上传至网盘，与全班同学一起分享、交流。

（四）小组合作探究

1. 组建小组，制订探究计划

（1）教师按照就近分组的原则，将全班分成若干小组，每组3—5人，然后选出每组的小组长。

269

（2）各小组在明确探究任务的基础上，交流讨论制订探究计划。

（3）组内分工，明确每名组员的职责，主要包括：负责操作、收集整理资料、记录探究过程得出的结果、监控探究过程、演示汇报等。

（4）在开展探究前，阅读评价量规，明确探究需要达到的目标。

2. 小组开展探究

各小组在明确探究计划、进行组内分工的基础上，利用 Google Earth，结合网络，开展探究学习。

（五）成果展示，评价总结

小组派代表利用 Google Earth 向全班汇报演示探究过程，师生结合探究学习评价表（见表4-26）对探究学习活动进行评价。在此基础上教师对小组的探究过程、学生表现、探究结果等进行总结；最后教师教授学生如何画出七大洲，加深对大洋、大洲位置的记忆。

表 4-26　探究学习评价量规

评价项目	内　　容	很好(5分)	较好(4分)	一般(3分)
任务分工	1. 小组内部分工与责任明确，任务分配合理			
	2. 每个成员都能够明确自身的角色及任务安排			
团队合作	1. 讨论中，小组成员都能积极倾听他人想法，不随意插嘴打断			
	2. 成员能积极发言，表达自己的观点			
	3. 当讨论偏离主题时，有成员提醒大家回到主题上来			
	4. 组员间意见相左时，有成员做出必要的妥协和让步			
	5. 面对组内冲突，引发激烈辩论或人身攻击时，有组员能因势利导，调节好矛盾			
	6. 认真参与探究，积极思考，善于发现问题，勇于解决问题			
	7. 小组成员能互相包容彼此错误，有良好的合作意识			
	8. 面对困难或疑难问题，小组成员能够通过合作想办法解决			

评价项目	内　　容	很好(5分)	较好(4分)	一般(3分)
成果展示	1. 积极主动参与报告发言			
	2. 能够用流利、清晰的语言，表达探究结果			
	3. 能够利用 Google Earth 分析出海陆分布的特点、七大洲和四大洋的位置			
	4. 探究报告论述清楚，有条理，组织严密，内容完整			
	5. 小组其他成员能够积极补充发言			
软件操作	1. 能够掌握 Google Earth 的基本操作			
	2. 能够准确利用 Google Earth 中的各种功能获取数据			
	3. 积极探索 Google Earth 软件的其他功能			

（六）课后拓展

在学生认识了大洋和大洲的位置和分布，能辨别陆地、大洲、半岛、岛屿、海洋、海峡、海等概念的基础上，让学生课后借助 Google Earth、网络来了解一下世界上最大的洲、半岛、岛屿等地理事物，下节课上课前与全班同学一起分享。

【学生小组探究报告】

（一）探究主题

海陆分布及七大洲、四大洋的位置和分布。

（二）探究过程

1. 组内讨论，确定探究计划

我们已经学习了《地球和地图》，知道可以通过半球、经纬度两种方式来判断某地的位置。而本节课是对大洋、大洲的探究，我们知道大洋、大洲的范围比较大，所以我们小组主要通过半球这种方式来观看它们的分布情况；另外，结合课本内容，利用 Google Earth 中的多边形功能可以勾画出各大洲的大概轮廓，这样我们可以通过观察各大洲的轮廓，计算大概面积，来判断它们的大小。

2. 组内分工

在讨论确定探究内容的基础上，我们又在小组内进行了分工，以便我们可以有序地开展探究，具体分工如下（见表4-27）。

表4-27　小组任务分工

组　　员	任　　务
组员1	记录探究过程
组员2、3	利用网络搜索相关资料，并整理分析
组员4、5	利用 Google Earth 按照确定的探究内容找七大洲、四大洋的位置和分布等
组员2	代表我们小组上台利用 Google Earth 展示我们的探究过程

3. 开展探究

（1）*海洋和陆地的分布*。

点击 Google Earth 视图菜单中的网格，可在地球上出现经纬度。

以赤道为准将地球分为南北两半球，转动地球可以观察南北两半球的海洋和大陆的分布情况。

通过观察，可以看出大部分的陆地分布在北半球，南半球海洋分布的范围比较大。

以本初子午线为界线将地球分为东西两半球，转到地球可以观察到东半球的陆地面积比西半球的陆地面积大。

在转动地球观看海陆分布的同时，可以看出，地球上大部分都是蓝色的海洋，虽然我们生活在陆地上，但海洋面积比陆地面积大。

通过网络资源和课本，我们得到海洋和陆地的比例为 7：3，也就是说在地球上海洋面积大约占70%，而陆地面积只占了30%。

（2）*七大洲*。

在 Google Earth 搜索面板中输入"亚洲"，可以搜到亚洲的大概位置。

利用同样的方法，可以搜索到其他大洲的大概位置。

通过搜索可以看到有些大洲之间是连接在一起的，比如亚洲和欧洲，我们不能将它们的形状勾勒出来。所以，我们小组通过阅读课本知识，结合教师的指导，知道了欧洲和亚洲以乌拉尔山、乌拉尔河、高加索山脉、土耳其海峡为分界线，苏伊士运河将亚洲和非洲划分开来，北美洲和南美洲被巴拿马运河分隔开。依据各大洲间的分界线可将大洲划分开来，并勾勒出它们的大致轮廓。

利用 Google Earth 的网格功能，显示地球经纬度，可以看出亚洲、欧洲、非洲、北美洲主要位于北半球；大洋洲、南极洲、南美洲主要位于南半球；赤道横穿非洲和南美洲。利用 Google Earth 可以测量出各大洲的面积，得出亚洲是世界上第一大洲，大洋洲是最小的一个洲。

（3）**四大洋**。

在 Google Earth 的搜索面板中依次输入"太平洋"、"北冰洋"、"印度洋"、"大西洋"，可以得到四大洋的大概位置。

四大洋贯穿于七大洲，太平洋位于亚洲、北美洲、南美洲、南极洲、大洋洲之间；大西洋位于北美洲、南美洲、南极洲、欧洲、非洲之间；北冰洋位于亚洲、北美洲、欧洲之间；印度洋位于亚洲、非洲、南极洲、大洋洲之间。

（4）**七大洲、四大洋名字的由来**。

我们小组还对七大洲、四大洋名字的由来在网络上进行了搜索，具体如下：

亚洲——太阳升起的地方：亚洲的全称是亚细亚洲。"亚细亚（Asia）"最早起源于腓尼基语，意为"太阳升起的地方"。相传亚细亚的名称是由古代腓尼基人所起。频繁的海上活动，要求腓尼基人必须确定方位，所以，他们把爱琴海以东的地区泛称为"Asu"，意即"日出地"；而把爱琴海以西的地方泛称为"Ereb"，意为"日没地"。"Asia"一词是由腓尼基语"Asu"演化而来，其所指的地域不是很明确，范围是有限的。到公元前 1 世纪，"Asia"已成为罗马帝国的一个行政省的名称，以后才逐渐扩大，包括现今整个亚洲地区，成为世界上最大的洲。

欧洲——西方日落之处：欧洲的全称是欧罗巴洲，英文为"Europe"。关于欧洲这个名称的由来，有一些传说。在希腊神话中，德米特（Demeter）是专管农事的女神，她保佑人间五谷丰登、人畜两旺。她还有一个名字叫欧罗巴，人们出于对女神的敬意，就把欧罗巴作为大洲的名字。此外，还有一个广泛流传的传说："万神之王"宙斯看中了腓尼基国王的漂亮女儿欧罗巴，化身成一匹雄健、温顺的公牛将欧罗巴驮过海洋，带到远方的一块陆地上共同生活。这块陆地就以这位美丽的公主的名字命名，叫作欧罗巴了。

美洲——新大陆的发现者：美洲的全称是亚美利加洲（America）。1492年10月12日，哥伦布到达美洲的圣萨尔瓦多岛，但他误认为自己到达的是印度。7年后，意大利探险家亚美利哥随同葡萄牙人奥赫达率领的船队到达哥伦布所谓的"印度"，他经过广泛的考察，确信这是一块新的大陆。1507年，亚美利哥在《海上旅行故事集》一书中，详细叙述了发现新大陆的经过。当时的德国地理学家马丁·瓦德西蒙勒因亚美利哥提供了"新大陆"的证据，便在《宇宙学导论》一书中建议将新大陆命名为"亚美利哥"。1538年，荷兰制图学家墨卡托在绘制地图中，将这一名称扩及至整个美洲。后来，人们仿照其他大洲的词尾形式将"亚美利哥洲"改为"亚美利加洲"。

非洲——阳光灼热的地方：非洲的全称是阿非利加洲（Africa）。"Africa"一词来源于拉丁文的"aprica"，意思是"阳光灼热的地方"。非洲地跨南北两半球，赤道从中部穿过，绝大部分地区气候炎热。相传，古时候有位名叫阿非利加的酋长，于公元前2000年率领军队侵入北非，在那里建立了一座城市，后来人们便把这大片的地方叫作阿非利加了。

大洋洲——南方大陆：大洋洲原名澳大利亚洲。"澳大利亚"一词源于西班牙文，意思是"南方的陆地"。大洋洲包括澳大拉西亚大陆和塔斯马尼亚岛，新西兰的南岛、北岛和伊里安岛以及散布在太平洋上的一万多个岛屿。"大洋洲"（Oceania）的名称最早出现于1812年前后，由丹麦地理学家马尔特·布龙命名。当时仅指美拉尼西亚、密克罗尼西亚和波利尼西亚三大群岛，这就是狭义的大洋洲。

南极洲——冰雪大陆：南极洲的英文为"Antarctica"，源出希腊文的"anti"（相反）加上"Arctic"（北极），意为北极的对面，即南极。该大陆处在地球的最南端，南极的周围，因此中文被称为"南极洲"，是一个与地理情况相符的地名。南极洲气候酷寒，大部分地方覆盖着很厚的冰层，故又称"冰雪大陆"。

太平洋——和平之洋：1513 年 9 月 26 日，西班牙探险家巴斯科·巴尔沃亚从巴拿马海岸见到太平洋时，曾将其命名为"南海"。1519 年 9 月 20 日，葡萄牙航海家麦哲伦受西班牙国王委托，率领船队从圣罗卡起航，寻找通往东方的航线。经过 4 个多月的艰难航行，越过狂风恶浪的大西洋，穿过麦哲伦海峡，他们进入了新的大洋。他们从南美洲最南端的火地岛来到菲律宾，一路上天气晴朗，风平浪静，与前段航程截然不同。船员们一致称为是"和平之海"。麦哲伦便把这个叫作"南海"的大洋改称为"和平之洋"（Pacific Ocean），译为汉语即为"太平洋"。

大西洋——大力士神的栖息地：大西洋的名称源于古希腊神话中大力士神阿特拉斯的名字。最初希腊人以"阿特拉斯"命名非洲西北部的土地，后又传说阿特拉斯住在遥远的地方，人们认为一望无际的大西洋就是阿特拉斯的栖身地，故称大西洋为"阿特拉斯"（Atlantic Ocean）。"大西洋"这一名称最早出现于中国明朝。意大利传教士利玛窦在晋谒明神宗时称自己是"大西洋人"。我国明朝年间，大体以雷州半岛至加里曼丹一线为大西洋的分界线——把它的西面叫"西洋"，东面则为"东洋"。后来西方世界地理学和地图作品传入我国后，由于大西洋的名称难于译成汉语，于是"大西洋"便沿用至今了。

印度洋——通往东方的海洋：印度洋最早被叫作"厄立特里亚海"，是为了纪念波斯帝国的著名君主厄立特里亚。1515 年，中欧地图学家舍奈尔编绘地图时，把这片海洋命名为"东方的印度洋"。这里"东方"一词是和大西洋相对而言。到了 1570 年，奥尔太利乌斯编绘的世界地图集里正式称之为"印度洋"（Indian Ocean）。因为古代西方对东方的了解很少，只传闻印度是东方的一个富有的国家，因此到东方就是到印度，通往东方的航路也就是通往印度的航路。后来，印度洋这个名字就一直沿袭下来了。

北冰洋——北极之海：北冰洋大致以北极为中心，介于亚洲、欧洲和北美洲北岸之间，为世界四大洋中面积最小、深度最浅的洋。由于终年气候寒冷，绝大部分被冰层覆盖，因此曾经一度被称为"北极海"、"北冰海"。现在称之为"北冰洋"（Arctic Ocean）。

（三）探究结果

（1）地球上海洋的面积比陆地的面积大，陆地主要分布在北半球、东半球，海洋主要分布在南半球、西半球。

（2）四大洋把陆地分为了七个大洲，从南北半球看：北半球主要有欧洲、亚洲、非洲、北美洲，南半球主要有大洋洲、南美洲、南极洲；从东西半球看：北美洲和南美洲主要位于西半球；非洲、亚洲、欧洲、大洋洲主要位于东半球。

四大洋和七大洲的位置关系为：

太平洋位于亚洲、北美洲、南美洲、南极洲、大洋洲之间；

大西洋位于北美洲、南美洲、南极洲、欧洲、非洲之间；

北冰洋位于亚洲、北美洲、欧洲之间；

印度洋位于亚洲、非洲、南极洲、大洋洲之间。

第七节　历史学科案例

一、《辛亥革命》——WebQuest 学习案例

【教学目标】

1. 知识目标

能够从多种视角理解辛亥革命。

2. 能力目标

学会有效利用各种信息来解决问题的方法。

3. 情感目标

能够从多角度客观地评价辛亥革命。

【教学环境】

多媒体网络教室、网络广播教学软件、大屏幕投影等。

【教学过程】

表 4-28 《辛亥革命》教学过程

教学环节	教师活动	学生活动	信息技术工具
引言	1. 教师使用视频播放器播放关于辛亥革命的片段 2. 教师：假如你被纪念辛亥革命庆典筹备组选中，在纪念辛亥革命庆典青少年论坛上为全国的青少年宣讲《辛亥革命：成也？败也？》研究报告。你会为全国的青少年朋友们献上一份怎样的报告呢？ 3. 以"辛亥革命：成也？败也？"为主题，进行探究学习	观看视频； 思考	视频播放器
任务	在本次探究学习中，请大家分别完成以下三个任务。 （1）选择一个身份来亲身经历和感受辛亥革命风云，并评价辛亥革命。 （2）以日记的形式在好看簿中记录下自己对"辛亥革命：成也？败也？"的看法或观点。 （3）汇编创作小组《辛亥革命：成也？败也？》研究报告，并发布在好看簿中	听教师讲解探究学习任务	大屏幕投影展示探究学习任务
资源	相关资源请查看资源列表	查看资源列表	大屏幕投影展示资源列表
过程	1. 划分学习小组，组员进行角色分工 全班同学根据个人兴趣和意愿分成四个学习小组，分别为政治活动组、社会经济组、文化教育组、社会生活组；小组内推举一个组长，并根据角色和需要进行适当的分工（每组选择与小组主题相关的角色来亲身经历和感受辛亥革命风云：孙中山、熊秉坤、袁世凯、张謇、荣氏兄弟、黄远生、蔡元培、普通民众）。 选择好角色后，在进行体验和探究时，主要解决以下问题。 （1）根据你的亲身经历，辛亥革命究竟为当时的中国带来了什么？ （2）通过资料整合与探究思考，你认为辛亥革命究竟是成功了还是失败了？ （3）你是如何得出自己的结论的？ （4）你得出结论、评判革命成功与否的标准是什么？	分组、选择身份（角色），组长在好看簿上发起活动、创建小组并将组员添加到小组	好看簿（共享平台）

续表

教学环节	教师活动	学生活动	信息技术工具
过程	2. 自主阅读、整理、分析材料，得出结论，进行自我评价 （1）在自主探究开始前，打开《辛亥革命》探究学习活动评价量规（个人），仔细阅读，明确个人学习评价标准。 （2）每名学生根据各自不同的角色和分工对本组对应的"资源"栏目中所提供的资料进行阅读、分析、整理和筛选，提取那些可以帮助自己得出结论的有效信息，并保存在自建的 Word 文档中备用。（帮助指南：快速阅读技巧、高效搜索技巧、在线字典和辛亥革命大事记） （3）完成个人探究学习得出结论后，以反思的形式将自己的探究结论记录在好看簿的反思模块中。 （4）在完成个人探究学习活动并得出自己的结论之后，根据探究学习活动评价量规（个人）予以评价。 3. 小组合作学习、讨论，学习成果制作与小组内互评 （1）在开始小组合作学习、讨论之前，打开《辛亥革命》探究学习活动评价量规（互评及教师评价），仔细阅读，明确"小组学习"评价标准。 （2）讨论小组成员的个人观点，共享资源，形成假设，积极合作，整合材料，根据假设形成本小组的探究学习观点。 （3）依据《辛亥革命》探究学习活动评价量规（互评及教师评价）评价标准，制作 PPT，完成小组学习报告等探究成果。 （4）完成探究学习成果之后，小组内互评，根据探究学习活动评价量规对学习成果项目进行小组互评。 4. 学习成果展示：小组之间相互交流，分享探究成果；辩论质疑，形成新认识 （1）各小组将制作的《辛亥革命：成也？败也？》研究报告（或 PPT）上传到好看簿，并派一名代表上台展示，模拟宣讲。 （2）小组间相互辩论，通过小组间的质疑答疑，进行深层次的探讨，从而形成新的认识。全体组员对本小组的探究报告进行答疑，对其他小组的探究报告进行质疑，以集体回答观众问题的方式回答一两个问题。 （3）在每一小组展示完毕后，教师都要进行简短总结和点评，各组学生根据探究学习活动评价量规学习成果项目进行小组互评。 5. 教师与学生根据《辛亥革命》探究学习活动评价量规（个人、互评及教师评价），一起评出本次探究学习的"优秀"、"良好"、"合格"和"不合格"小组，并进行表扬，本次学习活动结束	阅读量规表：《辛亥革命》探究学习活动评价量规（个人），整理、分析和筛选资源，将个人结论记录在好看簿中 讨论看法，分享观点，设计小组宣讲报告 阅读量规表：《辛亥革命》探究学习活动的量规（互评及教师评价），讨论、制作学习成果 PPT 登录好看簿查看、评价各个小组的研究报告，开展辩论、质疑、答疑	思维导图；MindManager 百度等搜索引擎 好看簿 思维导图；MindManager，好看簿 办公软件 PowerPoint 好看簿

教学环节	教师活动	学生活动	信息技术工具
评价	1.《辛亥革命》探究学习评价量规（个人）。 2.《辛亥革命》探究学习评价量规（小组及教师评价）	在探究学习过程的各个阶段填写相应的评价量规	
结论	通过《辛亥革命》这节课的学习，学生们都成了"社会活动家"、"经济大师"、"知识分子"和"生活能手"。在完成了这一研究任务后，学生应该可以学会如何主动、全面地探究问题，如何在网上查找有效信息，怎样与他人合作，怎样撰写研究报告，针对别人的问题学会了如何答疑和质疑。老师建议学生将这些宝贵的经验应用到课堂学习中，并拓展到其他学科领域，这必将给学生今后的学习生活及个人成长带来很大的帮助。 教师布置拓展任务：撰写本次《辛亥革命：成也？败也？》探究学习反思报告，并发布在好看簿中	总结、反思	好看簿
资源	1. 在线资源 （1）综合性网站（关键词：辛亥革命武昌起义纪念馆、辛亥革命博物馆、孙中山纪念馆等）； （2）其他相关网络资源（关键词："孙中山·辛亥革命·21世纪的中国"学术研讨会学者论文、民国宪政、民族民主革命、袁世凯、熊秉坤、南京临时政府、张謇纪念馆、荣氏兄弟、蔡元培、辛亥革命史料图片等）。 2. 非在线资源 （1）文本（法令条例类、论著言论类、报刊言论、相关数据类）； （2）图片； （3）视频（电影《辛亥革命》片段）		

二、《鸦片战争》——WebQuest 学习案例

【教学目标】

1. 知识目标

（1）了解英国向中国走私鸦片的概况。

（2）能够归纳出英国向中国走私鸦片给中国社会带来的严重危害。

（3）能够从多角度分析英国向中国输出鸦片的原因。

（4）能准确说出中英《南京条约》的主要内容，并能分析其对中国社会

的影响。

2. 能力目标

（1）通过主动探索与发现，培养自主学习能力。

（2）通过上网查找资料，整理、分析、归纳资料，培养信息素养。

（3）通过小组合作探究，培养合作学习能力与团队精神。

3. 情感目标

（1）通过了解鸦片，认识资本主义唯利是图的本质，领悟毒品的危害，学会规范自己的言行，形成正确的生活态度和人生态度。

（2）通过本活动课牢记"落后挨打"的历史教训，培养振兴中华民族的历史使命感和责任感。

【教学环境】

多媒体网络教室。

【教学过程】

表 4-29　《鸦片战争》教学过程

教学环节	内　　容	技术工具
引言	教师展示其发布在好看簿上的故事《罂粟与鸦片》，让学生感受罂粟花的美丽和它提炼成毒品后的危害。 教师：鸦片是一种毒品，大量吸食不仅对人体有害，而且会给社会带来许多不安定的因素。然而，就在 19 世纪初，英国资本主义向中国大量倾销鸦片，他们是出于什么样的目的呢？鸦片在 160 多年前，给中国民族留下了怎样的回忆呢？我们今天就来探究学习相关的内容——鸦片战争	好看簿； 大屏幕投影
任务	结合教师提供的资源，完成以下任务。 任务一：自主阅读林则徐虎门销烟的史料，在好看簿中发布日记，分析英国向中国走私鸦片的原因和危害。 任务二：小组收集并整理与鸦片战争相关的资料，形成鸦片战争研究报告文档（包括鸦片战争爆发的原因，鸦片战争的时间、经过和结果，中国失败的原因，《南京条约》的内容、影响等）。 任务三：小组结合毒品的危害，制作有关禁毒的宣传作品，可以用 PPT、图画、Word 等多种形式呈现。 任务四：请将任务二与任务三的探究成果整理制作成 PPT，发布在好看簿中，并在课堂进行汇报展示	

教学环节	内　　容	技术工具
资源	1. 在线资源（林则徐、鸦片、虎门销烟、鸦片战争、南京条约、毒品、禁毒等） 2. 非在线资源（虎门销烟视频片段、鸦片战争视频片段、虎门销烟、鸦片战争相关文章、图片等、头脑风暴集体讨论指南、探究学习成果 PPT 模板、探究学习评价量规）	
过程	1. 组建小组，制订计划 （1）全班同学根据个人兴趣和意愿分成 4—6 人的探究学习小组，并在组内推举一个组长； （2）查看任务列表，明确任务，制订探究计划，根据需要进行组内分工，并使用思维导图绘制小组分工及任务管理图（如图 4-48 所示）。 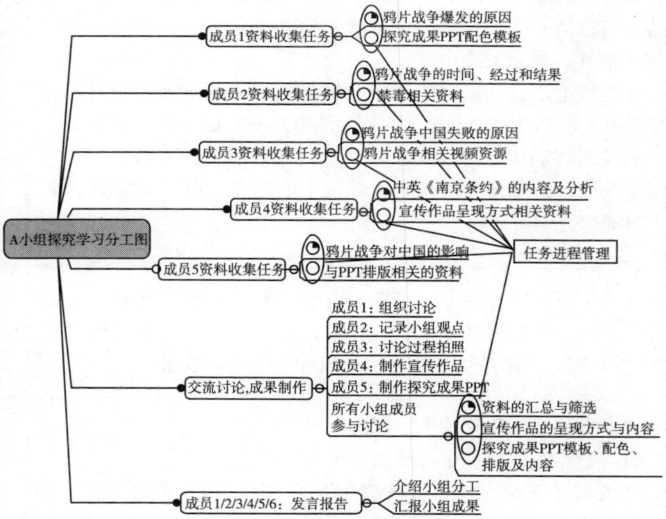 图 4-48　任务分工图 （注：该图应贯穿在整个探究过程中，以便及师生及时了解任务完成情况） 2. 资料阅读，自主探究（任务一） （1）阅读林则徐虎门销烟的史料，收集资料并分析英国向中国走私鸦片的原因和危害； （2）将个人的分析结果以日记的形式记录在好看簿中并与他人分享； （3）结合探究学习评价表对个人学习进行评价。	思维导图 百度等搜索引擎、互联网

教学环节	内　　容	技术工具
过程	3. 收集资料，合作探究（任务二、任务三） （1）在开始小组协作之前，打开探究学习活动评价量规，仔细阅读，完成探究学习成果之后，对小组合作学习进行评价； （2）根据分组计划，收集整理与鸦片战争相关的资料； （3）组长组织组内成员结合资料通过头脑风暴法讨论鸦片战争爆发的原因，鸦片战争的时间、经过和结果，中国失败的原因，《南京条约》的内容、影响（可以参考头脑风暴集体讨论指南，也可以用 MindManager 记录小组观点）； （4）将小组讨论结果形成鸦片战争研究报告； （5）阅读与毒品危害相关的文章，讨论并设计与禁毒相关的宣传作品（可以用 PPT、图画、Word 等多种形式呈现）。 4. 成果制作，展示汇报 （1）小组讨论之后，参考评价量规中探究成果的评价标准设计制作小组汇报展示 PPT（可以参考《鸦片战争》探究成果 PPT 模板）； （2）各小组将制作的探究成果 PPT 上传到好看簿并进行汇报，全班同学登录好看簿查看、评论（对其中的观点可以进行质疑）各个小组的探究学习成果并进行打分	思维导图 PPT
评价	结合评价量规，进行探究学习活动自评、互评和教师评价，教师就各方意见与学生参考评价量规，一起评出本次探究学习的"楷模"、"优秀"、"良好"、"合格"小组和个人进行表彰	
结论	（1）教师归纳总结鸦片战争一课的重要知识点。 （2）师生总结本次探究学习活动的体会与收获。 （3）布置拓展任务："有一位大学生写了一篇《应该感谢"鸦片战争"》的文章。他在文章中说，时光不可能倒流，历史也不可能改写，但悲剧未必一定不会重演。回顾过去是为了更好地把握现在，开拓未来。为此，我觉得我们应该感谢鸦片战争。正是这场战争，使沉睡中的中国猛醒过来。与其说鸦片战争给中国带来了耻辱，倒不如说，正是这场战争使中国开始觉醒，迈出了走向近代化的第一步。"请对这一观点进行评价，并以日记的形式记录在好看簿中	好看簿

第八节　生物学科案例

一、《两栖动物的生殖和发育》——基于项目的探究学习案例[①]

【项目主题】

池塘与青蛙。

【项目概述】

1. 选题背景

《义务教育生物课程标准（2011 年版）》规定义务教育阶段的八年级学生要知道生物体的特征、生物体的生命周期、生物体和环境，能够使用科学技能和方法解释生物的动态天性，各环境因素之间的互相作用（生物和非生物），及其随时间流逝产生的结果，同时还要发展学生科学调查研究的能力，提高学生对科学调查研究的理解。

本节内容是人教版生物教材八年级下册第七章第三节《两栖动物的生殖和发育》，主要是让学生了解两栖动物的生长环境及生命周期过程，在学生学习完鱼类、爬行动物后开展此项目，重点是让学生知道生物圈中两栖动物的生长、繁殖过程以及与周围环境各要素之间的关系。

2. 项目简介

本地动物园要举办一个关于两栖动物的新展览，需要新闻稿来帮助参观者更多地了解青蛙。现在需要学生们帮忙创建新闻稿，以便参观的游客了解青蛙的生活习性与成长过程。为了帮助管理员，学生们需要学习关于栖息地的综合特征，观察自然环境下的青蛙，并在人造栖息地里将青蛙从幼卵开始饲养。最后的成果包括：新闻稿、过程性资料（青蛙栖息地特征列表、青蛙

---

① 改编自英特尔®未来教育案例《池塘与青蛙》。

栖息地的演示文稿、青蛙成长记录表、青蛙的生命周期图）。本项目将采用多元、多主体的评价方式，对学生的学习过程和项目成果进行评价。

【项目学习目标】

结合课程标准和所需重点培养的 21 世纪技能，确定该项目学习目标如下。

（1）通过孵化蛙卵和观察蝌蚪的生长发育，能够说出青蛙的生命周期各个阶段的特征；

（2）描述两栖类动物的特征，并和鱼类、爬行类动物和哺乳类动物做对比；

（3）描述青蛙的栖息环境，以及它是如何维持自己的生命的；

（4）通过实地调查、亲身体验的方式，能够提出问题、解决问题，进而具备科学调查研究的能力；

（5）在资料收集、数据获取、集体写作的过程中提高信息素养与合作意识。

【框架问题】

1. 基本问题

如何为动物搭建一个家？

2. 单元问题

（1）青蛙是怎样适应它的生存地的？

（2）青蛙在教室里的家与野外的家相比如何？

3. 内容问题

（1）什么是青蛙的生命周期？它在各个阶段的形态有什么特征？

（2）什么是 pH 值，它可以告诉我们关于池塘中水的哪些情况？

（3）一个健康的青蛙栖息地需要什么？

【制订评价计划】

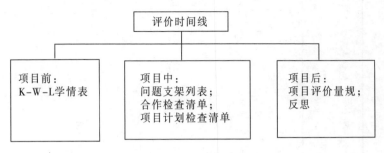

图 4-49 评价时间线

表 4-30 评价过程与目标

评 价	评价过程与目标
K-W-L 学情表	教师用此方法了解学生已经知道的（K）、想知道的知识（W），以此来判断教学准备是否就绪，是否需要调整教学策略。项目结束后，教师通过了解学生学习到的知识（L）等内容来对项目进行综合评价
课堂观察记录	在项目学习的全过程中，教师通过直接观察或间接观察（通过提问来了解学生或小组的项目学习情况）来记录学生学习情况，确保学习内容的正确性，提供支架并及时调整教学策略
项目计划清查清单	学生用来监控小组的任务完成情况，并根据实况进行相应的调整
合作检查清单	在项目前与学生一起温习检查清单，提示学生在小组工作过程中要利用此检查清单监测自己的合作能力
评价量规	对学生行为起到监控、激励的作用；还可用于自评和他评
反思	反思所学知识；反思项目中出现的问题及解决策略；确定新的目标

【项目学习开展过程】

表4-31 "池塘与青蛙" 项目学习开展过程

阶段	课时	教师活动	学生活动	评价	支架	技术	注意事项	设计思路
		第一阶段：课前准备阶段						
项目前（共1课时）	课前	1. 准备一封信向学生们介绍这个单元的情境。这封信要以动物园某工作人员的口吻来写（如果在动物园中真的有这样的工作人员，可以用官方的标准信纸来写），信上请求学生们的帮助						引入项目主题，使项目内容真实、有意义
		2. 准备一个鱼缸（容积约20升），以及蝌蚪或青蛙栖息地的所需材料。收集青蛙的视频录像、图书、印刷材料和电子资源 3. 如果要从野外收集青蛙，需要确定收集青蛙的原则，安排好青蛙卵的收集						准备青蛙生长与发育的环境
		第二阶段（共1个课时）：介绍项目、提出问题、布置任务						
	第1课时	1. 介绍项目 在项目学习开始的第一天，向学生们展示来自当地动物园管理者的一封信。阅读并讨论这封信，发展项目情境。全班讨论论青蛙，填写K-W-L学情表的前两列	交流讨论	K-W-L学情表		Word		创设真实的项目情境，让学生在真实情境中解决问题
		2. 提出问题 大家刚才说到了关于青蛙的……那么大家知道青蛙的家在哪里吗？青蛙的生长所需环境与人类有何异同？（提示示学生从饮食、空气和水等要素做对比）	思考问题，交流讨论		概念讲解：在学生讨论时向学生介绍"栖息地"概念			让学生思考与项目主题直接相关的问题

续表

阶段	课时	教师活动	学生活动	评价	支架	技术	注意事项	设计思路
项目前（共1课时）	第1课时	3. 分享讨论结果，布置总任务 青蛙与人类生长环境的异同让大家提到了很多，比如……为了让动物园的参观者更多地了解青蛙的生长过程及环境，我们需要学习关于青蛙栖息地的综合特征，观察自然环境下的青蛙，并在人造栖息地里将青蛙从幼卵开始饲养。最后的成果包括：新闻稿、过程性资料（青蛙栖息地特征列表、青蛙栖息地的演示文稿、青蛙成长记录表、青蛙的生命周期图）				思维导图		在布置子任务前先交代总任务，有助于学生明晰学习目标
		4. 分组（4—6人/组）						
		5. 介绍项目评价标准	理解项目评价标准				结合学生的意见适当修改	了解项目过程和小组任务后，项目评价标准有助于规范学生行为
		6. 布置任务一 要求学生填写小组项目计划，并上传至网盘	完成小组项目计划，并上传至网盘		小组项目计划模板	问题支架：项目计划需要修改吗？为什么？		制订小组项目计划旨在让各成员明晰项目过程和自身任务

续表

阶段	课时	教师活动	学生活动	评价	支架	技术	注意事项	设计思路
项目中（共3课时）	第一阶段（共3个课时）：学习青蛙栖息地							
		1. 布置任务二：各小组上网查询青蛙生长环境的资料，制作青蛙栖息地必备条件的列表				PPT呈现任务内容		
		2. 指导学生上网收集有关青蛙生活环境的资料，监督各小组完成任务	搜集资料，制作青蛙栖息地必备条件的列表	观察记录表、项目计划检查清单、合作检查清单	资源列表：有关青蛙栖息地的书籍、网址	Word或思维导图		发挥教师的引导作用
		3. 总结青蛙栖息地所必须的条件，提醒学生下一阶段该做什么	修改并上传青蛙栖息地特征列表		问题支架：你们所整理的资料是否全面，且有针对性？			发挥教师的引导作用
	第2课时	4. 布置任务三：下节课要带大家去参观一个本地的池塘，并观察一个自然的青蛙栖息地，在参观前程中我们需要做好准备工作：（1）利用数码相机拍摄池塘及周围环境的照片；（2）小组内部分工，使用不同的工具，溶解氧及青蛙水质的测量；（3）根据实地的调查结果，修改完善任务二中完成的青蛙栖息地特征列表，然后上传至网盘	小组内部分工，学习拍摄照片，使用不同的工具，检验水质的pH值、溶解氧及青蛙水质的测量方法		问题支架：1. 什么是pH值？它可以告诉我们关于池塘中水的哪些情况？使用什么工具？2. 温度和溶解氧对青蛙的栖息地有什么作用？	PPT呈现任务内容；思维导图工具；小组分工	让学生在课下自学完成pH值、溶解氧的测量方法	

续表

阶段	课时	教师活动	学生活动	评价	支架	技术	注意事项	设计思路
项目中（共3课时）	第3课时（课外）	1. 带领学生参观鱼塘以及青蛙的栖息地，指导并监控各小组和个体成员测量水质和拍照的过程	拍照、测量和记录水质的三要素，完善青蛙栖息地列表	观察记录表、项目计划检查清单，合作检查清单	问题支架：我们需要拍摄哪些内容？在测量过程中需要注意什么问题？			让学生收集回答单元内容问题和内容问题所需要的证据
		2. 审核各小组拍摄的照片，并提示其他们需要重点拍摄的内容，提示学生是如何测得pH值、溶解氧、温度的	各小组组长向老师汇报本组的数据，测量的数据，以及拍摄到的照片		问题支架：根据你们的项目计划，现在解决了哪些问题？下一步准备做什么？			发挥教师的监督管理作用
		3. 总结各小组的表现，提示各小组保存好照片和测量数据，并在课下完善青蛙栖息地特征列表	上传照片、测量数据以及完善后的青蛙栖息地特征列表至网盘					发挥教师的引导作用

289

续表

阶段	课时	教师活动	学生活动	评价	支架	技　术	注意事项	设计思路
项目中（共3课时）	第4课时	1. 布置任务四 （1）各小组应用关于青蛙自然栖息地的知识，在教室利用鱼缸给青蛙创建一个栖息地； （2）各小组利用维恩图来比较青蛙教室里的家与野外的家的异同； （3）各小组创建青蛙栖息地的演示文稿，并上传至网盘				PPT呈现任务	在课下搭建青蛙的室内栖息地	
		2. 监控和指导小组、个体的学习过程，用提问或建议的方式引导学生	填写维恩图，制作并上传青蛙栖息地的演示文稿	观察记录表，项目计划检查清单，合作检查清单	维恩图模板演示文稿内容要求：标题页，对青蛙项目的介绍，解释健康的青蛙栖息地的要素，描述人造青蛙栖息地创建过程，对比自然与人造栖息地，描述为什么对于青蛙而言是重要的	Word，网盘		发挥教师的引导作用

续表

阶段	课时	教师活动	学生活动	评价	支架	技术	注意事项	设计思路
项目中（共3课时）	课下	**第二阶段（共1个课时）：关于青蛙生命周期的研究活动** 1. 布置任务五（课下完成）利用数码相机拍摄青蛙从卵成长起来的整个过程，并用文字描述每一阶段的特征及其变化，每天将记录结果上传至好看簿	利用数码相机获取青蛙不同时期的图片并配以文字进行描述		记录表包括以下内容：青蛙各个时期的图片（标明日期）、成长中青蛙外形的变化，蛙质的pH值、水温、溶解氧等		观察和上传的任务留在课下完成	
	第5课时	2. 布置任务六 在前期拍摄的青蛙的各个时期图片的基础上，各小组按照青蛙成长过程对这些图片进行排序，利用Word或PPT形成青蛙的生命周期图，对每一个时期的图片配以文字介绍，并上传至全网盘				PPT呈现任务		
		3. 监控并指导各小组制作青蛙生命周期图的过程	学生讨论、制作青蛙生命的周期图	观察记录表、合作检查清单		Word或PPT		巩固学生前期观察到的青蛙生命周期知识
	第6课时	**第三阶段（共1个课时）：撰写新闻稿** 1. 布置任务七 总结青蛙栖息地的特征以及生命周期的知识，各小组撰写出新闻稿的草稿，用图示的形式完成新闻稿，并上传至全网盘	总结青蛙栖息地的特征以及生命周期的知识，用图示的形式完成新闻稿的草稿，并上传至全网盘			PPT呈现任务		

续表

阶段	课时	教师活动	学生活动	评价	支架	技术	注意事项	设计思路
项目中（共3课时）	第6课时	2. 监控与指导各小组完成新闻稿	撰写新闻稿（图片加文字）	观察记录表、项目计划检查清单、合作检查清单	新闻稿包括以下内容：介绍"池塘与青蛙"这个单元设计创建栖息地的过程。青蛙在野外怎样吃食物？它又是如何收集食物的？青蛙是什么，是否是一个好的宠物？对比展示青蛙和蝌蚪。用图片和标题来展示青蛙的生命周期。展示作者和资源信息。呈现数字图片、照片或扫描的艺术品	Word 或 PPT 网盘		

续表

阶段	课时	教师活动	学生活动	评价	支架	技术	注意事项	设计思路
项目中（共3课时）	第四阶段（共1个课时）：成果汇报							
	第7课时	组织学生汇报各阶段的学习成果。评价各个小组的学习成果	汇报各阶段的成果	项目学习评价量规				交流、共享学习成果
	收尾阶段：回顾基本问题，重新填写 K-W-L 学情表							
项目后	课下	让学生们再去看看单元开始时所创建的 K-W-L 学情表，讨论他们提出的问题，然后用学生们的想法来填写"我们学到了什么"这一栏	写反思，上传所有资料			网盘		

资源列表

1. 青蛙的生活习性
2. 青蛙的养殖条件
3. 给孩子们的青蛙和蟾蜍
4. 青蛙之家
5. 青蛙生活
6. 探测青蛙

293

二、《营养与健康》——基于项目的探究学习案例①

【项目主题】

解析洋快餐的诱惑。

【项目概述】

1. 选题背景

《义务教育生物课程标准（2011 年版）》在《营养与健康》这一节课中要求八年级学生：要掌握食物中含有哪些营养物质，了解这些营养物质各有什么用途，会举例说明什么是合理营养，培养对所收集的资料进行整理、提炼从而得出结论的高级思维能力。

2. 项目简介

根据当前社会洋快餐为我们赢得了时间，但在一定程度上却损害了青少年的身体的现状，通过问卷调查了解学生食用快餐的人数、频率以及他们选择的原因，利用生物学知识分析洋快餐的营养成分，看看洋快餐给我们的生活带来怎样的影响，运用所学合理营养的知识给出食用洋快餐的建议，并通过为自己设计一份营养合理的午餐食谱，真正做到健康饮食。最终成果包括：学生食用洋快餐的调查研究报告、宣传洋快餐利与弊的电子小报、设计午餐食谱过程的演示文稿。

【项目学习目标】

结合课程标准和所需重点培养的 21 世纪技能，确定该项目的学习目标如下。

（1）能够列举出人体需要的主要营养物质是什么。

（2）能够阐述主要营养物质的作用和营养物质的食物来源。

（3）能够举例说明什么是合理营养，并且能够设计出科学的饮食方案。

---

① 改编自英特尔©未来教育案例《食品营养与健康》。

（4）运用所学合理营养知识给出食用洋快餐的建议，进一步指导自己或同伴合理饮食。

（5）通过对所收集的合理饮食资料进行整理、分析、提炼从而得出结论等过程，具备一定的解决问题能力。

（6）通过图书、网络查询与饮食相关的资料的过程，具备收集、整理加工信息的能力。

（7）学会运用学科知识解决生活中遇到的实际问题，逐步养成科学的生活态度与习惯。

【框架问题】

1. 基本问题

我们的生活健康吗？

2. 单元问题

（1）我们为什么不能摆脱洋快餐的诱惑？

（2）怎样做到合理营养与科学饮食？

3. 内容问题

（1）洋快餐的营养成分有哪些？给我们的生活带来了哪些影响？

（2）人体需要的营养物质有哪些？

（3）营养物质的作用和食物来源有哪些？

【制订评价计划】

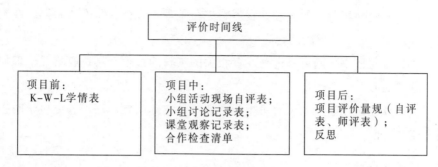

图4-50　评价时间线

表4-32　评价过程与目标

评　价	评价过程与目标
K–W–L学情表	教师用此方法了解学生已经知道的（K）、想知道的知识（W），以此来判断教学准备是否就绪，是否需要调整教学策略。项目结束后，教师通过了解学生学习到的知识（L）等内容来对项目进行综合评价
课堂观察记录	在项目学习的全过程中，教师通过直接观察或间接观察（通过提问来了解学生或小组的项目学习情况）来记录学生学习情况、确保学习内容的正确性、提供支架并及时调整教学策略
小组讨论记录表	学生用来记录小组的任务完成情况，并根据实况进行相应的调整
小组活动现场自评表	学生用来评价本小组成员在活动中的表现情况
合作检查清单	在项目前与学生一起温习检查清单，提示学生在小组工作过程中要利用此检查清单监测自己的合作能力
评价量规	对学生行为起到监控、激励的作用；还可用于自评和他评
反思	反思所学知识；反思项目中出现的问题及解决策略；确定新的目标

【项目学习开展过程】

表4-33 "解析洋快餐的诱惑"项目学习开展过程

阶段	课时		教师活动	学生活动	评价	支架	技术	注意事项	设计思路
项目前（共1课时）	第一阶段：课前准备阶段	课前	1. 印制《食用洋快餐的问卷调查》						为开展项目学习做准备
			2. 在网页收藏夹中保存与健康生活相关的网站						
			3. 在学校和公共图书馆查找有关食物中营养成分的图书						
	第二阶段（共1个课时）：介绍项目，提出问题，布置任务	第1课时	1. 介绍项目 大家看，老师带来了什么？（播放汉堡、鸡腿、可乐、薯片等食品的图片）这些食品被人们称为"洋快餐"。你们喜欢吃吗？那么经常吃洋快餐会对我们的身体健康产生什么影响呢？一日三餐怎样才能做到健康饮食呢？	交流讨论			Word		创设真实的项目情境，让学生在真实情境中解决问题

297

续表

阶段	课时	教师活动	学生活动	评价	支架	技术	注意事项	设计思路
项目前（共1课时）	第1课时（共1课时）	2. 分享讨论结果，布置总任务 大家刚才说到了……尽管洋快餐为我们赢得了时间，但在一定程度上却损害了青少年的身体的健康。我们应该如何摆脱洋快餐的诱惑，做到合理饮食呢？为了解决这个问题，我们首先需要调查研究洋快餐受欢迎的程度和原因，形成调查研究报告。其次，收集资料了解洋快餐的营养宣传报告，以电子小报的形式向全校师生宣传。最后，整理与合理饮食相关的资料，查询、设计一份营养合理的午餐食谱				PPT 呈现任务		在布置子任务前先交代总任务，有助于学生明晰学习目标
		3. 展示 K-W-L 学情表 要求学生打开网盘，下载 K-W-L 学情表，填写前两列，填写完毕后上传至全校网盘	填写 K-W-L 学情表前两列	K-W-L 学情表				
		4. 分组（4—6人/组）						
		5. 介绍项目评价标准	理解项目评价标准				结合学生的意见可适当修改	了解项目过程和小组任务后了解项目评价标准，有助于规范学生行为

续表

阶段	课时	教师活动	学生活动	评价	支　架	技　术	注意事项	设计思路
项目前（共1课时）	第1课时	6. 布置任务一—各小组利用课下时间（给每个小组发放《食用洋快餐的问卷调查》）完成以下调查任务：（1）调查学校内各个年级的学生对洋快餐的喜爱程度以及原因。（2）走访快餐店，实地观察、采访人们喜吃洋快餐的原因，最后统计分析调查结果，完成调查报告。		小组活动记录表、小组活动过程自评表	支架：问卷、Excel数据、数据分析工具；调查报告模板：调查报告模板	问卷星、Excel、Word	课下完成	
	第一阶段（共2个课时）：制作洋快餐利与弊的电子小报							
项目中（共5课时）	第2课时	1. 布置任务二—各小组利用图书、网络，收集洋快餐相关的资料，并填写在资料记录表中，最后加工整理资料，制作一份洋快餐利与弊的电子小报，上传至网盘			支架：资料记录模板、电子小报范例			让学生收集回答单元问题和内容问题所需要的证据
		2. 指导学生上网收集有关洋快餐的资料，监控各小组完成任务	收集、整理资料	小组活动记录表、小组活动过程自评表	问题支架：洋快餐的营养成分有哪些？长期食用会给我们的身体带来哪些危害？等等		Word	发挥教师的引导作用
		3. 提示小组内部共享资料，沟通交流整理资料	填写资料记录表	合作检查清单	问题支架：你们的资料能够回答之前的问题吗？有没有重复的？		Word	小组内部达成一致，进行资源共享

续表

阶段	课时	教师活动	学生活动	评价	支架	技术	注意事项	设计思路
项目中（共5课时）	第3课时	1. 重申任务二 利用上节课查询整理的相关资料，制作宣传样快餐利与弊的电子小报				PPT		
		2. 监督、指导各小组制作电子小报，以提问或建议的方式引导学生	合作完成电子小报	观察记录表、小组活动记录表、合作检查清单	问题支架：我们都需要放哪些内容？图片可不可以用上次实地拍摄的？可不可以加入我们前期的调查报告？	PPT		发挥教师的监督管理作用
		第二阶段（共2个课时）：为学校食堂设计午餐食谱						
	第4课时	1. 布置任务三：各小组利用网络、图书收集有关食物营养成分、食物合理搭配、合理膳食等方面的资料，用思维导图梳理结果并上传至网盘	收集、整理资料			PPT呈现任务		
		2. 监督和指导小组、个体的学习过程，用提问或建议的方式引导学生		观察记录表、小组活动记录表、合作检查清单	资源列表；问题支架：为什么说午餐要吃好？15岁左右的青少年需要哪些营养物质？哪些食物不宜多吃？等等	思维导图		发挥教师的引导作用

续表

阶段	课时	教师活动	学生活动	评价	支架	技术	注意事项	设计思路
项目中（共5课时）	第5课时	1. 布置任务四 各小组利用上节课整理的资料，为自己设计一份营养午餐的食谱。最后将结果制作成演示文稿并上传至网盘				PPT：呈现任务	课下完成演示文稿的制作	将知识运用到实际生活中
		2. 监控与指导各小组设计午餐食谱，完成演示文稿	制作演示文稿	观察记录表、小组活动记录表、合作检查清单	演示文稿评价、午餐食谱评分表、演示文稿模板（内容要求略）	PPT		
	第四阶段（共1个课时）：成果汇报							
	第6课时	1. 组织学生汇报各阶段的学习成果；评价各个小组的学习成果	汇报各阶段成果	项目学习评价量规				交流共享学习成果
		2. 点评、总结，布置任务五 根据教师和同学提出的问题，修改电子作品并上传至网盘	修改电子作品，并上传	项目评价量规、课堂观察记录		网盘		
		3. 布置任务六 回顾本项目的学习活动，就学习内容、小组合作、展示情况三个方面进行总结和反思，填写与项目目学习总结			支架：项目学习总结模板			

续表

阶段	课时	教师活动	学生活动	评价	支架	技术	注意事项	设计思路
收尾阶段：回顾基本问题，重新填写 K-W-L 学情表								
	课下	让学生再去看看在单元开始时所创建的 K-W-L 学情表，讨论他们提出的问题，然后把学生的想法填写在"我们学到了什么"这一栏	写反思，上传所有资料			网盘		

资源列表

项目后

1. 网络资源
(1) 绿色食品；
(2) 健康饮食网；
(3) 洋快餐的危机；
(4) 洋快餐受欢迎的原因；
(5) CCTV 营养节目；
(6) 中国公众营养网；
(7) 中国学生营养网；
(8) SO 健康网
2. 图书资源
(1) 《食物保健书》；
(2) 《健康长寿饮食指南》；
(3) 《饮食健康与食品文化》

参考文献

杜威．杜威教育论著选［M］．赵祥麟，王承绪，编译．上海：华东师范大学出版社，1981．

佛罗斯特．西方教育的历史和哲学基础［M］．吴元训，译．北京：华夏出版社，1987．

郭莲花．探究学习及其基本要素的研究［J］．课程与教学论坛，2004（1）：8-12，34．

康玲玲．小组合作学习中分组问题探讨［J］．吉林教育，2011（9）：128．

库伯．体验学习：让体验成为学习和发展的源泉［M］．王灿明，朱水萍，等，译．上海：华东师范大学出版社，2008．

莱夫，温格．情景学习：合法的边缘性参与［M］．王文静，译．上海：华东师范大学出版社，2002．

李开城，李文光．教学设计理论的新框架［J］．中国电化教育，2001（6）：5-8．

李龙．教学设计［M］．北京：高等教育出版社，2010．

Merrill．首要教学原理［J］．盛群力，马兰，译．远程教育杂志，2003（4）：21-27．

全国中小学教师继续教育网组．2011年版义务教育课程标准：初中生物［M］．北京：中国轻工业出版社，2013．

盛群力，马兰．"首要教学原理"新认识［J］．远程教育杂志，2005（4）：19-26．

石中英．知识转型与教育改革［M］．北京：教育科学出版社，2001．

王颖．信息技术环境下教学设计的探索［D］．包头：内蒙古师范大学，2004．

夏征农．辞海［M］．上海：上海辞书出版社，1999．

肖川．论学习方式的变革［J］，教育理论与实践，2002（3）：41-44．

徐锦生．项目学习：探索综合化教学模式［M］．杭州：浙江大学出版社，2012．

徐学福．探究学习的内涵辨析［J］．教育科学，2002（3）：33-36．

杨开城.学生模型与学习活动的设计［J］.中国电化教育，2002（12）：16-20.

杨开城.论教学设计理论研究的一种范式和两种取向［J］.中国电化教育，2004（3）：15-19.

杨开城.以学习活动为中心的教学设计理论［M］.北京：电子工业出版社，2005.

杨韶刚.经验学习及其教育思想的实践［J］.常州工学院学报（社科版），2005（1）：37-41.

姚梅林.从认知到情境：学习范式的变革［J］.教育研究，2003（2）：60-64.

张海燕，王焕景.网络学习评价型电子学档的设计与开发［J］.现代远程教育研究，2005（2）：63-66.

张建伟.网络协作探究学习的设计［J］.中国电化教育，2003（9）：88-92.

钟志贤.大学教学模式革新：教学设计视域［M］.北京：教育科学出版社，2008.

Brown, Collins, Duguid. Situated cognition and the culture of learning ［J］. Educational Researcher, 1989 (1)：32-42.

Collis, Margaryan. Applying active theory to computer supported collaborative learning and work-based activities in corporate settings ［J］. Educational Technology Research and Development, 2004, 52 (4)：38-52.

Jonassen, Rohrer-Murphy. Activity theory as a framework for designing constructivist learning environments ［J］. Educational Technology Research and Development, 1999, 47 (1)：61-79.